SILENCE,
ON TUE

DES MÊMES AUTEURS

D'André Glucksmann

LE DISCOURS DE LA GUERRE, l'Herne, 1967, 10/18, 1974.
1968 : STRATÉGIE ET RÉVOLUTION EN FRANCE, Christian Bourgois.
LA CUISINIÈRE ET LE MANGEUR D'HOMMES, Seuil, 1975.
LES MAÎTRES PENSEURS, Grasset, 1977.
LE DISCOURS DE LA GUERRE, augmenté d'Europe 2004, Grasset, 1980.
CYNISME ET PASSION, Grasset, 1981.
LA FORCE DU VERTIGE, Grasset, 1983.
LA BÊTISE, Grasset, 1985.

De Thierry Wolton

L'Occident des dissidents (avec la collaboration de Christian Jelen), Stock, 1979.
BARILS (avec la collaboration de Julien Brunn), Jean-Claude Lattès, 1981.
LE PETIT GUIDE DE LA FARCE TRANQUILLE (avec la collaboration de Christian Jelen), Albin Michel, 1982.
LE KGB EN FRANCE, Grasset, 1986.

ANDRE GLUCKSMANN
THIERRY WOLTON

SILENCE, ON TUE

BERNARD GRASSET
PARIS

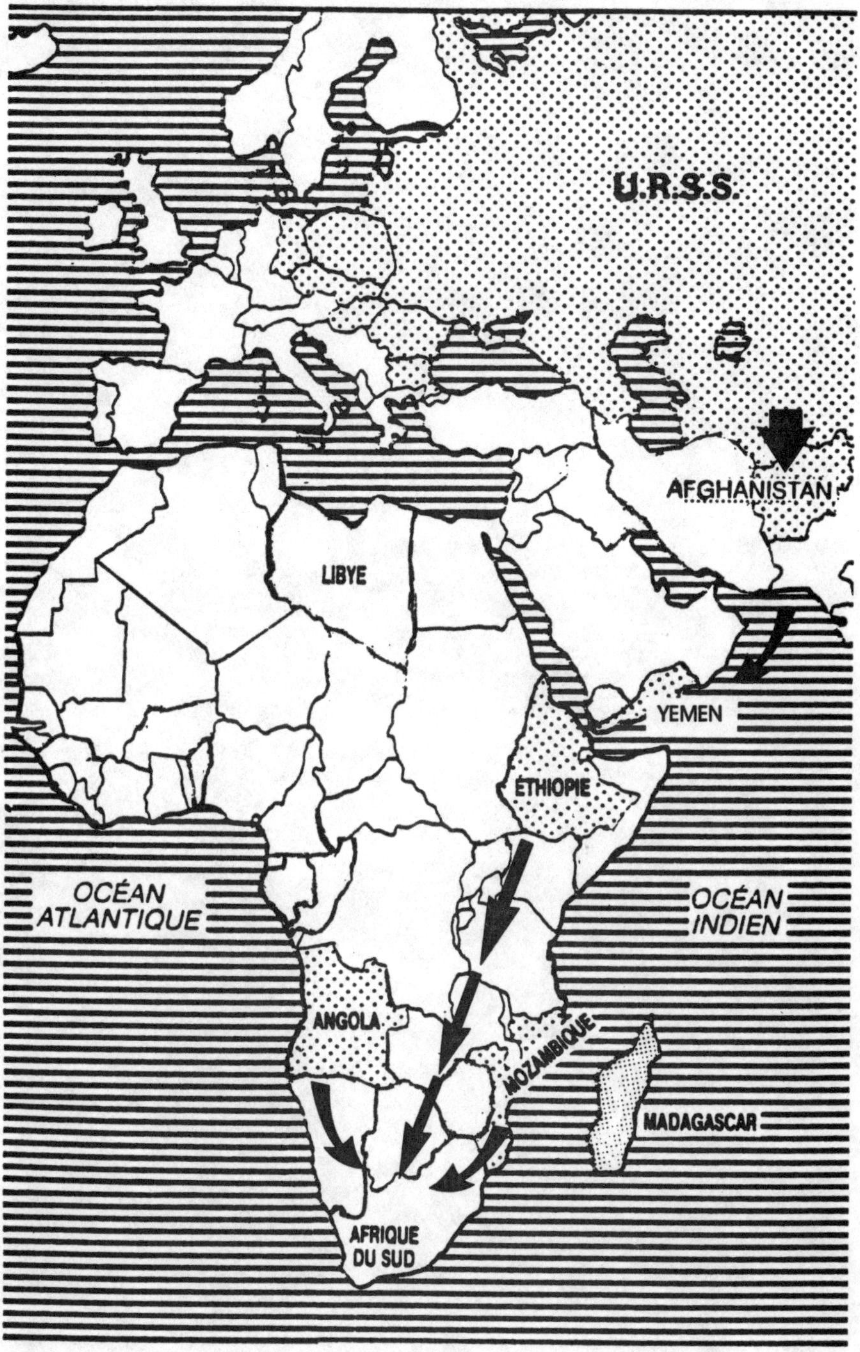

L'Afrique rouge est bien partie (p. 165).

L'enfant regarde, ses yeux trop grands mangent son visage, il ne nous voit pas, son immobilité le fige sur une terre desséchée oubliée des dieux. Le citoyen d'une société relativement démocratique et opulente perçoit immédiatement et intensément ce qui arrive aux antipodes. Il veut agir ; l'ère de la communication planétaire introduit la passion d'intervenir sans frontières, de supprimer distances, octrois et blocages locaux, pour secourir qui que ce soit, où que ce soit, à toute heure du jour et de la nuit. Des organisations médicales, solidaires et charitables de plus en plus nombreuses — on les appelle ONG (organisations non gouvernementales) — partent toutes affaires cessantes, porter les premiers soins ; elles témoignent pour une émotion générale qui passe les clivages religieux ou politiques.

Depuis les si lointaines et tant anachroniques révoltes de 1968, de tels mouvements de masse d'aide aux déshérités secouent, seuls, d'une fièvre adolescente nos sociétés frileuses. L'esprit est nouveau, il s'agit moins de changer la vie que de relever les défis de la mort. A peine les premières images de la famine éthiopienne diffusées (octobre 84), médicaments, nourriture, médecins, infirmières, hommes et femmes de bonne volonté affluent vers un bout ignoré de l'Afrique. On a chanté ici, couru là, jeûné ailleurs, prié souvent, réuni des dons pour briser la mécanique terrible qui métamorphose en cimetières des paysages encore bibliques.

De semblables élans transcontinentaux peuvent modifier décisivement la face de la planète ; ils désenclavent les misères, retransforment les destins en vie, les apparentes fatalités en occasions à saisir, en pesanteurs à soulever, en inerties à bousculer. Les modestes ONG n'apportent pas les clés d'on ne sait quel paradis sur terre, elles œuvrent à la clôture de quelques enfers ; elles n'annoncent pas le monde meilleur et les lendemains qui chantent, mais un monde moins mauvais, un aujourd'hui moins sombre. On y retrouve des militants de tous bords revenus d'anciennes illusions mais pas du sentiment de solidarité qui les motive depuis leur jeunesse ; on y découvre de nouvelles générations, pas moins généreuses, donc pas moins exposées à errer pour la bonne cause. Tous sont conscients de partager, peut-être, la dernière aventure de l'Occident. Si, comme tant de statistiques le laissent prévoir, le tiers monde africain se transforme en vaste mouroir à l'orée du XXIe siècle, rares seront les Européens qui oseront encore se regarder dans une glace, et ceux-là mireront des âmes mortes dans des corps définitivement insensibles.

COURT-CIRCUIT

Quelques semaines seulement après la diffusion par les chaînes de télévision canadiennes des premières images de la famine éthiopienne, le gouvernement d'Ottawa a dû — faute de savoir comment rassembler et gérer les multiples dons — freiner l'enthousiasme des Inuit.

De tous les Canadiens, ces « gens du (grand) Nord » sont ceux qui ont le plus bas niveau de vie. Plus de 80 % des quelque vingt-cinq mille Américains de l'archipel arctique, aujourd'hui agglutinés dans de petites localités dispersées le long des côtes, sont au chômage ou assistés sociaux. Et pourtant ce sont eux qui ont réagi avec le plus d'empressement à la détresse des Ethiopiens. Ils ont organisé des bals communautaires, fait don de leurs économies et, lorsqu'ils n'avaient pas d'argent, ils n'ont pas été avares de leur temps, confectionnant des affiches, organisant des collectes, et allant jusqu'à vendre aux enchères leurs fusils.

Ce n'est pas un hasard si les Inuit ont « l'esprit de famine ». La faim, ils connaissent. Dans leur langue — l'Inuktituk — il existe deux mots pour désigner ce fléau. L'un pour la famine dont on meurt, l'autre pour celle à laquelle on réussit tant bien que mal à survivre en mangeant ses chiens puis, si nécessaire, les membres décédés de sa famille.

La plupart d'entre eux — notamment les adultes qui ont tous connu des disettes de plusieurs semaines, voire de plusieurs mois dans les années 1940 et 1950 — ne parlent pas d'autre langue, mais, peu importe que le commentaire soit en anglais, la télévision a apporté dans les baraques qui ont depuis trente ans remplacé leurs « tupiks » et leurs « igloos » des images des camps de Korem et Kobo à la vue desquelles ils ont éclaté en sanglots[1].

Le droit (et le devoir) d'intervenir sans frontières ne laisse pas de paraître exorbitant, il lèse les majestés locales, froisse les hiérarchies du cru et exaspère les multiples autorités qui quadrillent le monde. Les nouveaux aventuriers doivent ruser, ils passent d'inévitables compromis avec foison d'institutions ; les chevaliers de l'extraordinaire pactisent avec l'ordinaire du commerce des nations, le médecin ne pourra atteindre ses patients que s'il devient diplomate, fin politique, habile organisateur, il se fera explicatif, compréhensif, souple à l'occasion, ferme si nécessaire. Et il se trompera chemin faisant comme tout un chacun.

D'accommodements en compromissions, il arrive un moment où l'action salvatrice vire de sens et se retourne tragiquement contre elle-même. En cet instant, le secouriste se demande *comment* et *qui* il a aidé, les cadres ou la base, le gouvernement ou les populations, les victimes ou les éventuels responsables du désastre ? Quelquefois il décide de crier son angoisse et sonne l'alarme. Après vingt mois de services loyaux, et de magnifiques dévouements, en Ethiopie, l'organisation médicale française Médecins sans frontières déclare publiquement : « L'aide tue. » Formule à l'emporte-pièce, slogan simplificateur. Mais problème de fond. Meurtrier est le mutisme qui couvre les opérations de secours, comme s'il constituait une condition sine qua non de l'assistance apportée. « Soigne et tais-toi », commandent sur place les autorités, tandis que dans une nuit sans informations s'accomplissent détournements, guerres, transferts et liquidation de population. Qui ne dit mot consent. L'aide non, mais le silence tue.

Par quelle pénible perversion en vient-on à interdire à ceux qui soignent de témoigner et à ceux qui témoignent de soigner ? Par

1. AFP du 18 novembre 1985.

quelle douloureuse lâcheté, l'opinion internationale accepte-t-elle le chantage meurtrier de chefs qui refusent que vérité soit dite ? La question dépasse le cas particulier. La famine éthiopienne s'éleva événement mondial lorsqu'elle fut universellement visible. Flux d'informations et flux de secours se répondent, qui coupe l'un tarit l'autre. Puisque l'avenir des continents pauvres dépend pour partie de la solidarité et de l'assistance des peuples plus fortunés, il faut que les nouvelles circulent, que les besoins soient connus, que les efforts soient suivis, contrôlés et les résultats dûment constatés. On ne donne pas longtemps les yeux fermés, en ignorant à qui et pourquoi. Sans liberté de voir et de faire voir, la généreuse aventure de la solidarité télémondiale et électronique est écrasée avant d'exister.

Ne soyons pas naïfs ; égoïsmes, corruption, malversations sont universellement partagés, et il n'existe pas d'aide qui ne soit en partie déviée ou accaparée. Un secouriste n'est pas un réformateur social, il se soucie des urgences, il se garde d'intervenir dans les labyrinthes de la politique locale, il tente plutôt de se ménager à raison quelques sympathies susceptibles d'accroître son efficace. Il faut donc jouer au coup par coup et cas par cas. Quelles bavures peuvent être tolérées ? Quand les dégâts deviennent-ils si importants qu'un silence maintenu engendre non-assistance à personne en danger ? Quand convient-il de ravaler sa colère pour sauver quelques vies, quand faut-il éclater et casser le morceau pour en sauver d'autres ou les mêmes ? Dans les livres la question est abstraite et indécidable. Sur le terrain, la peine des hommes tranche.

Des témoins gênants...

Le camion fonce sur la foule d'enfants, de femmes, d'hommes agglutinés le long de la clôture en fil de fer qui délimite l'entrepôt. Juchés sur la benne, une poignée de soldats somaliens agitent leurs mitraillettes, hurlant des ordres inaudibles dans le vacarme du moteur, des cris. Une rafale part, tirée en l'air. Au milieu de la bousculade, des enfants tombent le nez dans la poussière, sans mal. La démonstration de force a été efficace, la place est vidée en quelques minutes, la foule alignée au-delà d'une ligne infranchissable sous peine de coups de bâton, à une centaine de mètres de l'entrepôt convoité.

Scène ordinaire au camp de Tug Wajale (Somalie) les jours de distribution. En file indienne, des heures sous un soleil de plomb, les réfugiés attendent leur ration familiale pour dix jours : deux kilos de céréales, 750 grammes de farine et de flocons d'avoine, 400 grammes de lait concentré, 300 grammes de haricots et d'huile de soja ; l'équivalent de 1 750 calories quotidiens, un quart en dessous des normes courantes. Pas un seul réfugié ne s'en plaint même si un bon tiers des enfants du camp est atteint de malnutrition chronique. Fatalité et soumission ? Dans la multitude, couleur de la poussière qui colle à la peau, aucune trace d'abattement n'apparaît. Les hommes regardent droit dans les yeux, sans gêne, les femmes esquissent un sourire, les gamins s'accrochent à nos mains, piaillant des plaisanteries inintelligibles.

« Ce n'est pas le bout du monde mais vous pourrez le voir à partir de là », nous avait-on prévenus au siège du Haut Commissariat pour les Réfugiés de Hargeisa, la seconde ville de Somalie, à deux heures de piste du camp. La première impression semble confirmer l'avertissement quand à la sortie d'un tournant surgissent les milliers de tentes, plantées en pleine savane, terre ravinée, parsemée de touffes d'herbe rabougries à force d'avoir été foulées. Un paysage d'une platitude désolante, sans un arbre, d'où émerge à l'horizon le contrefort des monts Ahmar : l'Ethiopie.

Pour les milliers de réfugiés qui s'y entassent — trente-deux mille au dernier recensement — Tug Wajale est le bout de leur monde. Derrière eux, à une heure de marche, sans frontières distinctes, le pays qu'ils ont abandonné. Ils y ont laissé pour la plupart les femmes, les enfants et les biens accumulés par une vie de dur labeur. Une fuite en avant, désespérée, les a entraînés jusqu'à cette terre ingrate où les autorités somaliennes ont fixé les premiers fuyards, à l'automne 1985, pensant décourager les autres candidats à l'exil[1]. Peine perdue. Entre l'hiver 1985 et le printemps 1986, cinquante à cent réfugiés ont franchi, chaque jour, clandestinement la frontière somalienne, faisant de Tug Wajale le camp de réfugiés à la plus forte croissance du monde.

Prévu provisoire, le camp s'installe définitif, en dépit des conditions de vie dégradantes, dues principalement à l'absence d'eau

1. Il y avait déjà 700 000 réfugiés éthiopiens en Somalie avant ce nouvel exode, répartis dans 36 camps gérés par le HCR.

sur 30 kilomètres à la ronde. Une noria de camions-citernes se charge de remplir des réservoirs artificiels, foyers de dysenterie. Les latrines de fortune sont délaissées par les réfugiés[1] et le sol se trouve jonché d'excréments, des nuages de mouches se fixent à la bouche et aux yeux des enfants.

« Les nouveaux arrivants sont dans un meilleur état physique que les réfugiés installés ici depuis quelques mois », constate Christine, responsable de Médecins sans frontières, l'unique antenne médicale — une dizaine de personnes pour cette foule. Au pire moment, début printemps 1986, quinze fugitifs mouraient en moyenne chaque jour et on enraya de justesse une épidémie de choléra[2].

Ce plateau désolé et souillé n'offre pas les visions d'horreur présentées tous les soirs à domicile au plus fort de la famine éthiopienne. Nos regards ne croisent nul enfant squelettique, nulle femme au sein sec, désespérée, pas de nourrisson affamé dans les bras. Affaiblis, parfois malades, les réfugiés sont en piteux état mais pas mourants. Ils ne hantent pas la Corne de l'Afrique imaginaire dont sécheresse et famine seraient les plaies uniques et inévitables.

Dans le camp, la vie courante a repris ses droits. Des écoles coraniques ont été ouvertes pour les enfants ; les réfugiés sont tous musulmans ; cordonniers et tailleurs tiennent échoppe, quelques tentes ont été transformées en bazars, de la lampe électrique au concentré de tomate, l'utile et le nécessaire circulent à nouveau. Rien de comparable avec les camps d'Ethiopie où voici deux ans s'entassaient des ombres à bout de vie.

Les hommes, les femmes, les enfants qui ont trouvé ici refuge n'ont fui ni la sécheresse, ni a fortiori la faim. Les réfugiés de Tug Wajale sont les premiers dissidents paysans d'un pays marxiste. Leur fuite en avant, jusqu'à ce cul-de-sac n'a de raison que politique. Et comme tout dissident ils ne recherchent pas le paradis, ils ont simplement échappé à l'enfer.

Les groupes se forment autour de nous. Chacun veut témoigner avec une soif de parler à la mesure des épreuves subies. « L'armée et le gouvernement nous ont maltraités », tente de résumer Omar Wadiye, un paysan de trente-huit ans, venu d'Aubelet, un village

1. Beaucoup refusent de déféquer au-dessus d'un trou de peur que l'esprit malin n'entre dans leur corps.

2. *Cf.* « French Doctors battle relentless enemies in the Third World », *Wall Street Journal*, 27 mai 1986.

près de Harar. « Maltraiter », doux euphémisme au regard des récits qui se bousculent, pathétiques. « Les soldats nous ont dit : tout ce qui vous appartient est maintenant à nous, ce sont les nouveaux principes socialistes. Ils ont tout pris de force, sans qu'on puisse se défendre », raconte un réfugié. « Ils ont violé ma sœur, détruit ma maison, brûlé le Coran », dit un autre. « Ils nous ont séparés des femmes, les militaires les ont violées par groupes de cinq, les hommes qui ont essayé de s'interposer ont été tués », ajoute un troisième. « Ils ont pris mes enfants pour l'armée », pleure un paysan plus âgé que les autres.

Destructions, humiliations, conscriptions forcées, viols, les réfugiés de Tug Wajale décrivent une vérité éthiopienne effrayante, différente des clichés qui ont provoqué pluie de dollars, générosité, abnégation. Il n'est pas question ici des malheurs d'un peuple victime d'aléas climatiques. Témoins de ce qui advint loin de l'aide occidentale, ces paysans qui parlent librement sont des gêneurs. Ils prouvent combien nous avons été abusés en simplifiant les malheurs de l'Ethiopie à coup d'idées toutes faites.

LA FAUTE AU CIEL

« En 1973, l'empereur Hailé Sélassié, ayant tenté en vain d'occulter une famine déjà effroyable (on l'avait "estimée" à deux cent mille morts), perdit son trône, constate René Dumont[1]. En 1986, le régime totalitaire de Mengistu[2] ne paraît pas menacé, même si l'on prévoit déjà (...) de dépasser le million de morts. D'abord libérée par la révolution d'une rente foncière féodale abusive, la paysannerie éthiopienne s'était organisée elle-même, avec l'aide d'étudiants progressistes envoyés à la campagne, ce qui eut pour effet un accroissement sensible de la production alimentaire entre 1975 et 1977. Vingt-cinq mille organisations paysannes, regroupant sept millions de familles, coordonnaient production et commercialisation, et rendaient même la justice. Elles entrèrent bientôt en conflit, d'abord avec l'administration héritée de l'ancien régime, puis avec l'organisation étatique de commercialisation, qui fixe

1. *Pour l'Afrique, j'accuse*, éditions Plon, collection Terre Humaine, 1986, pp. 208-209.
2. Numéro un éthiopien depuis la révolution de 1974.

trop bas les prix payés aux paysans, mais très haut ceux des produits qu'on leur vend. Ce régime, devenu dictatorial, devait lancer une vaste opération de répression et de « reprise en main » de sa population. Les étudiants étaient fusillés par milliers et les paysans maintenus dans les rets d'une bureaucratisation qui s'inscrivait dans un programme de collectivisation. Résultat : une baisse sensible de la production, et cela avant même que les effets néfastes de la sécheresse se fassent ressentir. »

Ces dix ans de réforme agraire éthiopienne résumés à grands traits par l'agronome français laissent transparaître les raisons d'une famine. La sécheresse fut un facteur multiplicateur survenant après la chute de la production agricole, accompagnant la disparition des stocks de survie et la dégradation du sol. Les paysans, auxquels les autorités révolutionnaires avaient promis dix hectares par famille après la chute du Négus, ont été trompés. L'Etat a repris en main les terres et les associations de paysans, retirant à ceux-là toute initiative et tout pouvoir. Le gouvernement commença par fixer les prix au niveau local, avec un contrôle sévère du marché libre ; il impose dès 1981 un quota de production aux associations et un prix national, inférieur de 20 à 25 % aux prix payés aux fermes d'Etat, qui absorbent 90 % du budget de l'agriculture alors qu'elles emploient à peine 2 % des paysans et représentent 5 % de la production agricole du pays. Découragés de produire à si bas prix, leur pouvoir d'achat amputé, les paysans ont commencé à manger leurs stocks prenant des risques pour l'avenir.

Le cas éthiopien illustre une règle éternelle du socialisme : la destruction du tissu social paysan, de son mode de production traditionnel et des relations d'entraide intergroupe qui fondent la vie à la campagne, rend le secteur agricole extrêmement vulnérable aux aléas climatiques. Les plus grandes famines du monde communiste (en URSS en 1921-23 et 1933-35, en Chine en 1959-61) eurent lieu en pleine déstructuration des campagnes, lors des collectivisations forcées. Le régime éthiopien a reproduit les mêmes erreurs mais l'ingratitude du ciel a réussi à les masquer aux regards d'observateurs étrangers volontiers crédules.

Les réfugiés de Tug Wajale sont les modèles de choix du gouvernement marxiste. Propriétaires de moyennes exploitations agricoles[1], ces paysans appartiennent à une classe sociale qui n'a pas sa place dans les grands projets socialistes. Originaires de l'Est du pays, régions de tradition musulmane, ce sont des Oromos, l'ethnie la plus importante, traditionnellement réprimés par les Amharas chrétiens, maîtres hier comme aujourd'hui à Addis-Abeba.

Quelques semaines avant nous, un anthropologue américain, Jason Clay, membre d'une association de défense des minorités — Cultural Survival, basée à l'université de Harvard aux Etats-Unis — a mené une enquête approfondie. Fondée sur des centaines d'interviews, son étude éclaire les véritables intentions du gouvernement éthiopien : destruction d'une agriculture jugée archaïque, création d'une main-d'œuvre corvéable à merci pour les fermes d'Etat, sujétion d'une ethnie « inférieure ».

Plus de la moitié des paysans ont fui en Somalie après avoir vu leur maison détruite, 40 % à cause des persécutions religieuses, leur mosquée rasée, l'imâm assassiné, 40 % pour échapper au travail forcé[2]. « Ces cinq dernières années je n'ai pas pu cultiver ma terre, dit un réfugié. Je devais m'occuper des lopins collectifs de l'Association des paysans. J'avais juste dix jours par an pour semer, planter, sarcler et récolter à mon compte. » Un autre précise : « Toutes les associations de paysans gèrent une ferme d'Etat, les membres sont obligés d'y travailler sous peine d'être battus et envoyés en prison. Chez nous, cette ferme s'appelait "Le Matt Ilsha", nous y plantions chaque année dix mille caféiers de plus. Nous n'avions que deux jours par semaine pour travailler nos terres. » Selon un tiers des réfugiés, le travail forcé est la cause principale de la chute de la production agricole, 17,5 % avancent la sécheresse et 15 % les insectes.

C'est au plus fort de l'aide occidentale, en 1985, que la collectivisation de l'agriculture fut accélérée.La politique de « villagisation » va toucher à terme trente-trois millions d'Ethiopiens. D'ores et déjà ce vaste et ambitieux programme est appliqué dans les quatre provinces riches du pays — le Bale, le Choa, l'Arsi et l'Hararge, 40 % de la production céréalière — où six mille cinq cents nouveaux villages ont été créés, regroupant près de trois millions de paysans.

1. Ils possédaient en moyenne 3 hectares, 5 veaux, 13 vaches, une trentaine de moutons et de chèvres, 3 ânes.

2. Le total est supérieur à 100 % car les réfugiés ont donné plusieurs raisons de fuir.

Les réfugiés de Tug Wajale, originaires de l'Hararge, ont savouré un avant-goût de l' « avenir radieux » que leur prépare l'Etat éthiopien. Leurs témoignages concordent, les procédés coercitifs sont identiques. Avant la « villagisation », l'imâm local est arrêté ou assassiné par les militaires. Le chef du parti vient alors annoncer la création d'un nouveau village. Tous les stocks sont saisis, les maisons et l'ensemble du mobilier réquisitionnés, les animaux deviennent propriétés d'Etat. Les paysans sont ensuite emmenés à une dizaine de kilomètres de leur habitation. Chaque nouveau site regroupe de trois cents à trois cent cinquante familles, de différents villages. Il leur faut en premier lieu construire une salle de réunions et le local du parti, avec les matériaux récupérés sur les mosquées détruites. Pour leur maison, les « villagisés » sont contraints d'apporter eux-mêmes les équipements de leur vieille habitation. Quant aux travaux des champs, lorsqu'il reste du temps, il se fait sur les anciens lopins parfois à trois heures de marche du nouveau village. La récolte revient en totalité à l'Etat. « Nous n'avions plus rien, pas même le lait de nos vaches. On nous a interdit d'en donner à nos enfants sous prétexte que le gouvernement se chargeait désormais de les nourrir. Nous recevions une ration quotidienne de 500 grammes de céréales, de qualité inférieure, c'est tout. Avant je pouvais vivre de lait et de miel si je le souhaitais. Pourquoi nous condamner à ce mauvais grain ? »

LE BONHEUR, MALGRÉ LE PEUPLE

« On ne peut pas apporter une aide sociale et économique aux paysans s'ils restent trop dispersés. De toute façon, l'homme aime fondamentalement la vie collective », prétend Kassaye Aragaw, secrétaire du Parti des travailleurs éthiopiens de la région de l'Hararge, pour justifier la « villagisation »[1]. « En regroupant les terres nous pourrons mécaniser l'agriculture et la développer », renchérit Berhanu Debele, un autre officiel de la région[2]. « Si le gouvernement veut créer les infrastructures sociales indispensables (écoles, centres de santé, puits, routes, etc.), il faut que le plus grand

1. *Washington Post*, 17 décembre 1985.
2. *Newsweek*, 5 mai 1986.

nombre de familles possible acceptent de se regrouper », explique le sociologue suisse Jean Ziegler, admiratif devant les réalisations du socialisme éthiopien[1]. Les réfugiés de Tug Wajale n'ont rien compris : la collectivisation, avec en prime les viols, les meurtres d'imâms, les destructions de mosquées, sans oublier l'assimilation culturelle forcée (l'oromo a été interdit dans les nouveaux villages au profit de l'amharique, langue officielle du pays). Tant de petites « bavures » inévitables les introduisent au bonheur et les arrachent à l'âge pré-socialiste dans lequel ils se sont trop longtemps prélassés. « Le programme de villagisation permettra d'enseigner plus facilement le marxisme-léninisme aux paysans », précise le responsable du parti.

L'entrée en Eden nécessite encore quelques mises au point si l'on en croit les Occidentaux qui purent visiter de nouveaux sites dans le Choa. « L'un des objectifs du programme, offrir des infrastructures et des services sociaux améliorés, est loin d'être atteint. Pour justifier l'absence d'eau courante dans les villages visités, un représentant des autorités explique que l'Ethiopie n'est pas un pays riche et que l'adduction coûte cher. Les villages sont proches des rivières, ajoute-t-il, et comme par le passé, les habitants peuvent continuer à y puiser leur eau. Les tracteurs ne sont pas dans les champs mais, nous dit-on, ils vont venir "bientôt". En attendant, c'est à la houe, à la main que hommes et femmes retournent la terre[2]. »

Les paysans que nous vîmes en Somalie avaient cru que le ciel leur tombait sur la tête. Ils vivaient paisiblement quand, brusquement, ils se sont trouvés au centre d'un tourbillon de violence, d'arbitraire dont les tenants et les aboutissants leur échappaient. A les entendre nous pensions à d'autres témoignages vieux d'un demi-siècle : « La commune décida de liquider le koulak en le dépossédant de tous les moyens de production. On fixa un jour et une heure. A l'heure dite les "activistes" pauvres et moyens se répandirent dans les quartiers où étaient situées les exploitations des koulaks. En y pénétrant ils firent la déclaration suivante : "Conformément à la décision prise, nous venons de former un kolkhoze. Nous avons décidé également de liquider votre exploi-

1. *Afrique Asie*, 21 septembre 1986.
2. Agence France Presse, service Afrique Orientale, 10 mars 1986.

tation et de recueillir dans le fonds commun les locomobiles, les chevaux, les vaches, etc. Nous confisquons votre terre." Une heure après tous les biens furent ramassés, inventoriés et transférés au fonds commun[1]. »

Le « koulak » éthiopien liquidé — le mot russe a été repris en amharique — les mêmes effets produiront-ils les mêmes causes ? La collectivisation de l'Ukraine, première région agricole de l'URSS, dans les années trente, entraîna la plus meurtrière famine de l'histoire du « premier Etat socialiste du monde » et fit six millions et demi de morts. Mengistu n'est pas Staline. Le généralissime soviétique s'est débarrassé de la petite et moyenne paysannerie comme un grand, sans l'aide de personne. Le colonel éthiopien compte profiter des largesses occidentales pour financer son programme[2].

... pour un crime maquillé...

Nous aurions aimé conduire ce livre comme un reportage tranquille et ébloui, à dessein de percer les secrets d'un haut lieu trouble et fascinant. L'Ethiopie, depuis que les écrits la mentionnent, c'est-à-dire depuis qu'il existe une écriture en Occident, campe dans son mystère. C'est le pays des hommes pieux, dit Homère ; de ceux qui ne connaissent ni la maladie, ni la cupidité, ni l'hypocrisie, croit savoir Hérodote, notre inaugural historien ; le pays des hommes singes, des mangeurs de racines ou des mangeurs de sauterelles transmettent les premiers explorateurs. Comme si, en ces extrémités brûlées de soleil, la condition humaine devenue impossible à vivre devait forcément se morceler entre ceux qui font trop les dieux et ceux qui sont encore des animaux. Nous aurions erré sur les traces de Pêro da Covilhã, émissaire de Jean II roi du Portugal, qui découvrit ici le mythique royaume du Prêtre Jean, le chrétien parfait, censé prendre les Arabes à revers en vengeant la perte de Constantinople.

Nous aurions fait chou blanc comme les jésuites du XVIe siècle, qui prétendirent romaniser cette Eglise des premiers âges ou comme les rabbins qui entendent de nos jours talmudiser les

1. District de Krivoï Rog, Ukraine. Récit publié par les *Izvestia*, le 28 janvier 1930.
2. Dans une interview à l'hebdomadaire allemand *Der Spiegel* (18 août 1986), Mengistu fait monter le nombre d'Ethiopiens affamés à seize millions alors que les estimations officielles donnaient jusqu'à présent huit millions. A charge pour la communauté internationale d'augmenter les dons en proportion...

Falachas, ces juifs vivant sur les hauts plateaux du Gondar dans l'ignorance de la deuxième destruction du Temple. Nous aurions partagé les fiascos de l'aventureux commerçant, désireux d'ouvrir aux affaires du XIXe siècle un prodigieux pays qui depuis deux mille ans résista à Byzance, Rome, La Mecque et aux assauts inlassablement réitérés des tribus venues de l'Afrique profonde. Hommage à Rimbaud, caravanier, chercheur d'or, peut-être demeuré le poète en quête d'Orient, la « patrie primitive », lui que les intégristes bastonnèrent à Harrar, l'abandonnant enfin « parce que les musulmans ne tuent pas les fous[1] ». Nous aurions recherché la Reine de Saba, première dame d'Ethiopie, si belle et si sage que Salomon lui fit un fils, si noire et si poilue que, selon la Kabbale, elle est Lilith la tentatrice satanique.

Porte de l'enfer ou Terre des dieux ? Porte de l'histoire. Etrangement la science rigoureuse confirme la fabulation. Ici fut découverte Lucy, notre ancêtre à tous, la plus ancienne créature à semblance humaine, morte à vingt ans voilà trois millions d'années dans la grande faille de la Rift Valley. Ici semble avoir été pour la première fois cultivé le blé dur, clé de la civilisation méditerranéenne. Ici les trois grandes religions du Livre se donnent rendez-vous depuis qu'elles existent. On vint, ici, chercher l'or, l'ivoire, l'encens, la myrrhe, le cinnamome, le café, la corne de rhinocéros pour ses vertus aphrodisiaques et l'éléphant, le tank antique.

Ici, au carrefour de l'Asie et de l'Afrique, de l'océan Indien et de la Méditerranée, une civilisation, sœur de l'européenne, seule de tradition écrite en Afrique, échappa à la colonisation. Moins par hasard que par constante fierté et souci de soi : « L'empire d'Ethiopie n'est certes pas assez organisé pour pouvoir se passer, soit en matière commerciale et industrielle, soit en matière juridique, soit en matière scientifique, de la technique européenne ; mais il est beaucoup trop organisé pour pouvoir supporter, sous une forme quelconque, une autorité européenne », constatait Henri de Jouvenel qui présenta la candidature de l'Ethiopie à la Société des Nations en 1923[2].

L'impression d'un autre nous-même ne laisse pas de saisir chaque fois que nous butons sur le destin heurté, souvent tragique, de cette Abyssinie aux peuples mélangés. Le sentiment

1. Alain Borer, *Rimbaud en Abyssinie*, Seuil, 1984, p. 138.
2. Pierre-Alype, *l'Empire du Négus*, Plon, 1925, p.v.

jamais ne quitta les bons Européens que, sur ces hauts plateaux isolés, quelque chose se jouait qui ne concernait nullement quelques « tribus sauvages » (comme l'affirmait l'Italie fasciste) et pas seulement une culture — dont chaque tribu, sauvage ou pas, peut être porteuse — mais qui touche au principe des civilisations, au ressort qui les anime toutes : « Vous opposez ce que vous appelez les traditions occidentales de Rome, s'écria Malraux, en apostrophant les intellectuels qui trouvaient progressiste l'invasion de l'Ethiopie barbare par l'Italie, à ce que nous défendons et que vous appelez des fictions. Fictions : soit. Ce qu'ont donné à l'humanité les deux Rome dont vous vous prévalez, ce sont des fictions aussi. C'est en réunissant dans une cathédrale deux mille déchéances qu'on a fini par en faire deux mille hommes vivants. Il n'est pas sûr que la confiance arrache toujours les hommes de la terre, mais il est certain que la défiance les y couche à jamais[1]. »

Aujourd'hui nous parons au plus pressé. Les images de famine — seules informations d'Ethiopie reçues par le public — marquent et masquent la catastrophe socio-culturelle déferlant sur de malheureux peuples que l'on présente victimes seulement d'une fatalité géographique, écologique, quasi « naturelle ». Un meurtre maquillé en accident, voilà ce que nous avons découvert en enquêtant sur la grande famine de 1983-1985.

... En noir et blanc

On oublie vite ; un probable (personne ne sait) million de morts sur quarante (peut-être) millions d'habitants ne fait pas un génocide, et l'extermination des Arméniens ou des Juifs, voire des Cambodgiens par Pol Pot, atteint des proportions plus intéressantes. Nous avons été formidables, nous fûmes émus, nous envoyâmes chèques et ambulances, la pluie est revenue ; néanmoins les autorités éthiopiennes, jonglant avec les chiffres, réclament désormais une aide plus considérable qu'à l'époque de la grande sécheresse, aux frontières les réfugiés affluent, c'est à n'y rien comprendre.

Avons-nous jamais tenté de comprendre ? L'Ethiopie dépayse, « je crois qu'on doit avoir l'air excessivement baroque après un

1. Roger Stéphane, *Portrait de l'aventurier*, Grasset 1986, p. 226.

long séjour dans des pays comme ceux-ci », écrivait, de Harar, Rimbaud, le 18 mai 1889. L'Ethiopie repasse dans les oubliettes.

L'Afrique du Sud tient la Une depuis dix ans, là les lignes de partage paraissent familières, il y a les Blancs, les Noirs, l'apartheid et chacun chez nous s'empresse de retrouver ses coutumes municipales et de choisir son camp comme un matin d'élections. Les Européens tombent à leur insu dans un nouveau cartiérisme non plus économique, mais sentimental. En 1956, le journaliste Raymond Cartier dénonçait la « coûteuse » philantropie de l'assistance au tiers monde et claironnait son slogan « La Corrèze plutôt que le Zambèze. » Le cartiérisme idéologique actuel se gonfle à plaquer ses préjugés locaux sur une réalité qui lui est étrangère : on prend alors des partis soigneusement antinomiques, en vertu d'un principe commun d'ignorance volontaire. Les querelles politiques en Corrèze passent désormais pour expliquer le Zambèze et l'Afrique du Sud en prime.

Evacués les neuf cent mille morts d'Ethiopie, à l'ordre du jour neuf cents morts en Afrique du Sud. Neuf cents c'est aussi grave que neuf cent mille, évitons toute mathématique sordide ; du point de vue des victimes il n'y a pas de différence, la peine d'un enfant est la même pour une mère, un père assassiné entre neuf cents ou neuf cent mille autres. Justement ! Retournons la question : pourquoi le gouvernement d'Afrique du Sud mobilise-t-il contre lui la conscience universelle et pas la junte éthiopienne ? Un mort est un mort, mais alors pourquoi l'assassin du Nord semble-t-il couvert par une sorte d'immunité, et pas l'assassin du Sud ? En 1985 de multiples manifestations crièrent leur indignation devant l'ambassade d'Afrique du Sud. On approuva, on désapprouva, nul n'interrogea l'absence d'une telle démonstration devant l'ambassade d'Ethiopie. Cette année-là le gouvernement Mengistu était directement responsable d'infiniment plus de cadavres que le gouvernement Botha. Un mort est un mort et neuf cent mille valent bien neuf cents.

Personne ne pose la question, parce que la réponse n'est pas seulement connue, mais admise. A contempler les victimes, la différence ne saute pas aux yeux. A considérer les responsables, elle surgit énorme : les assassins présumés sont noirs à Addis-Abeba, blancs à Pretoria. Le protestataire s'est mis dans la peau du chef sud-africain et il s'est trouvé mal. Il ne s'est jamais senti — bien ou mal — dans la peau du dirigeant noir ; partant il a respecté les usages diplomatiques. Tant que les nègres se bouffent entre eux, ça ne nous concerne pas. En Afrique du Sud, par contre, la Corrèze mitraille le Zambèze, retirons-nous, le reste nous indiffère.

Qu'est-ce à dire ? Que tout est permis quand c'est un Noir qui tue ? Que les droits de l'homme doivent être respectés quand les Blancs gouvernent, mais qu'il est moins choquant de les voir bafoués par un président « de couleur » ? (Pourquoi ? Parce qu'il serait sauvage par nature ?) Qui ne devine qu'une telle attitude attise les flammes, encourage les minorités blanches à conserver coûte que coûte leurs privilèges et à retarder les nécessaires réformes — pour mieux sauter. Plus on tue dans l'Afrique « indépendante », plus les ultras de l'apartheid gagnent en détermination, plus les apothéoses sanglantes approchent.

Au XXIIe sommet de l'OUA, le président de l'Ouganda, M. Yoweri Museveni reprocha à ses collègues d'être restés plantés, muets, tandis qu'Amin Dada et successeurs massacraient les civils : « Pendant près de vingt ans, près de sept cent cinquante mille Ougandais ont péri dans les mains de gouvernements dont le devoir était de les protéger. Les Ougandais ont un profond sentiment de trahison, face au silence de la plupart des pays africains lorsqu'ils étaient massacrés par les tyrans. » Ce reproche asséné par un dirigeant africain à ses pairs, aucun porteur de plume d'Europe occidentale ne devrait éviter de se l'adresser à lui-même. M. Y. Museveni ajoutait : « La tyrannie ne s'arrête pas à la couleur de la peau et elle n'est pas moins condamnable lorsqu'elle est exercée par l'un de notre race. » Il cisela du même coup la formule du nouveau racisme cartiériste qui menace nombre de bonnes consciences occidentales : elles ne perçoivent et ne publient de tyrannie que blanche.

Tristement, ce discours de vérité est tenu à Addis-Abeba, en juillet 1986, dans l'Africa Hall, avenue Roosevelt ; juste en face, dans la prison centrale Karchele, cinq mille détenus croupissent entassés comme du bétail, un tiers de prisonniers politiques attendent sans inculpation ni jugement, certains depuis 1974. Ce mardi 29 juillet 1986, ces prisonniers et d'innombrables autres, torturés, « disparus » éprouvèrent vraisemblablement, si informés, un semblable « profond sentiment de trahison ».

Hostiles à toute forme — sociale, intellectuelle, politique — de discrimination raciale, les auteurs à peau blanche de ce livre estiment, comme M. Y. Museveni, « pas moins condamnables » les despotes à peau noire.

Cette enquête a été conçue comme un examen de conscience. Elle examine une conscience, la nôtre, en proie à la télévision. La recherche fut menée sur le terrain avec l'espoir de discerner comment les images qui nous assaillirent furent préparées et préconditionnées. Est-il permis de relever, les yeux ouverts, le défi et, dans les limites du possible, agir ? Le flot des mauvaises nouvelles submerge-t-il toute tentative pour réflexion garder ? Déjà les silhouettes africaines, étiolées et désolées, semblent seules hanter notre mémoire, comme descend, au fil de l'eau, la barque des torturés de Jumièges, les deux fils de Clovis II, que leur père condamna au supplice de l'énervation (destruction des nerfs par brûlure et section des tendons des pieds) et exposa, dérivant sur la Seine à la vue du bon peuple. Avec mille ans d'avance sur les militaires éthiopiens, phares de l'Afrique rouge, un roi mérovingien inventait la téléterreur.

L'art de la prise d'otages est en progrès constant. Il y a le classique bandit qui kidnappe un homme riche et fait parvenir à la famille un doigt ou une oreille sous enveloppe : payez ! Il y a les activistes nouveau genre, ils expédient une cassette vidéo, où apparaît un journaliste enchaîné et amaigri tel un Christ avant la crucifixion : cédez ! Il y a des gouvernements qui envoient la photo de leur peuple crevant de faim : aidez, et, surtout, pas de question ! Que pouvons-nous ? Face à l'enfant qui meurt rien ne fait le poids, ni les grands principes, ni les saines méfiances. L'extorqueur de fonds semble jouer gagnant à tous coups.

L'image terrorise, sa face dramatique saisit la pensée en écharpe, ne regardez que moi, ne posez pas les yeux ailleurs, interdiction d'évoquer d'autres victimes, ne calculez pas. Pliez ici et maintenant. La vision macabre produit un long et méthodique décervellement.

En face d'un enfant qui meurt seule fait le poids la question : pourquoi meurt-il ? Face à l'otage menacé seuls font le poids les otages potentiels. On nous demandera d'où pensez-vous ? La réponse est simple : sur le terrorisme métropolitain, nous professons l'avis du porteur de carte orange, de celui dont la famille utilise les transports en commun. Sur le terrorisme de l'image macabre, nous adoptons le point de vue d'un téléspectateur qui aurait décidé, une fois en sa vie, de ne pas se laisser avoir, le temps d'interroger non point ce qui arrive, mais comment cela arrive. De quoi meurt cet enfant ? Dût la réponse troubler, il meurt aussi de nos silences.

I
LA FAMINE
LE CAPITAL LE
PLUS PRECIEUX

1

UN ÉVÉNEMENT CONDITIONNÉ

Le 3 octobre 1984, le bureau politique du Parti des travailleurs éthiopiens décrète la mobilisation générale contre la sécheresse. Le mot famine n'est pas prononcé. Le 15 octobre, Mohammed Amin, cameraman de *Visnews* en poste au Kenya, reçoit un visa pour l'Ethiopie. Promesse lui est donnée qu'il pourra se rendre dans le nord du pays. Il en avait fait la demande six mois auparavant. Le 18, Amin débarque à Addis-Abeba accompagné de Michael Buerk, correspondant de la BBC en Afrique du Sud. Le lendemain, les deux journalistes obtiennent un laissez-passer pour les camps de réfugiés de Makalé et Korem. Deux jours de tournage et ils repartent sur Nairobi. De là, ils envoient leur reportage par satellite à Londres. Le 23 octobre, la BBC en diffuse cinq minutes dans son *Six O'Clock News*. L'impact est foudroyant. En quelques semaines, quatre cent vingt-cinq télévisions dans le monde projetteront le film, quatre cent soixante-dix millions de téléspectateurs seront bouleversés par les images de désolation et de détresse. Le 26 octobre, à l'occasion d'une nouvelle réunion du bureau politique du Parti des travailleurs éthiopiens, le camarade-président Mengistu Hailé Mariam prend la tête d'une nouvelle Commission nationale pour les secours et la reconstruction. Dès la fin du mois, le ballet des avions gros porteurs anime l'aéroport d'Addis-Abeba, les énormes soutes pleines des premiers dons occidentaux.

La maîtrise du temps a été parfaite. Les autorités éthiopiennes ont donné l'alerte, par médias interposés, une fois éteints les lampions de la fête du dixième anniversaire de la révolution, le

12 septembre (coût deux cents millions de dollars), marquée cette année par la création du parti communiste (PTE). Pour l'événement, des centaines de journalistes avaient été invités. Ils sont restés cantonnés dans la capitale, contraints de couvrir les cérémonies anniversaires. « Près de deux cent mille personnes ont participé à la manifestation et le défilé militaire a mobilisé quinze mille six cents hommes, rapporte l'envoyé spécial de l'AFP. Le défilé civil, qui a mobilisé cinquante-cinq mille personnes, était entrecoupé de chars géants illustrant la vie dans l'Ethiopie révolutionnaire et ce qu'elle devrait être à l'issue du plan de développement adopté par le congrès du PTE. » Le correspondant de la BBC à Nairobi, Mike Wooldridge, venu dans la capitale éthiopienne pour l'anniversaire, demanda au ministère de l'Information l'autorisation de se rendre dans le Nord. « Nous vous avons donné la permission de filmer les cérémonies. C'est ce que vous devez faire, lui répondit-on. Si vous êtes intéressé par la famine, vous reviendrez plus tard, dans deux semaines par exemple. » Au même moment, à deux heures d'avion d'Addis-Abeba, cent personnes mouraient chaque jour à Korem, dans l'indifférence des autorités.

UN DROIT DE VIE OU DE MORT

« En arrivant le matin au camp, nous ne voulions plus savoir combien de réfugiés avaient péri dans la nuit. Nous ne savions plus que faire. Depuis août les arrivées avaient considérablement augmenté. Les nouveaux venus étaient dans un état lamentable. Ils s'affalaient par terre, sans force. Nous n'avions aucune nourriture à leur offrir. On disposait d'un véritable droit de vie et de mort sur eux. Nous prenions les plus atteints pour leur donner un peu à manger dans nos abris médicaux. Les autres étaient condamnés. Je suis allée à Addis-Abeba pour alerter les autorités. On m'a répondu qu'il n'y avait pas de nourriture. J'ai rencontré des représentants des Nations unies, l'ambassadeur de France, personne ne voulait croire en la gravité de la situation car le gouvernement taisait la famine. On ne supportait plus cette impuissance. Quand l'équipe de la BBC[1] est arrivée, nous étions contents que des journalistes s'intéressent enfin à ce qui se passait[2]. »

1. Il s'agit d'Amin et Buerk.
2. Brigitte Vasset, coordinatrice médicale de Médecin sans frontières, à Korem, septembre 1984.

Le pouvoir central n'ignorait rien du drame qui se jouait dans le Nord. A Korem, les médecins français travaillaient en parfaite harmonie avec les représentants locaux du parti. Addis-Abeba était au moins informée par eux. Dans son discours fleuve devant le congrès constitutif du parti (sept heures, style Lider Maximo), Mengistu se garde pourtant d'en parler. Seule la famine de 1973-74 (deux cent mille morts) retient son attention et lui permet de flétrir les temps ténébreux du féodalisme, heureusement relégués dans les poubelles de l'Histoire. Quant à la sécheresse, mince affaire : l'Ethiopie selon lui n'en souffre pas davantage que le reste du continent africain. « Si cette calamité n'a pas atteint en Ethiopie l'échelle d'une catastrophe nationale, comme c'est le cas dans certains pays d'Afrique, c'est que le pouvoir fait tout son possible pour ravitailler les régions concernées en denrées », commente à la mi-septembre l'hebdomadaire soviétique *Temps nouveaux* (n° 37, 1984), reflet fidèle des thèses éthiopiennes.

Coupable de « non-assistance à personne en danger », le gouvernement éthiopien a toujours plaidé innocent. Pour sa défense il cite un appel lancé en mars 1984 aux Nations unies à New York par Dawit Wolde Giorgis, responsable à l'époque de la Relief and Rehabilitation Commission (RRC), l'organisme chargé depuis 1974 de venir en aide aux victimes de la sécheresse. « A moins de sauver la situation, et de le faire immédiatement, grâce à une action généreuse et concertée de la communauté internationale, déclare-t-il alors, toutes les craintes et les pires prévisions sur une véritable hécatombe de morts vont se réaliser. » Pour faire face à la situation, Dawit réclame une aide exceptionnelle de quatre cent cinquante mille tonnes de céréales avant la fin 1984.

Cinq mois après cet appel, l'Ethiopie n'a pas reçu le quart de l'aide demandée. Début octobre à Addis-Abeba, Dawit dénonce « l'irresponsabilité et l'indifférence de certains gouvernements et organisations qui avaient les capacités de faire mieux ». A l'en croire, la famine dont son gouvernement vient juste d'admettre la gravité serait due à l'impénitent égoïsme des Occidentaux. Cynisme calculé. En proférant ces accusations, le responsable éthiopien sait combien le pouvoir a négligé l'acheminement de l'aide avant le dixième anniversaire de la révolution. De mars à septembre 1984, le principal port du pays, Assab, fut engorgé par la flotte des pays socialistes, chargée du ciment nécessaire à la construction des bâtiments officiels pour les cérémonies du 12 septembre (sièges de l'Union des paysans éthiopiens, de la

Confédération des travailleurs, arcs de triomphe, monument au soldat inconnu, statues de Marx et Lénine, etc.).

« Plusieurs mois avant le dixième anniversaire, la RRC avait soumis un rapport au président Mengistu l'alertant qu'entre sept à onze millions d'Ethiopiens auraient besoin d'une aide alimentaire, précise la *Lettre de l'océan Indien*, toujours bien informée. Le COPWE (l'organe faisant fonction de parti à l'époque) avait réagi en préparant un contre-rapport affirmant que l'Ethiopie serait capable de se sortir seule de cette épreuve[1]. » Dès 1983, la Banque mondiale et la FAO[2] avaient émis quelques rapports alarmistes sur la sécheresse sans qu'Addis-Abeba s'en émeuve. Un an auparavant, une étude des Nations unies établie par Keith Griffin, de l'université d'Oxford, prédisait une famine si des mesures d'urgence n'étaient pas prises pour relancer l'agriculture. L'ONU interdit la publication du rapport sur ordre de Mengistu[3].

S'il n'avait tenu qu'au secrétaire général du parti, il est probable que des centaines de milliers d'Ethiopiens seraient morts de faim, ignorés du monde. Dawit Wolde Giorgis, qui s'est réfugié aux Etats-Unis en octobre 1985, las des « ingérences croissantes des idéologues du Parti » au sein de la RRC qu'il dirigeait, a confirmé ces visées stratégiques de Mengistu. Sans l'aide occidentale, la famine aurait permis, belle aubaine, de liquider une masse de petits paysans du Nord, récalcitrants au socialisme. Son dessein fut contrarié par la présence dans ces régions de plusieurs organisations humanitaires occidentales — les Français de MSF, les Britanniques de Save the Children Fund (SCF) ou d'Oxfam, notamment — qui secouraient les réfugiés affamés. Mis dans l'impossibilité de cacher le désastre, Mengistu choisit le moment le plus opportun pour l'exploiter. Bien calé dans son fauteuil de secrétaire général, le pays lancé sur les rails du socialisme, il pouvait laisser entrer des milliers d'Occidentaux sans crainte pour l'avenir. Le drame lui servit même de tremplin pour peaufiner le culte de sa personnalité dans la pure tradition marxiste-léniniste. Intronisé président de la Commission nationale pour les secours et la reconstruction, le 26 octobre 1984, la propagande éthiopienne va dès lors magnifier son rôle à l'avant-garde du front de la faim, à l'exemple du généralissime Staline au cours de la « Grande Guerre patriotique ».

1. N° 210, 14 décembre 1985.
2. Organisation des Nations unies pour l'alimentation et l'agriculture.
3. *The Times*, 10 novembre 1984.

Les hésitations de Mengistu sont vieilles comme le monde communiste. Deux stratégies mass-médiatiques se sont toujours affrontées. Aux tenants du silence, de la dissimulation, du mensonge, s'opposent les cyniques, ceux qui calculent quel profit maximal soutirer des malheurs, naturels ou provoqués, de leur peuple. La seconde école marque des points décisifs depuis la dernière décennie.

Une catastrophe qui échappe à la télévision n'existe mondialement pas. Dans la nuit du 28 juillet 1976, Tangshan, grande ville minière à cent cinquante kilomètres environ de Pékin, fut quasiment rayée de la carte par un gigantesque tremblement de terre. Aucune image ne sortit de la Chine communiste, quelques instituts sismographiques calculèrent l'intensité du séisme et supputèrent à l'aveuglette le nombre des victimes. Personne ne s'est ému. Peu ont su. Quelques années plus tard, l'opinion internationale apprenait que cinq cent mille Chinois avaient péri dans la catastrophe. Eût-elle, à chaud, laissé circuler l'information et les prises de vue, la Chine de Mao Tsé-toung aurait bénéficié d'un considérable et payant mouvement de soutien.

Les communistes vietnamiens ont longtemps hésité avant de publier qu'une famine ravageait le Cambodge « libéré » des Khmers rouges (1979). Maîtres ès manipulation de l'information occidentale, ils avaient pourtant gagné la guerre sur les écrans de télé contre un demi-million de soldats américains : ils avaient obtenu la décision sur le terrain grâce aux reportages et aux manifestations qui suivirent, de Washington à Berkeley. L'image d'une petite fille à demi calcinée courant sous le napalm avait plus aidé à la percée des armées du Nord que les tanks expédiés par Moscou. Néanmoins, le Bureau politique d'Hanoi tergiversa avant de saisir la fortune par la queue. Usé par la conquête et l'occupation d'une contrée hostile mais réduite à quia, les caisses vides, sa propre agriculture collectivisée donc stérile, une industrie en voie de soviétisation avancée donc mourante, le Vietnam communiste était parfaitement incapable d'assumer sa victoire militaire et d'assurer l'alimentation, la survie sanitaire de millions de Cambodgiens au sortir d'un demi-génocide. Il fallait que nourriture et médicaments viennent d'ailleurs. Les régimes socialistes répondent parcimonieusement aux demandes d'aide civile. Restait le « camp impérialiste ».

Le voyage organisé de quelques fonctionnaires internationaux et journalistes occidentaux à Phnom Penh, sous la haute surveillance des nouvelles autorités intronisées par Hanoi, a suffi pour déclencher la plus vaste mobilisation jamais organisée pour une cause humanitaire (record battu ensuite par l'Ethiopie). Ces visiteurs étaient persuadés à l'avance de trouver un pays désolé après quatre ans de terreur khmère rouge. Ils ont été confortés dans leur opinion par ce que leurs hôtes leur ont laissé voir.

UN VOYAGE ORGANISÉ

« Jacques Beaumont (de l'UNICEF) et François Bugnion (de la Croix-Rouge internationale) arrivèrent à Hanoi le 11 juillet 1979 et durent attendre six jours avant d'être autorisés à prendre l'avion pour Phnom Penh. Ils furent déçus d'apprendre des Vietnamiens qu'ils n'auraient la permission de séjourner que quarante-huit heures au Cambodge. Ils ne pensaient pas que ce délai serait suffisant pour effectuer un travail en profondeur. » Dès leur arrivée dans la ville cambodgienne, « *on les emmena à l'hôpital* du Sept-Janvier — jour de la prise de la capitale par les Vietnamiens. Il n'y avait que trois médecins pour plus de huit cents malades, la moitié allongés par terre. Pas de draps, pas de savon, pas d'autoclaves, pas d'équipement chirurgical, juste un casier de médicaments, la plupart antérieurs à 1975 et inutilisables, pas de nourriture sauf de la soupe de riz. *On leur montra un orphelinat* où se trouvaient des enfants dans un état pitoyable, sans nourriture, sans soins et aux portes de la mort. Une fillette de seize ans, aveugle, entendit leur voix, se leva et vint les saluer à la manière cambodgienne, les mains devant le visage, et *ils eurent envie de pleurer*. (...) Tout Cambodgien à qui ils parlèrent avait une affreuse histoire à leur raconter à propos de la vie “sous Pol Pot”[1] : chacun, semblait-il, avait perdu au moins un membre de sa famille par assassinat, famine ou maladie. (...) A leur grande déception, *ils ne furent pas autorisés à beaucoup se déplacer*. Ils ne firent qu'un voyage à quarante-cinq kilomètres de là, dans la ville de Kompong sen, presque complètement détruite. Là-bas, les conditions étaient encore pires. Toute activité agricole avait cessé. *On leur raconta*

1. Principal dirigeant khmer rouge.

que des milliers de bêtes de somme avaient péri. Il n'y avait ni engrais, ni outils. Les enfants de l'école et de l'orphelinat souffraient manifestement d'une épouvantable malnutrition. Les besoins du Cambodge étaient de toute évidence vastes mais, à leur grand dam, *Beaumont et Bugnion ne purent avoir de discussions détaillées ou indépendantes avec qui que ce soit.* (...) A la fin de leur bref séjour, ils rencontrèrent le président Heng Samrin[1]. (...) Il ne s'exprima qu'en termes généraux mais répéta, sans la moindre trace d'embarras, que "deux millions de personnes meurent de faim, résultat de l'époque de Pol Pot". Il reconnut que "nous ne sommes pas très organisés entre nous. Comprenez, s'il vous plaît, nos problèmes. Soyez, s'il vous plaît, nos interprètes dans le monde". Comme tout étranger qui visita le Cambodge après eux, Beaumont et Bugnion furent *si émus par le terrible état du pays qu'ils furent tout à fait disposés à accepter la requête* de Heng Samrin[2]. »

Les fonctionnaires internationaux ont réagi comme le souhaitaient leurs hôtes. En quarante-huit heures, il leur était impossible de voir autre chose que ce qu'on leur montrait. La succession des scènes-chocs (l'hôpital, la ville détruite), des rencontres attristantes (la jeune aveugle, les enfants mal nourris) et des témoignages sur la terreur khmère rouge les laissa abasourdis. Sortis de l'épreuve, ils étaient mûrs pour recueillir l'appel à l'aide des autorités, sans discuter, ni réfléchir. « Une assistance internationale massive est essentielle si l'on veut éviter une famine généralisée, des morts résultant d'un manque d'hygiène élémentaire », écrivit dans son rapport à l'ONU l'un des fonctionnaires. Cette première estimation (il y en aura d'autres aussi alarmistes dans les semaines suivantes) ébranla les organisations internationales. Impressionnées par l'urgence de la situation, les Nations unies accepteront toutes les conditions des autorités cambodgiennes sur l'aide.

Les journalistes autorisés à se rendre par la suite à Phnom Penh ont fait la même visite guidée, rapportant des témoignages fatale-

1. Nouveau dirigeant installé au pouvoir par Hanoi.
2. William Shawcross, *le Poids de la pitié*, éd. Balland, 1985, pp. 107 à 111. Souligné par les auteurs.

ment concordants. « La réalité du Cambodge, d'un peuple au bord de l'extinction, est puissamment traduite par les images de ses souffrances publiées chaque jour dans nos journaux : le désespoir silencieux d'une jeune mère berçant son enfant mort entre ses bras, ou le regard vide d'un enfant au-delà de l'espoir et du secours, dans un orphelinat improvisé à Phnom Penh », dira en novembre 1979 le secrétaire d'Etat américain, Cyrus Vance, en annonçant une aide exceptionnelle des Etats-Unis.

Il n'a jamais été possible de savoir combien de personnes étaient réellement menacées de famine dans le Cambodge « libéré ». Deux à trois millions, annonçaient les nouvelles autorités selon leurs interlocuteurs. Peut-être à peine quelques dizaines de milliers, se sont aperçues les organisations occidentales des mois plus tard.

De retour au Cambodge, en automne, Jacques Beaumont, de l'UNICEF, put se rendre en dehors de Phnom Penh. Le rapport qu'il établit à la suite de cette seconde mission ne mentionnait aucun cas de famine. Quelques semaines plus tard, le nutritionniste d'une organisation humanitaire britannique, Oxfam, mena une enquête approfondie sur le terrain. « A Phnom Penh et dans d'autres cités, rapporte Shawcross, il jugea le standard nutritionnel de moyen à bon. A l'orphelinat numéro deux, qui avait tant horrifié les précédents visiteurs, il pesa et mesura deux cent soixante-douze enfants et jugea leur condition "très bonne, certainement meilleure que dans un village quelconque du Wollo en Ethiopie en période de non-disette". (...) Il estima, sur la base des rares chiffres disponibles, qu'il était possible, en 1980, que "la population rurale du Cambodge s'en sorte à peu près sans aide". » A la même époque, le directeur d'Oxfam, lui aussi présent sur le terrain, reconnaissait : « Je n'ai aucune preuve visuelle de disette ou de famine généralisée. » Ces nouvelles évaluations n'eurent aucun effet sur l'afflux de l'aide. Les organisations internationales continuèrent à croire en l'urgence de la situation, comme l'avait décrite la mission de juillet 1979.

La famine cambodgienne marque la rupture entre deux âges de conscience mass-médiatique. On comprend l'embarras inaugural des communistes, experts à gérer les appareils idéologiques d'Etat, devant un médium si difficile à contrôler. D'autant qu'une famine ne se règle pas comme une spartakiade, un défilé sur la place Rouge où les caméras invitées abandonnent toute initiative à la succession des régiments et des brigades de travailleurs de choc. Dans le Cambodge en ruine, le Bureau politique n'est pas sûr de gouverner les prises de vue malgré le mouvement maîtrisé de ce qui est vu. Grande première depuis la révolution d'Octobre, il fallut se résoudre à laisser se rencontrer le chaos anarchique d'un pays à l'abandon et l'anarchie chaotique propre à l'information occidentale.

Ayant limité les risques au maximum et soigneusement balisé le parcours des envoyés spéciaux, les Vietnamiens estimèrent l'expérience concluante. Les prévisions les plus optimistes furent dépassées, les inconvénients si redoutés furent réduits au minimum. Financé par l'aide internationale, un Etat à la botte s'installa et se consolida. Les espions ne semblèrent pas pulluler, les tentatives de déstabilisation n'eurent pas lieu, le look du communiste vietnamien ne pâtit pas, et certaines organisations charitables chantèrent les louanges de l'armée d'occupation. L'empire socialiste tira la leçon d'un bilan si favorable.

A la faveur d'un changement à la tête du Parti, l'Union soviétique à son tour choisit, comme il est dit avec quelque légèreté, de « s'ouvrir ». Le Bureau politique s'aperçoit qu'en matière de communication mondiale, l'avenir appartient à la télé-information. Puisque les grandes découvertes sont nécessairement soviétiques, cette révolution, des dizaines d'années après McLuhan, sera baptisée « style Gorbatchev », du nom du premier secrétaire général soviétique qui ait consenti à adapter son vieux message au nouveau médium. Il convient de reconnaître au passage la part d'originalité qu'introduit l'usage soviétique du petit écran. Les sociologues occidentaux se concentrent sur l'effet endogène de la libre circulation des images dans l'espace qu'ils nomment abusivement « le village planétaire » et qui se réduit en fait aux zones ouvertes à la démocratie. Les spécialistes soviétiques, en revanche, semblent privilégier l'étude de l'effet externe ou exogène ; leurs recherches portent sur les résultats obtenus en expédiant à l'extérieur de leurs frontières des images présélectionnées, appelées à circuler ensuite librement dans les réseaux du village occidental. Un exemple : trois mois après la catastrophe de Tchernobyl, la télévision soviétique diffuse un reportage sur la salle de contrôle de la centrale. Les techniciens s'affairent, les voyants clignotent, ambiance studieuse et rassurante. Les télévisions occidentales s'empressent de repiquer les images, prenant pour argent comptant ce qui peut être des prises de vue d'une quelconque centrale nucléaire soviétique. Nous ne le saurons jamais.

Habile mixage des recettes éculées de la propagande et du rôle puissant de l'image vraie, la contribution marxiste à la naissante science mass-médiologique, trop souvent négligée, éclaire d'un jour nouveau l'impact du récepteur audiovisuel, qui trône dans les salons flamboyants comme dans les modestes foyers de travailleurs immigrés.

A l'origine est le pur mensonge. Des décennies durant, les fumées de Magnitogorsk ont trompé le monde. Nuisances fleurant bon l'avenir radieux, elles s'élevaient dans le ciel de l'Oural comme autant d'écrans où allaient se projeter les fantasmes glorifiant le socialisme réel. Dans ces combinats géants se forgeait « l'homme nouveau ». Au loin, en arrière-plan, d'immenses plaines de blés tendres attestaient la vitalité d'une ère nouvelle, futur de l'humanité, dont témoignaient tel tractoriste fier d'incarner le pouvoir, telle laitière émérite heureuse d'œuvrer pour le bien-être du peuple.

Ces visions idylliques, savante combinaison d'aveuglement idéologique et de mises en scène élaborées, ont longtemps travesti la réalité soviétique. De l'usine d'avant-garde au kolkhoze modèle, les tours-opérators de l'agit-prop confortaient les crédules qui, tout à leur fascination, se gardaient d'aller voir l'envers du décor. « Le jour de la rencontre avec les délégués occidentaux, nous embellissions le dépôt de fleurs, nous embellissions les ateliers, et les ouvriers étaient habillés de vêtements neufs qu'on leur donnait pour la circonstance », raconta Ivan Lebed, ancien directeur d'un important dépôt ferroviaire en Ukraine, au procès de Victor Kravchenko contre *les Lettres françaises* (hebdomadaire communiste), à Paris, début 1949. « Une fois les délégués partis, on reprenait les vêtements et on les emmagasinait. On dépensait des sommes folles pour accueillir ces délégations étrangères. »

Les Soviétiques n'ont rien inventé. Le bonheur factice, les paysages d'opérette avaient déjà été imaginés en 1787 par le prince Potemkine afin de plaire à Catherine II de Russie. Favori de l'impératrice, le prince avait organisé à son intention un voyage en Crimée, conquise sur l'Empire ottoman, pour lui montrer les richesses de cette province dont il avait la charge. Le long du parcours, le rusé prince avait fait édifier des villages construits à la hâte et apparemment habités, tandis que des bandes de figurants, recrutés pour la circonstance, jouaient le rôle des paysans. Dans l'histoire russe, les « villages Potemkine » ont longtemps symbolisé les tromperies, les contrevérités d'un pouvoir décidé à induire en erreur ou détourner l'attention de l'opinion publique. L'expression a été reprise après la révolution pour désigner les pratiques de la propagande soviétique qui, dès l'origine, chercha à dissimuler la réalité de l'URSS, ce « pays du grand mensonge », comme l'appela dans son livre l'ancien communiste yougoslave Anton Ciliga[1].

Le « village Potemkine » soviétique était une vitrine donnant à voir les félicités du socialisme réel. Spectateur soigneusement pris en charge, le visiteur avait l'impression d'être le témoin privilégié de la réalité. Son tort était d'extrapoler à partir de ce qu'il lui avait été possible de voir, à partir de ce qu'on avait bien voulu lui montrer. Vice rédhibitoire car, si son témoignage en lui-même n'était pas faux, il reflétait avec authenticité une réalité purement illusoire. De la sorte, le pouvoir soviétique a réussi les montages les plus grossiers, mais aussi les plus efficaces.

LA FAMINE ? CONNAIS PAS

« Lorsqu'on soutient que l'Ukraine est dévastée par la famine, permettez-moi de hausser les épaules », déclara, catégorique, Edouard Herriot après son voyage en URSS à la fin de l'été 1933. L'ancien président du Conseil, partisan convaincu du rapprochement avec l'URSS, était sincère. Il n'avait pas vu un seul cadavre, pas même un affamé durant son bref séjour. Et pour cause, la campagne soviétique qu'il avait parcourue était un gigantesque « village Potemkine », édifié à son intention. Dans les bourgades qu'il traversa, les vrais paysans avaient été remplacés par des agents du GPU (police secrète), souriants et heureux de vivre la grande aventure de l'édification socialiste. A Kiev, révéla plus tard un témoin, toute la population avait été mobilisée vingt-quatre heures avant son arrivée pour ramasser les cadavres, nettoyer les rues, décorer les façades. La macabre mascarade permit au pouvoir soviétique de triompher. « Voici un cinglant démenti aux mensonges de la presse bourgeoise », proclama la *Pravda* suite aux déclarations d'Edouard Herriot. Car, malgré la censure draconienne imposée par Staline, certains journaux occidentaux s'étaient faits l'écho de la terrible famine qui terrassait l'Ukraine depuis l'hiver

1. Editions Gallimard, 1938.

1932. En cet été 1933, des centaines de milliers d'Ukrainiens mouraient de faim, d'autres survivaient en mangeant leurs proches, leurs enfants. En deux ans, cinq millions d'Ukrainiens allaient périr par la seule volonté du pouvoir soviétique, décidé à exterminer les « koulaks » et à collectiviser les terres[1]. Cinq millions de morts, mais Edouard Herriot n'en vit pas un seul.

En définitive la réalité a eu raison de la propagande, Tchernobyl a supplanté Magnitogorsk. Les « villages Potemkine » ont été relégués au magasin des accessoires inutiles, les préposés à la propagande n'osent plus user d'artifices aussi grossiers que ceux utilisés du temps d'Herriot. Au lieu de travestir la réalité, les autorités soviétiques préfèrent aujourd'hui la cacher quand elle est trop gênante. Il suffit au KGB d'exiler le couple Sakharov à Gorki, ville interdite aux étrangers, pour couper court aux informations sur leur sort ou, mieux, pour manipuler l'opinion publique occidentale à l'aide de vidéos truquées.

En revanche, la méthode Potemkine sert encore, au détail décisif près, que le paysage a radicalement changé. Aux allégories de jadis sur l'indicible bonheur de l'*Homo sovieticus* se sont substituées des visions d'horreur, symboles de situations de facto dramatiques. Avant comme maintenant, il s'agit de polariser l'attention pour annihiler l'esprit critique en tablant sur l'exemplarité des apparences et en jouant des contraintes d'espace et de temps.

Frappé par la famine, un pays communiste désireux de faire appel à l'aide internationale peut sans vergogne utiliser les camps de réfugiés comme hier les « villages Potemkine » et provoquer des réflexes conditionnés. La misère extrême n'a certes rien à voir avec le bonheur factice mais il s'agit, là aussi, d'une situation limite, destinée à bouleverser sans laisser le temps d'une réflexion et la chance d'une information objective.

Le camp de réfugiés n'est pas un décor, il reflète une réalité dramatique dans un pays éprouvé par la guerre ou la famine. Pis,

1. Au total, la « dékoulakisation » de 1932-33 fit 6,5 millions de morts en URSS, d'après Robert Conquest dans *The Harvest of Sorrow*, Hutchinson, 1986.

il symbolise l'horreur : rien n'est plus atroce que des femmes, des enfants, des vieillards aux portes de la mort. Concentration de victimes innocentes, le camp est le stade ultime de la détresse humaine. A partir de ce cas monté en épingle, le témoin est tenté d'apprécier l'ensemble de la situation et, par induction, d'exagérer l'ampleur de la catastrophe.

Lorsque, à la mi-octobre 1984, Mohammed Amin et Michael Buerk reçurent l'autorisation de filmer la famine en Ethiopie, ils n'ont pas ramené des paysages de terres arides, de villages abandonnés, mais de terribles images d'enfants agonisants et de mères à bout de vie. C'est ce reportage choc, et unique, qui alerta l'opinion publique occidentale sur le drame éthiopien. Il avait été tourné dans deux camps seulement, où des dizaines de milliers d'affamés s'entassaient sous des tentes, pour les plus chanceux. On relevait chaque matin des dizaines de morts. Succession de scènes insoutenables, le film devait sa force dramatique au réalisme des images, reflets fidèles du total dénuement de ces lieux désolés qui concentraient sur quelques kilomètres carrés toute la misère de l'Ethiopie.

Buerk et Amin n'ont pu se rendre qu'à Makalé et Korem, sous bonne escorte. Les autorités éthiopiennes savaient ce qu'elles faisaient. Si elles pouvaient difficilement anticiper le succès médiatique du reportage, elles ont dès le début spéculé sur l'impact que produirait la vision de ces mouroirs sur les deux journalistes et, au-delà, sur l'opinion publique.

La famine en Ethiopie a longtemps été identifiée à Korem ou Makalé, lieux de passage obligés des journalistes, hommes politiques et vedettes qui se sont succédé dans le pays en 1984-85. Ce territoire grand comme deux fois la France s'est ainsi trouvé réduit à quelques kilomètres carrés, très particuliers, qui escamotaient d'autres aspects de la réalité. Effet recherché et trouvé. La visite de ces camps a permis l'économie d'explications et, par voie de conséquence, de justifications, tout en provoquant un mouvement de solidarité internationale, salutaire pour les millions d'affamés. Le choc émotionnel a entraîné un blocage mental, annihilant les velléités de comprendre le comment et le pourquoi de cette misère humaine. Résultat : une équation simplifiée (famine = fatalité = sécheresse) où les caprices de la nature ont servi à la fois d'alibis pour innocenter les autorités éthiopiennes et de stimulants pour mobiliser l'opinion publique occidentale.

Les milliers de journalistes venus dans le pays, après le reportage (guidé) de la BBC, ont été pris en charge — encadrés serait plus exact — en douceur mais avec fermeté. La guerre civile au nord, les difficultés de transport firent d'aimables prétextes pour interdire certaines parties du territoire, pour « conseiller » le meilleur itinéraire. Korem et Makalé ont ainsi joué pour les autorités éthiopiennes le rôle dévolu à l'hôpital numéro deux au Cambodge en 1979 : forcer l'émotion afin d'obtenir l'aide nécessaire.

AIDEZ-NOUS !

« Quand j'ai visité Korem, le responsable éthiopien m'a donné deux papiers, écrit Peter Gill, l'un des premiers journalistes à s'y rendre en octobre 1984. L'un était un appel à l'aide et une liste de matériel, en premier lieu des céréales, dont il avait besoin pour sauver des vies. L'autre, copié du carnet qu'il gardait constamment sous son bras, était une liste du nombre de morts dans le camp, mois par mois, jour par jour, depuis juillet 1983[1]. »

Le strict contrôle de l'espace répond aussi à la crainte atavique du regard étranger et au délire obsidional dont souffrent depuis toujours les pays socialistes lorsqu'ils sont obligés d'entrouvrir leurs frontières à des secours extérieurs. Les bolcheviks ont montré la voie dès 1921, après l'appel à l'aide lancé par Lénine pour sauver des millions de Soviétiques affamés par une sécheresse exceptionnelle et, avant tout, par les réquisitions forcées de grains. Première famine en régime communiste à être enrayée par la générosité occidentale, l'illustre exemple n'a pas manqué d'inspirer par la suite Vietnamiens et Ethiopiens.

La plus importante organisation philanthropique de l'époque, l'American Relief Administration (ARA), dirigée par Herbert Hoover, futur président des Etats-Unis, se porta au secours de Moscou. Homme de caractère et anti-bolchevik convaincu, Hoover souhaitait auparavant obtenir des garanties sur la distribution

1. *A Year in the Death of Africa*, Paladin, 1986.

de l'aide. Des négociations s'ouvrirent à Riga entre des représentants de l'ARA et Maxime Litvinov, l'un des responsables du Commissariat du peuple pour les affaires étrangères. L'organisation de Hoover voulait avoir le droit d'intervenir sur l'ensemble du territoire affecté par la famine et la possibilité d'installer des comités d'aide locaux, placés sous son autorité. L'accord signé après plusieurs jours d'âpres affrontements donnait en apparence gain de cause aux Américains quand les bolcheviks gagnaient sur l'essentiel. Certes, l'organisation de Hoover pouvait installer des centres d'aide partout, mais les autorités gardaient un droit de regard sur ses activités et sur les comités locaux, avec faculté en prime d'expulser les Américains indésirables. Quant aux Russes employés par l'organisation, ils restaient soumis aux lois soviétiques, à l'arbitraire (la majorité d'entre eux furent expédiés au Goulag dès le retrait des Américains, deux ans plus tard). Le lendemain de la signature, les journaux appelaient les soviets locaux à la vigilance pour contrôler les « étrangers ». La Tchéka (ancêtre du KGB) surveilla étroitement l'organisation pendant toute la durée de sa mission.

Les exigences cambodgiennes de 1979 ressemblaient à s'y méprendre à celles des bolcheviks un demi-siècle auparavant. Dans un mémorandum transmis à la Croix-Rouge et à l'UNICEF, avant que les opérations de secours ne commencent, Phnom Penh réclama un programme détaillé de l'aide occidentale avec échéancier, le contrôle total de la distribution et un engagement solennel de ne pas s'immiscer dans les affaires intérieures du pays. Les négociations achoppèrent sur ce dernier point. Les autorités voulaient empêcher les Occidentaux de porter secours, à partir de la frontière thaïlandaise, aux populations affamées dans les zones encore contrôlées par les Khmers rouges. « Le problème essentiel est de nature politique (...) Le gouvernement cambodgien est prêt à envisager la perte de milliers de vies humaines en vue de sauvegarder son intégrité territoriale », déclarait avec cynisme Hun Sen, ministre des Affaires étrangères. L'ultimatum, sous forme de prise d'otages, était habile. Les organisations humanitaires qui, par principe, se refusent à regarder la couleur politique de ceux qu'elles secourent, se trouvaient dans une position délicate. Qu'elles acceptent ou non les conditions de Phnom Penh, des milliers de Cambodgiens risquaient de mourir de faim (du moins le croyaient-elles) du côté des Khmers rouges ou dans le Cambodge « vietnamisé ». En focalisant les négociations sur cet aspect, Phnom Penh escamotait ses autres exigences, notamment le contrôle sur la distribution de l'aide, le seul point qui importait aux autorités. Au cours des négociations, la Croix-Rouge et l'UNICEF se sont laissé abuser par une vieille tactique communiste : demander le maximum pour soutirer le principal. Le gouvernement obtint sans coup férir la main-mise sur l'aide, porte ouverte aux détournements. « Il semble à peu près certain que les habitants ordinaires du Cambodge ne reçoivent pas un ravitaillement suffisant et, s'ils en reçoivent, c'est en quantité insuffisante, s'étonna sept mois après le début des opérations le représentant de l'organisation britannique Oxfam. En revanche, la distribution touche les cadres du gouvernement central et provincial, jusqu'au plus petit employé. En d'autres termes, les bureaucrates de Phnom Penh se débrouillent très bien, les autres suffisamment et la grande masse des gens de manière désastreuse[1]. » Selon plusieurs témoignages, les autorités contraignaient les paysans à acheter l'aide internationale (gratuite) ou, mieux encore, elles reprenaient le soir ce qu'elles avaient distribué le matin en présence d'observateurs occidentaux. Aucun bilan officiel n'a jamais été établi sur le « sauvetage » du Cambodge, mais il est admis dans le petit monde des organisations humanitaires que la moitié, au minimum, de la nourriture expédiée n'est jamais parvenue à ceux qui en avaient vraiment besoin.

Au plus fort de la mobilisation occidentale en faveur de l'Ethiopie, il a été une fois de plus question d'un détournement de l'aide, au profit de l'armée. Aux enquêtes de quelques journalistes trop curieux, le gouvernement d'Addis-Abeba opposa un démenti indigné, s'abritant derrière le certificat d'honnêteté que lui délivra le coordinateur de l'ONU sur place, Kurt Jansson, qui avait déjà supervisé les opérations de secours au Cambodge sans jamais y dénoncer les détournements. Incapable de gérer la totalité de l'aide qui déferla sur le pays dès novembre 1984, les autorités éthiopiennes ont laissé les organisations humanitaires prendre en charge la moitié de la distribution. Pour le reste, il a toujours été impossible de savoir quelle part en recevaient les affamés. Les restrictions de déplacements sur le territoire n'ont permis aucune vérification. Loin des regards indiscrets le pouvoir éthiopien a pu nourrir qui bon lui semblait.

L'utilisation bien comprise des « villages Potemkine » nécessi-

1. Cité par Shawcross, *op cit.*

tait de surcroît, une parfaite maîtrise du temps. Le voyage d'Edouard Herriot en Ukraine, pendant l'été 1933, a été planifié au plus fort de la famine que voulaient cacher les Soviétiques. Les déclarations de l'ancien président du Conseil facilitèrent la liquidation silencieuse des « koulaks », comme l'espérait Staline. En général, le contrôle espace-temps a toujours permis aux régimes totalitaires de cacher leurs pires exactions. Le « Grand bond en avant », décidé par Mao Tsé-toung en 1959-61, coûta au bas mot la vie à vingt-cinq millions de Chinois, morts de faim, quand d'innombrables témoins occidentaux venaient s'extasier sur « l'industrialisation » des campagnes. A contrario, il serait faux de croire que les dirigeants communistes, qui appellent au secours, de sauver leurs ressortissants affamés, cèdent à une contrainte et perdent le contrôle des événements. Ni l'humanisme, ni de soudains remords ne les animent. Ils le décident en fonction de leurs intérêts, intérieurs et extérieurs, selon leur convenance.

« Du pain et la paix », avait promis Lénine. Quatre ans après la révolution d'octobre 1917, les Russes n'avaient ni l'un ni l'autre. La guerre civile persistait, des révoltes ouvrières éclataient, les jacqueries se multipliaient dans les campagnes ravagées par la famine. Dans ce contexte catastrophique, l'ouverture du pays à l'aide occidentale, en 1921, répondait à un double objectif : renforcer le pouvoir bolchevique encore fragile et rompre son isolement diplomatique. « La première condition d'une lutte radicale contre la faim, c'est la signature d'une paix en bonne et due forme et la reconnaissance complète du gouvernement que le peuple russe s'est choisi et qu'il a soutenu pendant quatre années de lutte », annonça franchement Leonid Krassine, commissaire du peuple au Commerce extérieur, à l'occasion d'une visite à Bruxelles en 1921. Une fois la famine enrayée, deux ans plus tard, grâce aux secours occidentaux, la « dictature du prolétariat » devenait absolue. En 1924, la majorité des gouvernements européens reconnaissaient le régime bolchevique. Lénine avait gagné sur les deux tableaux.

Au Cambodge, l'ouverture des frontières aux organisations humanitaires des Nations unies a coïncidé avec l'assemblée générale de l'ONU, à New York, où se discutait pour la première fois la reconnaissance du pouvoir installé par Hanoi. La manœuvre échoua, les Khmers rouges réussirent à conserver leur siège au sein de l'organisation. Gravissime avant l'assemblée générale, la famine devint d'un coup dans la presse nord-vietnamienne une invention américaine destinée à « peindre un tableau noir du gouvernement Heng Samrin et à essayer de rétablir Pol Pot ». Quant à l'aide occidentale massive qui affluait, elle servait de prétexte « pour l'intervention et l'agression » de l'impérialisme. Cette soudaine volte-face montrait à quel point l'appel de juillet 1979 répondait à des motivations politiques. Alléché par la manne occidentale, Hanoi ne s'enferra pas longtemps dans l'isolationnisme.

Mengistu mérite, lui, un super-prix Lénine en dépit de ses hésitations initiales entre vieille méthode stalinienne de liquidations silencieuses et voie léniniste d'exploitation maximale de conjonctures désastreuses. Fin 1985, alors qu'elle affirmait qu'un million de personnes étaient mortes, l'Ethiopie annonçait glorieusement avoir triplé ses réserves de devises, rétabli ses finances, équilibré son budget. Et le miracle économique s'accomplit malgré les coûts mirifiques qu'entraînent trois cent mille hommes sous les drapeaux, la plus forte armée d'Afrique, avec en prime les frais d'une guerre coloniale entrée dans sa vingt-cinquième année, de nombreuses expéditions punitives contre des populations en semi-sécession et les retombées d'une crise agricole et industrielle. La situation intérieure ne s'avérait pour le moins pas meilleure que celle des Etats limitrophes. Quant au renom extérieur de la dictature révolutionnaire, qui fêtait glorieusement son dixième anniversaire, il était assuré par les rapports annuels d'Amnesty International : l'Ethiopie remportait la palme d'or africaine au festival très concouru des droits de l'homme violés. Par un miracle politique, et quasi philosophique, doublant la prestidigitation financière, cet Etat atteint simultanément tous les sommets. Il est à la fois l'un des plus pauvres d'Afrique et le plus militarisé, le plus sanglant et l'objet privilégié des soins et attentions prodigués par les organisations humanitaires. Pour clore la comédie, cette dictature farouchement anti-occidentale, fermée à la circulation des informations, rafle la majorité de l'aide fournie par la communauté européenne et les Etats-Unis, dont le président ne passe pas pour admirer les portraits des pères du socialisme, qui décorent les rues d'Addis-Abeba.

Aux côtés de Marx, Engels, Lénine, une quatrième effigie, moins poilue et pas encore aussi universellement célèbre : Mengistu Haile Mariam. Il est l'organisateur de la victoire, le promoteur de la plus formidable campagne de charité et de solidarité connue. Discrète, trop modeste aujourd'hui encore, sa gloire passe déjà les frontières et les responsables des pays les plus pauvres risquent de mêler, à l'envie qu'il suscite, beaucoup d'admiration. Ne demeurent-ils pas plantés maladroitement avec leurs cadavres d'affamés sur les bras, que, par vraie affliction ou fausse honte, ils n'ont pas encore su vendre à l'opinion publique mondiale ?

Mengistu les précède sur le chemin de la collecte des fonds pour avoir su spéculativement consolider la misère de son pays en capital porteur d'intérêts. Il a retourné la situation, a tiré de faiblesses force, a concentré l'attention de la planète sur l'une des contrées les plus négligées d'un continent déjà terriblement marginal. Puis, occupant les devants de la scène, tous les spots internationaux braqués sur son gouvernement, il fait taire les critiques, ravaler les objections et s'emploie désormais à transformer l'élan d'un moment en manne permanente. Sur le front de ce qu'il est convenu de nommer l'aide au tiers monde, il manœuvre en César, son champ d'opérations est le réseau de communication de masse du monde libre, ses succès s'évaluent en kilotonnes d'aliments et en milliards de dollars (1,2 million de tonnes d'aide alimentaire en 1986, quand 800 000 seraient nécessaires). Les fins connaisseurs acquiesceraient s'il s'autorisait au bout de sa campagne un *veni, vidi, vici* que sa discrétion lui interdit.

L'observateur naïf pourrait trouver le coût de l'entreprise démesuré, oubliant sans doute combien la désolation est une grandeur relative qui ne vaut que par comparaison. Si en deux ans un Ethiopien sur quarante a péri, ce million de morts ne pèse pas le même poids selon que la balance est européenne ou africaine : il y a la sous-alimentation chronique, les bidonvilles pouilleux, l'errance des réfugiés et des sans-emploi, d'autres famines occasionnelles, d'autres auxquelles l'Ethiopie contribue directement comme au Sud Soudan, aujourd'hui les criquets, demain la croissance exponentielle et non maîtrisable du Sida.

La plus poussive des agences de publicité n'ignore point que son problème se résume à motiver une population qu'elle entend fixer comme clientèle. Tristes chefs d'Etat qui s'obstinent à l'ancienne à emprunter, acheter à crédit, implorer des délais de paiement, collecter subsides et aides et finalement crier au secours sur le ton des conversations de salon ou des rencontres académiques, à moins qu'ils n'endorment leur auditoire par une de ces interminables et pesantes homélies dont l'organisation des

Nations unies a recueilli le secret auprès de la défunte Société des nations. Ces gouvernants antédiluviens n'ont pas encore perçu combien cette règle élémentaire — savoir motiver — s'applique également à leur activité professionnelle. Les grands de ce monde vivent toujours à l'âge de la réclame et de la crinoline, pas de la publicité qui frappe massivement en transformant les tabous en excitants et les pudeurs en promesses d'exhibition. Ceux dont la grandeur se mesure aux millions de sujets qu'ils maintiennent en vie, donc qu'ils peuvent faire périr, les voilà malhabiles, hésitants et comme décontenancés devant la nécessité de prendre aux tripes et forcer les cœurs pour ouvrir les porte-monnaie.

En autorisant, subitement, après un long silence, les caméras de la BBC à officier sur les champs de mort en la mi-octobre 1984, le camarade Mengistu s'est montré résolument moderne.

2

ACCUSÉS, LEVEZ-VOUS !

Le 25 octobre 1921, la *Pravda* publie un virulent article de Karl Radek, bolchevik de la première heure, membre suppléant du Bureau politique. L'éminent révolutionnaire y dénonce l'apathie des pays capitalistes devant « des millions de gens en train de mourir de faim quand ils ont largement de quoi les aider. Un tel monde doit être détruit ». Deux mois auparavant, l'American Relief Administration, aidée d'une dizaine d'organisations humanitaires occidentales, s'est spontanément portée au secours de l'URSS. Des milliers de Russes affamés sont déjà sauvés.

En décembre 1984, l'aide massive afflue depuis plusieurs semaines en Ethiopie lorsque Dawit Wolde Giorgis, responsable de la Relief and Rehabilitation Commission, par ailleurs membre du comité central du Parti des travailleurs éthiopiens, déclare devant un parterre de donateurs réunis dans un grand hôtel d'Addis-Abeba : « Nous avons été oubliés par un monde qui regorge de surplus céréaliers. »

La similitude des propos, à plus de soixante ans d'intervalle, peut être mise au compte de la rhétorique révolutionnaire. Les dirigeants marxistes ont toujours pris plaisir à cracher sur la main tendue. Ces paroles, toutefois, ne procèdent pas de l'usuelle langue de bois. Elles expriment, par un habile processus dialectique, une conversion dans l'imputation de la faute : le vrai coupable posant au juge, le témoin devient accusé.

Le problème est simple : plus les origines d'une famine sont endogènes (guerre civile, errements économiques), plus la générosité occidentale s'exprime, plus l'aide afflue.

Démonstration : au hit-parade des famines du siècle, celles des pays communistes se sont le mieux « vendues », nonobstant leurs origines pour l'essentiel politiques. Comment est-ce possible ?

La solution saute aux yeux : déjà experts en rentabilisation et mise en valeur des souffrances de leurs peuples, les dirigeants marxistes savent en outre user des meilleures techniques de culpabilisation pour escamoter leur méfait, bénéficier d'une aide maximale et exclure tout droit de regard : il faut donner, sans savoir à qui, ni comment les dons se répartissent.

Reprenons l'acte d'accusation dressé par Radeck et Dawit. Ils ne professent pas : « Notre peuple est affamé parce que vous mangez trop », relation causale simpliste, mais : « Vous mangez trop alors que notre peuple meurt », qui introduit la simultanéité. Nuance subtile bien que les locutions conjonctives ne soient pas essentielles dans le propos. Le « vous mangez trop » est premier. L'accent est mis sur cette affirmation pour déplacer l'attention et éviter d'avoir à répondre à la question pourquoi le « peuple meurt ». Le reproche de « manger trop » sert à la fois d'écran et de renvoi à la mauvaise conscience de ceux qui vivent dans la prospérité, quand d'autres sont condamnés à mourir dans la misère.

Pris au premier degré, le propos paraît faire appel à l'altruisme élémentaire. Si « vous mangez trop », il faut partager. Il vise en réalité le sentiment de culpabilité du riche, convaincu de l'existence d'un rapport entre son bien-être et le malheur des autres. Ressenti ainsi, le partage ne peut plus être un banal acte de générosité. Il doit exprimer un rachat, celui de la faute originelle d'être riche, le pardon étant proportionnel aux bienfaits dispensés. L'aide équivaut alors à un aveu de culpabilité, elle confesse la responsabilité du riche dans la mort du pauvre.

Le procédé, ancien, repose sur les mêmes mécanismes d'autoculpabilisation qui poussaient les victimes communistes des procès staliniens à reconnaître des fautes qu'ils n'avaient jamais commises. Pour obtenir des aveux, les « référents[1] » jouaient à la fois sur le sentiment de culpabilité du prisonnier et sur son esprit de zèle, les deux étant alimentés par sa foi inébranlable en la raison du Parti. « Aucun de nous ne veut ni ne peut discuter la volonté du Parti, écrivait Trotski en 1924. En définitive, le Parti a toujours raison. On ne peut avoir raison qu'avec et par le Parti,

1. Nom donné aux enquêteurs.

car l'Histoire n'a pas ouvert d'autre voie pour suivre la raison. » Même innocent, le communiste relégué au banc des accusés était habité par un sentiment de culpabilité. Si le Parti l'avait désigné coupable, il l'était, y compris à son corps défendant. Les interrogatoires permettaient toujours de trouver dans le passé de la victime la tache, si minime fût-elle, qui allait étayer l'acte d'accusation : des critères sociaux (l'origine de classe), idéologiques (adhésion ancienne à un parti non communiste), culturels (rapport avec des « étrangers », y compris dans d'autres pays socialistes), ethniques (appartenance à une minorité) ou familiaux (liens de parenté avec des « ennemis du peuple »).

Le prisonnier se prêtait d'autant plus volontiers à la quête de sa propre culpabilité qu'elle donnerait raison, a posteriori, au Parti. Les « référents » en appelaient à l'esprit de zèle de la victime qui, dans sa logique, cherchait à se rendre utile au Parti, y compris en lui sacrifiant sa vie. « Ce qui importe, c'est que le communiste accepte la mort, le déshonneur et n'importe quelle souillure infamante, si ces éléments amènent plus près du but : la libération des travailleurs », écrivait un ancien juriste au tribunal suprême de Moscou, lors des grands procès soviétiques de 1936-37[1].

Le sentiment de culpabilité du donateur type — le « riche capitaliste blanc » — dépend des mêmes critères « objectifs » qui forçaient les victimes de procès staliniens à avouer des fautes imaginaires. Confronté à une famine du tiers monde, le donateur se sent confusément coupable de ses origines sociales (il appartient au monde des nantis), son idéologie (il est capitaliste) ou pour des raisons ethnico-raciales (il est blanc). Quant à l'esprit de zèle, le donateur doit le manifester par la rapidité et la quantité de l'aide qu'il apporte aux victimes.

Radeck et Dawit proférèrent leur reproche lors des opérations d'aide, en toute connaissance de cause. On ne peut aviver le sentiment de culpabilité, faire jouer la « saine » émulation entre donateurs qu'une fois la pompe à secours amorcée. Trop tôt, le « coupable » peut rechigner, ne pas avouer ses fautes, devenir regardant, tenter de se disculper. Il est nécessaire d'enfermer le donateur dans une logique du pardon pour annihiler son esprit critique. Si jamais les causes de la famine n'apparaissent pas naturelles, le sens du devoir, la volonté de rachat risquent de

1. Tarass Rodionov dans *le Chocolat*.

s'émousser : au marché de la charité une famine politique n'a pas de valeur.

Un exemple : après quatre années de ravages khmers rouges, les caprices de la nature pouvaient difficilement être invoqués dans le Cambodge « libéré ». Fallait-il pour autant imputer la situation dramatique du pays à la pure et dure ligne marxiste-léniniste ? Les Vietnamiens s'en tirèrent en assimilant Pol Pot à Hitler, lavant le socialisme de tout péché. Les pays occidentaux, Etats-Unis en tête, se laissèrent duper. Ils se sentaient doublement en cause. Bien avant la prise du pouvoir, les témoignages provenant des « zones libérées » laissaient prévoir la terreur khmère rouge. A l'époque, pour la plupart des commentateurs, ces atrocités s'expliquaient par les millions de tonnes de bombes américaines larguées sur ces zones. La barbarie khmère s'opposait à la sauvagerie de l'US Army, la seconde justifiant la première. Le pays « libéré », les mesures radicales du nouveau pouvoir (l'exode forcé à la campagne) se comprenaient encore par les destructions de la guerre américaine, par la nécessité de relever le pays des ruines. Le journaliste américain, héros du film *la Déchirure*, symbolise ce courant de pensée. S'il s'émeut du calvaire cambodgien dans le discours qu'il prononce à l'occasion de son prix Pulitzer, il tient pour responsables quatre années de bombardement américain.

De plus, les premiers témoignages sur la terreur dans le « Cambodge nouveau » ont été minimisés, soit parce qu'on y voyait la propagande de « revanchards », soit, et c'est essentiel, parce que les Américains ne s'estimaient pas en position morale pour condamner les Khmers rouges. Le bureau des Droits de l'homme du Département d'Etat, ouvert à l'initiative de Jimmy Carter, s'est désintéressé de la situation en Indochine pour cette raison. Faute d'avoir réagi à temps, la communauté occidentale s'est découverte coupable de non-assistance à peuple en danger. L'aide massive allait excuser les silences passés. « Nous ne devons pas faillir au peuple cambodgien une seconde fois, déclara le représentant britannique à une conférence de l'ONU sur l'aide en novembre 1979. Nous devons agir et vite. L'Histoire nous condamnera avec raison si nous échouons. » Le pardon ajouté à la précipitation ont empêché toute réflexion sur les causes, la réalité de la famine et sur la répartition de l'aide, comme le souhaitaient les « libérateurs » vietnamiens.

« La voie socialiste choisie par l'Ethiopie en fait un paria pour certains pays », insinuait Dawit en octobre 1984. Pour le responsable de la RRC, les milliers de morts de l'époque n'étaient pas dus à la rétention de l'information et au silence instaurés par son propre gouvernement. Les vrais coupables : l'apathie des organisations et des gouvernements occidentaux, « ou la politisation de l'aide humanitaire », ajoutait-il.

L'acte d'accusation s'allonge. Déjà suspecté d'égoïsme invétéré, le donateur doit maintenant répondre de ses intentions, à charge pour lui d'apporter la preuve de son innocence. Autre procès, méthode identique : l'inversion de la faute contraint à nouveau l'accusé à des justifications permanentes qui lui interdisent dans le même temps d'appréhender la réalité des faits.

Si l'on additionne les affirmations de rigueur (la famine est une catastrophe naturelle qui frappe les pays pauvres dans l'indifférence des pays riches) aux suggestions implicites (les pauvres meurent de l'hostilité politique des nantis), le résultat va de soi : il n'y a de famine que par volonté délibérée des riches. Le postulat établi, on peut en tirer deux corollaires : *a)* la famine n'est pas politique ; *b)* l'aide est politique.

La famine soviétique de 1921-23

Avant de voler au secours des bolcheviks, Herbert Hoover souhaitait obtenir la libération de plusieurs Américains détenus depuis octobre 1917. Ils furent relâchés sur ordre de Lénine, qui avait jusqu'alors ignoré les requêtes répétées de Washington. La presse soviétique évoqua peu cet aspect des négociations avec les Américains, comparable à un vulgaire échange otages-rançon. Les libéraux américains, plus bolcheviks que Moscou, accusèrent en revanche Hoover de mêler aide et politique.

Dès le début des opérations, Hoover fut soupçonné aux Etats-Unis comme en URSS de vouloir aider les « contre-révolutionnaires », ce qui obligeait l'organisation à rappeler en permanence sa traditionnelle neutralité. Lorsqu'un an plus tard, en juillet 1922, son organisation jugea la famine jugulée et songea à se retirer d'URSS, la presse libérale y vit une preuve décisive de sa politisation : Hoover ne voulait plus nourrir des bolcheviks. A la tête de la croisade, Paxton Hibben, responsable du Comité d'aide américain aux enfants russes, l'accusa même de saboter les secours. Selon lui, sept millions de Soviétiques restaient menacés de famine un an après les opérations d'aide, non à cause des autorités bolcheviques — « efficaces à cent pour cent » soulignait-il — mais par le retard pris dans la livraison des semences nécessaires aux récoltes du printemps. Le coupable : Hoover.

En position d'accusée dans son propre pays, l'organisation humanitaire dut encore se justifier sur le front soviétique. La presse y mettait en cause la partialité de son aide. « 60 % des colis de l'ARA sont allés aux intellectuels, aux professeurs et à la population urbaine ; les 40 % restants aux ouvriers et paysans des zones rurales, prétendait un rapport soviétique de juillet 1922. Par nationalités, les colis ont été distribués ainsi : 50 % sont allés aux juifs, non pas aux plus pauvres, mais aux petits-bourgeois et aux commerçants, le reste aux autres nationalités[1]. » Destiné à la propagande interne, ce bilan, « objectif » d'apparence, démontrait combien l'aide capitaliste était intéressée : d'abord en faveur des « privilégiés » (les intellectuels, les professeurs), ensuite pour les « alliés de classe » (la petite bourgeoisie et les commerçants), de surcroît juifs, ce qui flattait au passage l'antisémitisme latent des Russes.

C'est en réécrivant l'Histoire, pratique propre au totalitarisme, que les bolcheviks ont flétri l'action humanitaire américaine pour taire aux générations à venir le sauvetage de la Russie révolutionnaire par l'ennemi capitaliste. La première version de la *Grande Encyclopédie soviétique* (1926) reflétait encore la réalité : « L'ARA était une organisation philanthropique mise en place par Hoover pour nourrir les enfants affamés d'Europe. Quand la famine frappa la Russie en 1921, elle offrit son aide. Elle distribua presque deux milliards de rations individuelles en un an et demi, fournit des médicaments et du matériel médical aux hôpitaux et pourvut à l'approvisionnement en eau. Son travail terminé, elle quitta la Russie. Au plus fort de son activité, l'ARA distribua de la nourriture pour environ dix millions de personnes. » En 1926, la générosité américaine demeurait trop présente dans les mémoires pour que les autorités soviétiques travestissent grossièrement la vérité. En 1950, la guerre froide aidant, la *Grande Encyclopédie soviétique* pouvait jouer des orgues de la propagande, dans le plus pur style langue de bois : « L'ARA profita de l'occasion pour

1. *Bilan de la lutte contre la famine*, Moscou 1922.

créer en Russie soviétique un appareil d'espionnage et de sabotage, et pour porter secours aux contre-révolutionnaires. Les activités contre-révolutionnaires de l'ARA provoquèrent de vigoureuses protestations des larges masses travailleuses de la Russie soviétique. "Le travail[1]" de l'ARA prit fin en juin 1923. Tout de suite après, l'organisation cessa toute activité. » Le stalinisme triomphant transformait une organisation humanitaire en officine de déstabilisation, créée dans l'unique intention de détruire la jeune Russie soviétique. Sous Khrouchtchev, la version s'affina lors d'une très officielle étude sur l'*Histoire moderne des USA, 1919-1939*[2].

Dans son ouvrage sur l'ARA et la famine soviétique de 1921, Benjamin Weissman en donne un saisissant résumé[3] : « Quand la famine frappa, *les forces contre-révolutionnaires se développèrent avec une nouvelle vigueur en Amérique.* Hoover décida que le moment était venu de reprendre ses campagnes contre le bolchevisme. A travers l'ARA, les Etats-Unis essayèrent d'obtenir des informations, d'établir des contacts avec les éléments antisoviétiques et d'organiser secrètement une insurrection armée. Si ces plans échouaient, les impérialistes américains essayeraient de spéculer sur la reconnaissance russe pour obtenir des concessions profitables. Dans tous les cas, la suppression des surplus alimentaires qui s'accumulaient aux Etats-Unis éviterait une crise économique. »

Aux visées déstabilisatrices s'ajoutent ici les intérêts économiques du capitalisme américain. Il n'est plus question d'action humanitaire. « Les comités de l'ARA, poursuit l'auteur, étaient contrôlés par des koulaks, des prêtres et autres, qui refusèrent de donner de la nourriture aux familles des communistes et aux soldats de l'Armée Rouge et qui *terrorisèrent le peuple soviétique. Quoi qu'il en soit, rien ne permit d'étrangler le mouvement de solidarité de masse qui se répandait dans tous les Etats-Unis en 1922. A ce moment-là, les plans de la réaction américaine échouèrent. Le gouvernement soviétique avait surmonté la famine et l'ARA fut forcée de quitter la Russie*[4] ». Deux ans plus tard, un nouveau livre sur *les Rapports soviéto-américains, 1917-1939*

1. Les guillemets sont dans le texte original.
2. Elena V. Ananova, Moscou, PMO 1962.
3. *Herbert Hoover and Famine Relief to Soviet Russia*, Hoover Institution Press, 1974, pp. 186-187.
4. Les phrases soulignées sont directement extraites du livre d'Ananova.

(V. K. Furaev, Moscou, 1964) précisait : « Les prix du riz, du blé et du maïs envoyés par l'ARA étaient plus élevés que les prix du marché et les agences soviétiques furent forcées de surpayer ces grains. L'ARA fit fortune dans ces opérations. »

La politisation et le mercantilisme ont définitivement effacé la philanthropie. Dans l'Histoire réécrite, le capitalisme a retrouvé sa vraie nature : son aide est par essence intéressée. Les pays communistes qui ont dû leur salut aux secours occidentaux ont par la suite retenu la leçon du grand frère.

La famine cambodgienne de 1979-81.

John Pilger est un journaliste australien, spécialiste de l'Indochine. Resté étrangement silencieux pendant toute la période khmère rouge, il a été l'un des premiers Occidentaux à se rendre dans le Cambodge « libéré », sous tutelle de la télévision... vietnamienne. De ce séjour il ramena un film, *Année zéro*, qui permit de récolter deux millions de dollars en faveur des victimes de la famine, après sa diffusion le 30 octobre 1979 en Grande-Bretagne. Pilger s'était d'abord rendu célèbre par ses articles parus dans le *Daily Mirror*. Il y militait pour que l'Occident mette fin au calvaire du peuple cambodgien grâce à une aide massive et sans conditions. Il accusait les gouvernements américain et européens de retarder leurs secours pour ne pas déplaire à la Chine, puissance tutélaire des Khmers rouges vaincus.

La campagne relégua au second plan ce qui se passait sur le terrain. Depuis l'appel au secours des autorités, le 3 juillet, l'aide arrivait au compte-gouttes par le canal de la Croix-Rouge, de l'UNICEF et d'Oxfam, l'une des premières organisations non gouvernementales à s'être rendues sur place. En octobre, les gouvernements occidentaux n'avaient quasiment pas bougé, ce qui indigna Edward Kennedy, partisan de la mise en place immédiate d'un vaste pont aérien pour transporter vivres et médicaments. Le généreux et naïf sénateur américain était tombé dans le piège — à la mauvaise conscience — tendu par les Vietnamiens. L'égoïsme occidental n'était pas responsable du blocage de l'aide : ce fut à la mi-octobre seulement que Phnom Penh autorisa l'organisation des secours sur une grande échelle. Auparavant, la Croix-Rouge et l'UNICEF se heurtaient aux exigences des nouvelles autorités. Un accord fut signé, les secours affluèrent dès que Phnom Penh abandonna ces prétentions à l'exclusivité. Il n'empêche. Les pays occidentaux se sont crus obligés de justifier leur attitude à l'occasion de la conférence des Nations unies sur l'aide au Cambodge, début novembre 1979. Leurs représentants réaffirmèrent à l'unisson le principe moral de l'aide qu'aucun intérêt politique ne devait entraver. Pour mieux le prouver, la « course aux secours » s'engagea, au profit de l'armée vietnamienne, principale bénéficiaire de la manne occidentale détournée.

La famine éthiopienne de 1984-85

« La devise des Etats-Unis a toujours été : "Un enfant affamé ne sait rien de la politique" », écrivait dans le *Washington Post*, début mars 1985, Peter McPherson, responsable de l'Agence américaine pour le développement international. A l'époque, la polémique faisait rage après les insinuations de Dawit sur l'Ethiopie socialiste délaissée par les pays occidentaux. La plupart des médias américains s'emparèrent de ses propos et sommèrent le gouvernement Reagan de « laisser de côté la politique » afin d'aider les Ethiopiens affamés. En novembre 1984, un représentant, Byron L. Dorgan, saisit le General Accounting Office (GAO, sorte de Cour des comptes américaine) pour qu'il enquête sur la passivité des Etats-Unis face à la famine éthiopienne. Le rapport, publié le 8 avril 1985, mettra enfin un terme à la controverse. Le GAO admet que le gouvernement américain aurait pu prévoir la catastrophe dès 1982. Par l'intermédiaire de la Catholic Relief Service, onze demandes d'aide à l'Ethiopie ont été satisfaites entre 1982 et 1984. Mais les difficultés de déplacement à l'intérieur du pays ont rendu impossible une évaluation correcte des besoins, d'où une sous-estimation de la situation. Pour conclure, le GAO renvoie dos à dos les gouvernements éthiopien et américain. Leurs mauvaises relations diplomatiques et la méfiance réciproque ont empêché une aide effective avant octobre 1984. La polémique a en tout cas permis de faire oublier que Mengistu a attendu « son » moment politique pour appeler au secours.

Les autorités éthiopiennes ne se sont jamais expliquées sur les détournements de l'aide humanitaire au profit de l'armée (de nombreux témoignages ont fait état d'entrepôts pleins dans des villes de garnison du Nord quand la nourriture arrivait au compte-gouttes dans certains camps de réfugiés). Elles ont esquivé les accusations en renvoyant la balle dans le camp d'en face. Détournement de fonds ? Parlons-en, justement. Dès octobre 1984, Dawit prétendait que l'argent recueilli en faveur de l'Ethiopie restait en partie « bloqué ou détourné » vers d'autres pays d'Afrique. Dans une interview donnée en février 1985 à la télévision canadienne, Mengistu était plus explicite. Il conseillait aux téléspectateurs d'envoyer directement à son gouvernement les fonds récoltés, « sinon il est probable que cet argent sera utilisé à d'autres fins ». Au même moment, le ministre des Affaires étrangères, Goshu Wolde, insinuait que de « très grosses sommes d'argent » réunies en Europe et aux Etats-Unis « ne sont pas parvenues en Ethiopie. Nous avons même appris, ajoutait-il, que certaines organisations avaient détourné de l'argent pour rénover leurs locaux ».

Un an plus tard, l'accusation sera clairement portée à l'encontre de Médecins sans frontières (MSF) peu après son expulsion d'Ethiopie pour avoir dénoncé la meurtrière politique de déplacement de population (*resettlement*) menée par Addis-Abeba[1]. « Pourquoi ont-ils été expulsés ? » demanda en janvier 1986 un journaliste canadien de la chaîne de télévision CBC à l'occasion d'un débat opposant Berhanu Danka, ambassadeur éthiopien aux Nations unies, Peter McPherson et Rony Brauman, président de MSF. « Ils étaient en Ethiopie depuis dix-huit mois, répondit l'ambassadeur. Ils n'avaient jamais rien dit avant octobre 1985, jusqu'au moment où l'on a découvert qu'ils essayaient d'obtenir pour leur propre compte une partie de l'argent que la CEE avait assigné pour l'achat de graines à l'Ethiopie.

— De l'argent de la Communauté européenne ? questionna le journaliste.

— De la Communauté européenne, sans même consulter le gouvernement éthiopien. Nous sommes intervenus pour stopper ces paiements, ce transfert de fonds à MSF. C'est alors que le Dr Brauman a commencé une sorte de vendetta personnelle. »

Est-il besoin de préciser l'inanité de l'accusation ? Les médecins français dérangent, les voilà sur le banc des accusés aux côtés de la cupide ARA. Malversation, détournement de fonds sont des arguments classiques en pays communiste jetés contre « l'ennemi

1. Voir chapitres 3 et 4.

de classe ». Dawit, si prompt à les manier du temps de sa splendeur, à Addis-Abeba, en fut victime lorsqu'il se réfugia aux Etats-Unis en octobre 1985. Les journaux éthiopiens ont reproduit à plaisir les sommes — trois cent mille dollars au total — qu'il aurait détournées à son profit. De quoi méditer sur l'ingratitude de Mengistu.

Pour attiser le zèle des Occidentaux, le gouvernement éthiopien a aussi mis en concurrence l'aide capitaliste et l'aide socialiste, non sans succès. La campagne a commencé en novembre 1984, à l'occasion de l'une des rares conférences de presse données par Mengistu.

L'AIDE CONCRÈTE DE L'URSS,
LES PROMESSES DES USA

« Le correspondant du *New York Times* demanda en affectant l'indifférence : "Pourquoi vos alliés et vos amis vous donnent-ils moins que ceux que vous traitez d'impérialistes ?" Mengistu Haile Mariam répondit sans jouer les diplomates : "Premièrement, l'aide que nous recevons vient non pas des milieux impérialistes des pays occidentaux, mais de leurs peuples auxquels nous sommes très reconnaissants. Deuxièmement, l'assistance multiforme de l'Union soviétique et des autres pays de la communauté socialiste a permis à l'Ethiopie de réaliser au cours de la décennie écoulée des progrès qui dépassent ceux des quarante années précédant la révolution nationale démocratique. A la veille du dixième anniversaire, le pays a mis en service des usines et entreprises construites avec le concours des pays socialistes. Elles permettent de juger de la nature et de l'envergure de l'assistance que nous obtenons de nos amis. Enfin, pour aller droit au cœur du problème, les trois quarts de l'aide urgente sont acheminés vers les régions sinistrées par des avions et des hélicoptères de l'aviation soviétique. On ne saurait comparer l'aide de l'Union soviétique à celle que les Etats-Unis n'ont fait encore que promettre." » (Hebdomadaire soviétique *Temps nouveaux*, nº 50, 1984.)

Certains milieux protestants ont été sensibles à cette nouvelle campagne. Au vu des statistiques publiées par les Éthiopiens, l'évêque Roy Clark, président de l'Union des comités de secours méthodistes, a prétendu que l'Union soviétique apportait davantage d'aide aux affamés que les Etats-Unis.

La presse éthiopienne a toujours donné de l'importance aux secours des « pays frères ». Dans le seul mois de janvier 1985, par exemple, au plus fort des livraisons occidentales, seuls les dons de l'Est figuraient en bonne page : dix millions de dollars de nourriture venue de Bulgarie, six millions de Hongrie, cent soixante-quatre tonnes livrées par la Pologne, des instruments de cuisine d'URSS, etc. Cette assistance n'a jamais été détaillée (quand la valeur était donnée, on ne connaissait pas le tonnage, et vice versa) afin d'éviter les comparaisons possibles avec l'aide occidentale. Quant à la presse soviétique, fidèle à la leçon de 1921-23, elle a toujours réduit les secours capitalistes, principalement américains, à des tentatives de déstabilisation.

Pour la presse soviétique, la culpabilité initiale prime : « L'Afrique, l'Ethiopie notamment, reçoit une aide alimentaire occidentale, accompagnée d'un tapage publicitaire. Le caractère purement "humanitaire" de cette aide constitue son leitmotiv. Mais honnêtement, l'Occident ne fait que restituer une partie minime de son dû à l'Afrique, qu'il a oppressée au cours des siècles et qu'il continue de piller aujourd'hui » (*Temps nouveaux*, n° 48, 1984). Le rappel de la faute originelle sert à stimuler le repentir.

Le grand chic de l'action psychologique consiste à hisser sur le pavois de la mémoire un événement absolu qui explique tout, résume tout et étalonne la petite monnaie de nos désastres quotidiens. Révélation à l'envers, la catastrophe bouc émissaire incarne la source du mal au grand complet, Satan le père, Satan le fils et l'intégralité de l'esprit malin qui hante le siècle. Pour Lénine, la « guerre impérialiste » de 1914-18 et son symbole, la boucherie de Verdun, étaient la cause unique des malheurs d'après, de la disette de 1919, de la famine de 1921, de la guerre civile prolongée, etc., etc. Du coup, la stratégie bolchevique se trouvait lavée de tout soupçon, l'incurie et le despotisme sanglant de la prétendue « dictature ouvrière et paysannne » n'entraient pas en ligne de compte. Et les Occidentaux d'acquiescer tout naturellement, on leur désignait une guerre qu'ils avaient ourdie et subie, et on leur dissimulait une terreur qu'ils ignoraient.

Avec la Seconde Guerre mondiale, la facture s'alourdit, l'horreur des camps de la mort habite désormais les mémoires et leur souvenir sera assené à coups de massue par l'agit-prop socialiste scientifique. Oublié, le mauvais exemple des camps soviétiques où des millions de morts ont précédé les massacres nazis, oublié, le pacte d'alliance Hitler-Staline. Le camp de concentration, c'est bien connu, est une invention allemande, européenne, colonialiste, impérialiste, occidentale et il faut avoir l'esprit aussi tordu que Soljenitsyne pour supposer que le Goulag désigne autre chose qu'un organisme charitable, chargé de la réinsertion sociale de quelques malheureux déviants. En réduisant l'infinie variété des forfaits politiques et sociaux qui ensanglantent la planète à l'évocation sempiternelle des crimes nazis, les léninistes de choc jouent sur du velours. L'Européen se sentira toujours — et c'est à son honneur — concerné alors qu'eux s'en lavent les mains. Dès qu'ils évoquent Auschwitz, c'est pour s'excuser en accusant.

Orfèvres en la matière, les Vietnamiens n'ont guère économisé sur les moyens de la mise en scène. Emérites bateleurs d'un Luna-Park historico-mondial, ils allumèrent la clientèle avec un aplomb dans la falsification et une absence de pudeur dans le mensonge qui confinent au génie.

A l'origine, Tuol Sleng était un lycée. Aujourd'hui, c'est un musée des horreurs qui témoigne de la folie meurtrière des Khmers rouges. Douze mille personnes ont ici trouvé une mort abominable.

MUSÉE DES TORTURES

« Les salles de classe, au rez-de-chaussée du premier immeuble, avaient été utilisées comme chambres de tortures. Chacune contenait un lit de métal auquel la victime était attachée, un bureau d'écolier et une chaise pour l'interrogateur. (...) Dans chaque cellule, une grande photo montrait la pièce telle que l'avaient apparemment découverte les Vietnamiens après l'invasion. Les Khmers rouges avaient filé avec une telle hâte que des corps en décomposition avaient été découverts encore attachés au lit dans plusieurs cellules.(...) Dans une autre pièce, un énorme tas de vêtements noirs gisait le long d'un mur (...). On me dit qu'il s'agissait des vêtements des prisonniers morts. (...) Les prisonniers de Tuol Sleng avaient presque tous été photographiés soit à leur arrivée à l'école, soit après leur mort atroce. Les Vietnamiens avaient retrouvé les négatifs, les avaient développés et fait agrandir, et le résultat était aujourd'hui exposé sur les murs[1]. »

Tuol Sleng faisait partie du circuit proposé aux journalistes qui se rendirent au Cambodge après la « libération ». Les nouvelles autorités l'avaient ouvert dès août 1979, en même temps que les rares hôtels pouvant encore accueillir des étrangers dans Phnom Penh dévastée. Les terribles reportages sur Tuol Sleng ont immédiatement fait le tour du monde. Images d'horreur où se confondaient l'enfer du passé khmer, le soulagement de la « libération » vietnamienne et le devenir du peuple cambodgien en apparence ravagé par la famine. Tuol Sleng a ainsi contribué à fausser les jugements sur l'état réel du pays. Pour le visiteur, le calvaire passé des prisonniers venait en surimpression aux conditions de vie dans le Cambodge « libéré ». Les nouvelles autorités jouaient sur un principe orwellien connu : le passé couvre le présent, les crimes d'hier excusent ceux d'aujourd'hui. Autrement dit, plus le pays paraissait en ruine plus grand était le mérite des « libérateurs », et plus se justifiaient les difficultés présentes.

Avant même d'ouvrir les frontières à l'aide internationale, Phnom Penh organisa en grande pompe un « tribunal révolutionnaire du peuple pour juger le génocide commis par la clique Pol Pot-Ieng Sary » devant cinq cents délégués cambodgiens et étrangers. Comme prévu, le verdict condamna à mort les deux dirigeants khmers rouges. A cette occasion, le « tribunal » affirma que trois millions de Cambodgiens avaient disparu depuis 1975. A en croire Phnom Penh, le pays ne comptait plus que quatre millions et demi d'habitants. Un an plus tard, les Cambodgiens étaient six millions et demi, selon les mêmes sources officielles. Miracle de la nature ? Entre ces deux estimations les autorités avaient simplement changé d'objectif. En 1979, il fallait apitoyer les donateurs occidentaux, insister sur les massacres khmers rouges. En 1980, il s'agissait d'obtenir le maximum d'aide par tête d'habitant. Les Cambodgiens s'étaient multipliés comme des petits pains.

1. William Shawcross, *le Poids de la pitié*, *op. cit.*, pp. 39, 40, 41.

Le « tribunal révolutionnaire » proposa aussi pour la première fois l'équation Pol Pot = Hitler, reprise ensuite dans le monde entier. L'analogie historique soufflée en coulisse par les Vietnamiens disculpait le marxisme-léninisme dont s'étaient inspirés les Khmers rouges électrisés par la démence sanglante d'un dirigeant. Pourquoi pas Pol Pot = Staline ? Parce que Hitler = Occident. Lavé de ses crimes, le communisme, avenir du Cambodge « libéré », restait au-dessus de tout soupçon.

A l'étranger, la formule « Pol Pot = Hitler asiatique » fit recette. Le raccourci lava les mémoires et permit nombre de simplifications, entretenues en sous-main par les Vietnamiens. Tuol Sleng avait été aménagé dans le seul but d'imposer l'amalgame avec les camps d'extermination nazis. Les effets personnels des prisonniers assassinés, soigneusement alignés dans une salle, les photos des suppliciés ostensiblement épinglées évoquaient immanquablement Auschwitz.

Sublime manipulation mais sinistre montage. L'agencement du « musée » avait été supervisé par des conseillers est-allemands, son « conservateur », l'un des rares rescapés de Tuol Sleng, avait visité les vestiges de Buchenwald, en RDA, pour s'en inspirer. Village Potemkine inversé, Tuol Sleng était devenu une gigantesque forfaiture, aménagée matériellement et idéologiquement pour mieux piéger la mauvaise conscience occidentale. La prison, centre de torture pour cadres khmers rouges « déviationnistes », où l'élite du Parti s'appliquait à elle-même les meilleures recettes des procès staliniens et de l'autocritique maoïste, n'a jamais été un camp d'extermination pour larges masses[1] et « races inférieures ». La plupart des visiteurs n'y ont vu que du feu, ou plutôt revu en cauchemar des monceaux d'ossements calcinés, incroyable miracle de la suggestion. Le décor en place, il suffisait de laisser parler les imaginations pour réveiller de vieux remords. Cette première phase réussit parfaitement. « Echo d'Auschwitz », titra le *Daily Mirror* britannique en publiant début septembre 1979 l'un des premiers reportages sur Tuol Sleng. « Les assassins, comme les nazis, photographiaient leurs victimes après leur mort », ajoutait le quotidien. Ce pas franchi, un mécanique glissement s'effectua entre Pol Pot = Hitler, Tuol Sleng = Auschwitz, génocide cambodgien = holocauste des juifs. CQFD : « l'Holocauste cambodgien », titra un grand hebdomadaire français. Une

1. Lesquelles étaient massacrées en plein air.

belle tournure journalistique, prompte à émouvoir le lecteur, mais gommant quelques spécificités historiques. Choqués par ce qu'on leur avait laissé voir, les visiteurs témoignèrent avec leurs tripes, perdant le sens de l'espace et du temps.

Le passé vint contaminer la perception du présent. L'holocauste cambodgien ne décrivit plus la seule terreur khmère rouge. L'expression servit aussi à dépeindre l'état du pays, saigné à blanc par le « Hitler asiatique ». Les images d'enfants squelettiques, de paysans anémiés se mêlaient à celles des suppliciés de Tuol Sleng-Auschwitz. C'était maintenant la mort en direct qui se jouait sur la scène internationale. « Il y a trente-sept ans, commençait un holocauste qui devait ravir la vie à plus de six millions d'êtres humains, déclarait le 24 octobre 1979 le président Carter. Le monde demeura silencieux, une défaillance morale dont l'énormité stupéfie toujours l'esprit. Nous faisons face une fois encore à la menace d'une mort évitable pour des millions de gens, et cette fois nous devons agir rapidement. »

Dix jours avant, la Croix-Rouge et l'UNICEF avaient signé à Phnom Penh un protocole d'accord avec le gouvernement cambodgien. Plus aucun obstacle ne s'opposait à l'envoi d'une aide massive. Il fallait relever le défi, la mobilisation présente devait absoudre l'indifférence passée sur le sort des juifs. « Il faut sauver deux millions de Cambodgiens avant Noël », répétaient maintenant les médias après les avoir laissés trois ans durant crever. L'urgence associée à une échéance aussi symbolique dispensait d'approfondir la réalité et les causes de la famine. Pour l'opinion publique des pays occidentaux, seule impliquée dans ce vaste élan expiatoire, il ne s'agissait plus, à la limite, du Cambodge. Auschwitz à Noël ne devait, ne pouvait pas revenir. La propagande cambodgienne (supervisée par les Vietnamiens) était parvenue à atteindre la (mauvaise) conscience occidentale, en premier lieu dans les pays anglo-saxons, hantés par le souvenir du « terrible secret »[1]. Dans sa campagne pour obtenir des fonds en faveur du Cambodge, l'organisation britannique Oxfam soignait le parallèle avec les camps d'extermination nazis. Aux Etats-Unis, World Vision, l'une des plus importantes organisations non gouvernementales du monde, décrétait : « Si nous n'agissons pas dès mardi, vendredi ils n'auront plus faim, ils seront morts. »

1. Titre d'un livre de Walter Laqueur, qui étudie le silence des autorités britanniques et américaines devant l'extermination des juifs par les nazis).

Les reportages de 1984 sur Korem et Makalé ont de nouveau évoqué les camps de concentration nazis. L'association s'est faite d'elle-même. Pour le journaliste qui dramatise, rien ne ressemble davantage à un corps décharné qu'un autre corps décharné. Le cliché doit bouleverser, quitte à forcer le trait, à fausser l'histoire. « L'holocauste éthiopien » succède à « l'holocauste cambodgien » sans autre forme de procès. Cinq ans après Auschwitz revient à l'esprit, ce coup-ci sous la forme d'une mégalopole de la mort : sept millions d'Ethiopiens risquent de passer de vie à trépas. Le moment choisi par Mengistu pour ouvrir les frontières, deux mois avant Noël, décuple l'effet-émotion provoqué par la symbolique du camp. Après avoir vu le reportage de la BBC, fin octobre, Bob Geldof chante *Do They Know, it's Christmas ?* (savent-ils que c'est Noël ?). « C'est Buchenwald avec des gosses en plus, m'avait-on prévenu à Addis-Abeba », titre l'envoyé spécial de *Libération*[1].

La propagande vietnamienne a fait des émules. « Le monde dans lequel nous vivons est un immense camp d'extermination : quarante mille êtres humains meurent de faim tous les jours », affirme Jean Ziegler, ancien député suisse, sociologue à ses heures. Battu, le Cambodge, surpassée, l'Ethiopie. Auschwitz n'est plus une mégalopole, mais l'entière planète. Le coupable ? « L'ordre du monde est habité par une dialectique négative » où chaque jour « les riches sont plus riches et les pauvres plus pauvres ». L'équation de l'horreur est d'une redoutable simplicité : « dans les pays industrialisés, la suralimentation fait des ravages » quand « sur les cent vingt-deux millions d'enfants nés en 1979, année internationale de l'enfance, un sur dix est aujourd'hui mort[2] ». Nous voilà tous nazis, bourreaux et gardiens du camp de concentration planétaire. Au procès de Moscou se mêlent les crimes jugés à Nuremberg. Coupable ! Coupable deux fois, que l'accusé ne finisse pas de rendre gorge.

En 1984, Auschwitz à Noël. Orwell est dépassé, qui imaginait une population localement conviée à l'hebdomadaire « exercice de haine ». C'était l'époque de l'artisanat ès mobilisation de masse. Aujourd'hui, l'agit-prop travaille à grande échelle, l'ensemble planétaire du public occidental est astreint à de fascinantes

1. 24 janvier 1985.

2. Les citations de Jean Ziegler sont extraites de sa série d'articles « Main basse sur le tiers monde », *le Matin*, 24 au 28 juillet 1985.

et récurrentes séances de *haine de soi*. Noël au Cambodge ! Noël en Ethiopie ! Une image de gosse mourant expédiée à heure dite propage l'effet garanti. Des leçons de morale administrées par quelques majors marxistes sonnent inévitablement grotesques. Mais les images parlent d'elles-mêmes à un public réceptif : le 25 décembre 1979, Christ est mort au Cambodge, et le 25 décembre 1984, à Korem, en Éthiopie. Chers téléspectateurs : vous l'avez tué ! Ici la référence à Auschwitz rend l'argument implacable. Souvenez-vous. Ce n'est pas la première fois. Etait-elle bonne, la dinde du Thanksgiving Day découpée en famille à New York en cette fin 1942, tandis que dans la lointaine Europe le quatre-millionième juif partait en fumée ! Demandez à grand-père et à grand-mère si les petits chanteurs modulaient juste à Notre-Dame tandis que les camions chargeaient — d'un côté les petites filles, de l'autre les petits garçons — des ombres marmonnant le yiddish ou le polonais ce soir de réveillon 1943, comme tous les autres soirs.

La blessure est encore ouverte. Votre conscience vous fait mal. Très bien. Le marxisme vous en donne plus. Il vous offre par satellite un petit Noir à Buchenwald. Et vous êtes en face du cliché. C'est vous ou c'est lui. Lui mourant, vous dans la peau du nazi. Ou de l'affameur, ou de l'indifférent qui laisse assassiner. C'est une affaire entre vous et lui, le gouvernement éthiopien ne figure pas sur la photo. Il n'y est pour rien. Il vous signale en passant que vous vous rendez coupable de meurtre rituel à la puissance dix ; ce soir de Noël, en découpant une volaille, vous plongez votre couteau dans le corps du Christ. Un Christ noir, racistes que vous êtes !

Ils jouent serré, les petits camarades d'Addis-Abeba, flanqués de leurs conseillers des services secrets est-allemands, nord-coréens et du KGB. Ils pincent la corde religieuse, titillent les mémoires douloureuses, exaspèrent l'angoisse d'intervenir trop tard, puis, question sentiment et gros sous, raflent les mises.

3

LE PRINCIPE DE RÉALITÉ

Le soir de sa diffusion sur la BBC, le film de Mohammed Amin et Michael Buerk était repris par la chaîne de télévision américaine NBC. Le corps décharné des enfants de Korem, la désespérance des réfugiés de Makalé bouleversèrent en quasi-simultané téléspectateurs britanniques et américains. Par faisceaux satellites, la famine éthiopienne était consacrée événement mondial. Dans les trois jours qui suivirent, le téléphone ne cessa de sonner au siège new-yorkais de la Catholic Relief Service, la plus importante organisation non gouvernementale du monde. Des quatre coins des Etats-Unis, des milliers d'Américains proposèrent spontanément de l'argent, des vêtements, leur bonne volonté pour relever l'insupportable défi, pour arracher les Ethiopiens des griffes de la faim.

Le très populaire quotidien britannique *Sun* démarra une vaste collecte de fonds : « Nous savons que les lecteurs du *Sun* aiment les enfants, quelles que soient leur couleur ou leur race. » Rupert Murdoch, son propriétaire, souhaitait recueillir cent mille livres sterling en faveur des enfants affamés de Korem. Concurrence oblige, le *Daily Mirror* s'engageait de son côté à affréter un avion de secours d'urgence pour le 31 octobre. *Mercy Flight* — le vol de la charité — débarqua à Addis-Abeba le jour dit, avec à son bord Robert Maxwell, propriétaire du journal, accompagné d'une meute de photographes, et, dans ses soutes, du lait, du chocolat en poudre, du café, inutilisables en cas de famine.

Dans le week-end du 27-28 octobre, Margaret Thatcher demanda à son ministre de la Défense d'envoyer au plus tôt sur

Addis-Abeba deux avions gros porteurs de la Royal Air Force. Le 1er novembre, l'ordre était exécuté, au grand dam de Mengistu, furieux de voir débarquer les couleurs de l'armée britannique au cœur de l'Ethiopie socialiste.

STOPPEZ CES AVIONS !

Après s'être réfugié aux Etats-Unis, Dawit Wolde Giorgis, ancien responsable de la Relief and Rehabilitation Commission, a donné sa version de l'épisode. Débarqué à Londres vingt-quatre heures avant l'envol des avions de la RAF, il prévient par téléphone le Camarade-Président de leur imminente arrivée. Mengistu lui ordonne de suspendre ces vols. Trop tard. Quand Dawit joint le ministère de la Défense britannique, les deux avions sont déjà partis. Quelques jours plus tard, la mésaventure se reproduit en Allemagne de l'Ouest. Il ne parvient pas à temps pour stopper l'élan de générosité du gouvernement Kohl qui a décidé, lui aussi, d'envoyer deux avions militaires en Ethiopie. Selon Dawit, Mengistu lui tint longtemps rigueur de ces “échecs”.

En cinq mois, la Catholic Relief Service a recueilli près de trois cents millions de francs auprès des Américains. En Grande-Bretagne, toutes organisations humanitaires confondues, les Anglais ont versé cinq cent cinquante millions de francs en trois mois. Jamais un tel mouvement de solidarité, en faveur d'une cause aussi lointaine, ne s'était emparé des Anglo-Saxons. Le même élan entraînait Scandinaves, Allemands, Italiens et, dans une moindre mesure, les Français, même si dans l'Hexagone artistes et musiciens furent prompts à se mobiliser. Mais les Chanteurs sans frontières n'atteindront jamais le succès de Band Aid outre-Manche ou de USA for Africa.

Sur le terrain, dans les camps de réfugiés, quand les premiers secours arrivèrent, un formidable soulagement envahit les membres d'organisations humanitaires déjà présents. Trop longtemps seuls à se colleter avec la mort de ces laissés-pour-compte, ils sortaient enfin du cauchemar. Ils retroussèrent leurs manches de plus belle dans l'espoir d'emporter cette fois le challenge de la vie. La schizophrénie des organisations humanitaires commença à l'instant. Confrontées à une réalité triple, elles ne virent pas la complexité de la situation, comme si l'urgence des besoins avait bouché l'horizon..

Il y a toujours eu en Ethiopie deux fronts : d'un côté la lutte contre la famine où bataillent les « secouristes » occidentaux, de l'autre la guerre civile au nord où s'étripent armée régulière et mouvements de libération (Erythrée, Tigré). Deux fronts qui parfois se rencontrent. Sur l'aéroport de Dessié, capitale régionale du Wollo, qui dessert les principaux camps de réfugiés (Korem, Makalé, Lalibela...), la piste d'atterrissage des avions de secours jouxte celle à usage militaire. Les sacs de céréales y côtoient les caisses d'armes, la vie ici, la mort là.

La famine est une arme de guerre aux mains des autorités éthiopiennes. La méthode, pour condamnable qu'elle soit, n'en remonte pas moins à l'origine des conflits entre les hommes. Affamer l'ennemi fait malheureusement partie de l'arsenal traditionnel entre belligérants. Les organisations humanitaires occidentales ont caressé un moment l'espoir que Mengistu ne suivrait pas une aussi funeste voie. De longues négociations s'engagèrent pour obtenir du Camarade-Président un cessez-le feu (proposé par les fronts de libération) ou un « couloir de sécurité » qui eût permis, à partir des principaux centres de distribution, de porter secours aux populations affamées des zones contrôlées par les « sécessionnistes ». Le représentant des Nations unies à Addis-Abeba, le responsable de la Croix-Rouge internationale, Willy Brandt, le sénateur Kennedy, entre autres, sont intervenus, sans succès. Mettre en place un « couloir de sécurité » reviendrait à donner aux mouvements de libération « une existence légale et une certaine crédibilité, déclara Mengistu à la télévision canadienne en février 1985. Si on accorde à des terroristes ce genre de prestige, je pense que cela aurait de très dangereuses conséquences. Non seulement pour l'Ethiopie, mais pour le monde entier ».

Que l'Erythrée et le Tigré soient les régions les plus touchées par la sécheresse, que leurs populations soient particulièrement menacées de famine, Mengistu s'en lave les mains : en affamant l'adversaire, la nature sert ses desseins. Deux ans plus tard, en août 1986, alors qu'une invasion de criquets menaçait le nord de l'Ethiopie, le Front de libération érythréen proposa un autre cessez-le-feu. La réponse fut cette fois encore négative. Le Camarade-Président espère-t-il que les insectes reconnaîtront les siens, qu'ils s'arrêteront aux frontières de l'Erythrée ?

Du Biafra au Cambodge en passant par le Liban, les organisations humanitaires ont infortunément appris à intervenir dans un contexte de guerre civile. Et puisque leur devoir leur interdit de prendre parti, la règle veut qu'elles portent secours aux différentes fractions en conflit. Au risque de déplaire à Addis-Abeba, la Croix-Rouge, Oxfam, MSF, pour ne prendre qu'elles, ont travaillé aux côtés de la très officielle Relief and Rehabilitation Commission en même temps qu'avec les organisations de secours érythréenne et tigréenne (l'ERA et le REST) à partir du Soudan.

Au premier semestre 1985, les zones contrôlées par le gouvernement en Erythrée et au Tigré recevaient respectivement 12,4 % et 16 % de leurs besoins réels en nourriture[1]. Les conditions de sécurité dues à la guerre et la volonté politique des autorités de ne pas nourrir des régions hostiles expliquent en partie l'insuffisance de l'aide. Dans d'autres régions du Nord, le Wollo ou le Gondar, qui comptaient le plus grand nombre de réfugiés, l'acheminement des secours a longtemps été inférieur aux besoins malgré l'afflux de l'aide dans les ports et aéroports éthiopiens. Manque de moyens de transport, n'ont cessé de prétexter les autorités en accusant les Occidentaux de négliger cet aspect. Un rapport de la Relief and Rehabilitation Commission, de décembre 1984, reconnaissait toutefois : « Depuis octobre, beaucoup de gouvernements donateurs et d'organisations ont décidé de renforcer le parc de camions de la RRC. Trois cent trente-cinq véhicules d'une capacité de quatre à cinq tonnes ont été reçus. » Où sont-ils passés ? « En raison de leur capacité, poursuivait le rapport, ces camions sont utilisés pour transporter les victimes de la sécheresse vers de nouveaux sites de réinstallation. » L'aveu du détournement révèle la priorité des autorités éthiopiennes au moment où l'opinion ocidentale se mobilisait pour sauver des centaines de milliers de réfugiés dans le Nord.

C'est la troisième réalité éthiopienne. « On assiste à une division du travail bien particulière, dit Ruppert Neudeck, président du Komitte Cap Anamur, une organisation allemande (créée à l'époque des « boat people ») présente dans le nord de l'Ethiopie. Les organismes de secours occidentaux amènent nourriture et médicaments ; l'armée éthiopienne, toujours en guerre, trans-

1. Statistiques données par René Backmann, *le Nouvel Observateur*, 19 juillet 1985.

porte la nourriture pour son propre compte ; enfin, la RRC, aidée des Soviétiques, organise le transfert forcé des populations du Nord vers le sud-ouest du pays[1]. »

La politique des transferts de population est le plus grave problème éthique auquel sont confrontées, dès l'origine, les organisations humanitaires en Ethiopie.

UN CAMP N'A PAS A ETRE CONFORTABLE

« Les difficultés ont commencé à partir de novembre 1984. Nous avions reçu de Paris trente mille couvertures et une centaine de tentes. La première semaine, on les a distribuées sans problème. Puis, nous avons été convoqués par les responsables locaux de la RRC et des cadres du Parti. Prétextant des vols, du racket, des reventes au marché noir, ils nous ont demandé d'arrêter la distribution des couvertures. Nous avons donc décidé de venir au camp très tôt le matin, vers 6 heures[2], pour donner les couvertures aux réfugiés qui en avaient le plus besoin, ceux qui dormaient dehors par près de zéro degré. Nouvelle convocation : interdiction de distribuer les couvertures. Même chose pour les tentes. Nous n'avions pas le droit de les monter. “Il n'est pas question que le camp devienne confortable”, nous a-t-on dit. Au début, on n'a pas compris pourquoi. Quelque temps après, les premières réunions de propagande pour les transferts de population ont commencé. Des membres du Parti sont arrivés sur le camp, avec un mégaphone, pour inciter les réfugiés à partir vers les nouvelles zones de réinstallation, dans le Sud-Ouest. Ce qu'ils décrivaient paraissait paradisiaque. Mais nos traducteurs ont rapidement reçu l'ordre de ne plus traduire ce qui se disait lors des rassemblements. Nous étions tous des agents de la CIA, leur a-t-on dit. »

Brigite Vasset (entretien avec les auteurs).

Le 2 décembre 1985, Médecins sans frontières était expulsée d'Ethiopie pour avoir dénoncé ces transferts forcés. Une polé-

1. *Afrika Kontinent ohne Hoffnung ?*, Basteï Lübbe, 1985.
2. Les équipes médicales n'avaient pas le droit de dormir sur place.

mique s'ensuivit dans le monde plutôt feutré des organisations humanitaires occidentales. Le scandale éclatait enfin au grand jour.

Le gouvernement éthiopien n'a jamais fait mystère de sa volonté de déplacer une partie des populations du Nord vers le sud-ouest pour s'attaquer, disait-il, aux vraies causes de la famine. Le programme, lancé en 1979 sous l'égide de la RRC, se réclamait du bon sens : au nord, région de hauts plateaux surpeuplés, la terre est « improductive, surexploitée, érodée, éprouvée par le syndrome sécheresse-famine » : au sud, les plaines « vierges, fertiles, offrent toutes les conditions favorables à la production agricole sans risque écologique et climatique »[1]. Un plan de dix ans prévoyait le transfert de deux cent mille familles, soit environ un million de paysans. A mi-parcours, la RRC reconnaissait que seulement deux tiers des sites de réinstallation étaient parvenus à l'autosuffisance, au prix d'un important effort financier. « Leur coût en équipement et en devises étrangères a été tel qu'il n'a pas été possible d'envisager leur extension », estimait la Commission en décembre 1984. Deux mois auparavant, le Parti des travailleurs éthiopiens, sous l'impulsion de Mengistu, avait néammoins décidé d'intensifier les transferts en 1985-86 pour trois cent soixante-dix mille nouvelles familles (environ un million huit cent cinquante mille personnes). La terrible famine qui sévissait au nord justifiait en apparence la relance du programme. Mais pourquoi cette précipitation, au moment précis où l'aide internationale permettait de secourir les affamés sur place ?

L'HOMME NOUVEAU

« Le transfert des populations est une réponse à la guerre civile entre le gouvernement et les mouvements de guérilla qu'il n'arrive pas à vaincre militairement. Le projet date de 1980-81. A cette époque, la grande offensive "Red Star" du gouvernement central en Erythrée et au Tigré venait d'échouer. Le bureau gouvernemental chargé du problème des nationalités, qui compte vingt-cinq Soviétiques, conçut alors le projet d'éliminer la base de masse du

1. Rapport de la RRC, 1984.

mouvement de guérilla — la population — par les transferts[1]. » A cette stratégie s'ajouterait l'intention de “coloniser les terres des opposants au gouvernement dans le Sud par des sujets qui sont dépendants des autorités centrales pour leur survie[2] ». Pourtant, si Mengistu avait vraiment voulu faire d'une pierre deux coups, les transferts auraient dû être beaucoup plus importants, pour dépeupler le Nord comme pour coloniser le Sud. « Sur les quelque cinq cent vingt-cinq mille personnes déplacées entre novembre 1984 et août 1985, note Gérard Lecomte dans la revue *Esprit*, trois cent dix mille venaient du Wollo (8,5 % de la population de cette province), quatre-vingt-six mille du Tigré (3,5 % de la population provinciale), cent cinq mille du Shoa (1,3 %), seize mille du Godjam (0,4 %) et six mille quatre cents du Gondar (0,2 %). Ces proportions extrêmement faibles suffisent à montrer qu'une éventuelle stratégie d'isolement de la guérilla aurait été bien mal servie par d'aussi modestes ponctions[3]. »

En fait, l'objectif a toujours été davantage politique que stratégique. « “L'installation dans des zones fertiles et la collectivisation peuvent grandement contribuer à la transformation du secteur agricole”, déclarait Mengistu à la mi-avril 1985. Devant deux mille deux cent trente-huit cadres du Parti réunis trois mois auparavant à Addis-Abeba, avant leur départ dans les zones de réinstallation, le Camarade-Président avait expliqué leur mission en ces termes : “Soutenir le moral des nouveaux arrivants, dépister les fauteurs de troubles, mettre en place les structures politiques, assurer la prééminence du parti et, finalement, créer “l'homme de demain”[4]. » Le secrétaire général du parti se devait d'être à l'avant-garde de cette « avancée décisive du socialisme ». Le colonel Mengistu a donc personnellement choisi, après reconnaissance des lieux, les zones de colonisation[5].

Le choix du moment a été essentiel pour relancer les transferts. Former « l'homme de demain », ce qu'en d'autres temps et sous d'autres latitudes on a appelé « l'homme nouveau », nécessite un instrument politique opérationnel, un authentique parti communiste seul détenteur de la « ligne juste ». Une fois ce parti mis en place, en septembre 1984, les déplacements de population pou-

1. *Weltwoche*, 4 avril 1985.
2. *The Times*, 1er novembre 1985.
3. *Esprit*, n° 6, 1986.
4. *Le Monde*, 30 mai 1985.
5. *Le Monde diplomatique*, juillet 1986.

vaient prendre un nouvel essor sous sa direction. L'aide internationale offrait alors les moyens indispensables à la réalisation du grand dessein, via le détournement des camions et de la nourriture.

Pour construire « l'homme nouveau », il faut faire du « passé table rase », détruire les attaches familiales, culturelles et sociales des « colons » afin de couper court aux velléités de retour en arrière. Complètement destructuré, « l'homme nouveau » n'a d'autre salut que l'avenir, celui que lui forge le Parti.

En relançant son programme, le Parti insista sur le caractère familial et volontaire des transferts. Chaque famille déplacée devait recevoir deux hectares de nouvelle terre qu'elle pourrait cultiver à sa guise. Ultérieurement, les « colons » s'organiseraient en associations de paysans et, s'ils le souhaitaient, en coopérative, de production. Le gouvernement promettait de leur fournir une maison, du matériel agricole, des bœufs et de la nourriture jusqu'aux premières récoltes.

En décembre 1984, les autorités annonçaient que les autochtones devaient subvenir aux besoins des « colons », selon les principes communistes, en construisant leurs maisons, en prêtant leurs instruments, leurs bœufs, et en partageant leur récolte jusqu'à ce qu'ils parviennent à l'autosuffisance. Contrairement à ce qu'avait prétendu le gouvernement, on apprenait ainsi que les zones de réinstallation étaient habitées. Un an après le début des opérations, la RRC précisait que quatre-vingt-quatre mille cent quatre vingt-sept hectares avaient été cultivés par cent quatre vingt-deux mille six cent quatre-vingt-quinze chefs de familles réinstallés, ce qui faisait moins d'un demi-hectare par famille. Empêtré dans sa propagande, le Parti se prenait à ses propres mensonges.

Dès la fin 1984, des milliers de ces nouveaux « colons » ont préféré fuir vers le Soudan voisin plutôt que de vivre au paradis socialiste mitonné par Mengistu. Grâce à eux, il a été possible de connaître les conditions réelles de vie dans les zones de réinstallation et mesurer l'ampleur du drame qui se jouait à l'ombre de l'aide internationale. Témoins privilégiés, ces réfugiés sont à la compréhension du socialisme éthiopien ce que les dissidents soviétiques ont été à la connaissance du Goulag ou les réfugiés cambodgiens à celle de la terreur khmère rouge.

TRANSFERTS FORCÉS

Maria Altstidl et Gitta Vogel, deux infirmières allemandes du Komitte Cap Anamur, ont séjourné dans le nord de l'Ethiopie de février à fin 1985. Elles parcouraient le Wollo pourvues d'une somme d'argent — recueillie en RFA — pour aider directement les paysans en difficulté, dans leurs villages. A l'occasion de ces voyages au cœur de la province, elles ont rencontré certains réfugiés ayant fui les zones de réinstallation. Ils avaient traversé le Soudan du sud au nord pour revenir au Tigré, leur province d'origine, à bout de forces, épuisés par un périple de plusieurs centaines de kilomètres.

« Dans les montagnes du Simen, au Tigré, j'ai rencontré cinq paysans totalement épuisés, raconte Maria Altstidl. En mars 1985, ils avaient vendu leurs animaux et mangé tous leurs stocks de céréales. C'est en allant chercher de la nourriture au centre d'aide de la RRC à Makalé qu'ils ont été arrêtés par des soldats. On les a emmenés dans un camp de transit. Ils ont été battus à coups de crosse quand ils ont voulu s'enfuir. Il y avait environ mille personnes dans le camp. Le jour même, on leur a annoncé qu'ils allaient être transférés dans l'Ouest. Un officier leur déclara qu'ils auraient dû être fusillés, comme sympathisants du Front de libération tigréen. Le Parti, dans sa mansuétude, leur donnait une chance de se repentir en les envoyant en zone de réinstallation. Ils ont reçu un peu de nourriture avant d'être amenés en camion à l'aéroport de Dessié. Dans l'avion, ils étaient plus de trois cents personnes entassées. Arrivés à Addis-Abeba, ils ont été logés vingt-quatre heures dans une école, sans eau, sans manger, avant de repartir en camion vers Asosa, dans le Wollega. »

« Sur la trentaine de réfugiés que j'ai rencontrés, aucun d'eux n'avait été volontaire pour les transferts, précise Gitta Vogel. Tous étaient jeunes, forts, capables en tout cas de faire des centaines de kilomètres pour revenir dans leurs foyers. Au début, en octobre 1984, ils allaient chercher librement la nourriture dans les centres d'aide du gouvernement. Puis, la RRC a exigé une autorisation des associations de paysans[1] pour recevoir des céréales. Ceux qui n'en

1. Contrôlées par le Parti.

avaient pas ne recevaient rien. L'armée a commencé à ramasser les paysans, lorsqu'ils venaient chercher l'aide. D'autres ont été pris en allant au marché. Faits prisonniers, il leur était impossible de s'enfuir. La plupart ont été gardés plusieurs jours dans un camp de transit, sans abri. Le voyage vers les zones de réinstallation durait parfois une semaine en camion. Pendant ce temps, ils n'avaient ni eau, ni nourriture, ni même le droit de faire leurs besoins. Beaucoup de paysans sont morts durant le trajet. Avant de partir on leur avait promis qu'ils allaient être installés dans des zones où il y aurait de la viande, des céréales, des fruits pour tous. Sur place, ils ne recevaient rien, sinon une hache pour les aider à construire des cabanes en bois. Le premier point d'eau était à une heure et demie de marche de la zone. »

Témoignage partiel donc partial ? La Berliner Missionswerk allemande, Survival International (Grande-Bretagne) et Cultural Survival, basée à Harvard aux Etats-Unis, trois organisations spécialisées dans la défense des minorités opprimées, ont travaillé au Soudan auprès des réfugiés pour savoir ce qui se cachait vraiment derrière les transferts de population et dans les zones de réinstallation interdites aux étrangers, à part quelques sites sélectionnés selon la méthode du « village Potemkine ». Leurs recherches, complémentaires, établies d'après de traditionnels critères sociologiques et anthropologiques, paraissent difficilement contestables.

Un an avant son enquête en Somalie auprès des paysans victimes de la « villagisation[1] », l'anthropologue américain Jason Clay, directeur de recherches à Cultural Survival, a séjourné en février et mars 1985 dans les camps de réfugiés éthiopiens au Soudan. Avec une collègue, Bonnie Holcomb, et le journaliste suisse Peter Nigli, Clay a interrogé les paysans ayant fui les zones de réinstallation. Fin octobre 1985, il rendait public aux Etats-Unis un rapport de cent quatre-vingts pages (*Politics and Famine in Ethiopia*), implacable réquisitoire qui démonte un à un les mensonges de la propagande éthiopienne.

1. Les « colons » sont volontaires, affirme le Parti. Faux. Tous les paysans interrogés par Clay ont été emmenés de force par

1. Voir Introduction.

l'armée dans les zones de réinstallation. Un quota de « volontaires » a été imposé aux associations de paysans en échange de l'aide (fournie par les Occidentaux) nécessaire à la survie de ceux qui avaient la chance de rester dans leurs villages. Les trois quarts des paysans originaires du Wollo, rencontrés par Clay, affirment qu'ils ont été pris par l'armée et transférés dans le Sud au moment où ils se rendaient au centre gouvernemental de distribution, envoyés par leur association de paysans.

« Les dirigeants de l'association annoncèrent que le gouvernement allait distribuer les secours dans la ville la plus proche, témoigne Ahmed Mohamed. Le conseil fut suivi sans méfiance. Tout le monde vint, même les vieux et les malades, les enfants et les adolescents, les victimes de la famine. Quelques vieillards furent amenés à dos de chameau. Moi-même, j'amenai ma femme en ville sur un brancard avec l'aide d'un voisin. Nous attendions tous les secours, mais une fois au centre, les paysans furent ramassés par les soldats et la milice. Pendant ces opérations, toute personne ayant l'air d'un paysan était capturée et envoyée également dans les zones de réinstallation : un étudiant coranique qui se trouvait sur le marché, un jeune homme qui rendait visite à sa mère, des paysans en train de vendre du grain, des jeunes gens en train de vendre du bois. »

Dans le Tigré, 21 % des paysans ont été pris de force après que les soldats eurent encerclé leurs villages ; 10 % lorsqu'ils travaillaient aux champs, 10 % parce qu'ils se trouvaient sur la place du marché quand l'armée est arrivée ; 10 % au moment où ils cherchaient leurs enfants, 7 % en allant faire vacciner leur bétail, etc. « L'administration du district d'Adua eut une idée très spéciale, explique un paysan tigréen. A la mi-décembre 1984, elle annonça que tous les possesseurs de bétail devaient faire vacciner leurs animaux. Tout le cheptel des villages fut emmené à la ville pour la vaccination. Les adolescents et les jeunes adultes qui menaient les troupeaux furent regroupés pour le transfert et forcés d'abandonner leurs bêtes : cent cinquante têtes pour le village d'Adiy Adi, par exemple. »

« DETACHE LES BŒUFS»

« Une trentaine de soldats ont débarqué sur mon champ au moment où je labourais, raconte un paysan tigréen, de la région de

Makalé. Ils m'ont accusé d'être un sympathisant du Front de libération du Tigré. Solidement attaché, j'ai été conduit dans un camp. L'après-midi on m'a expédié en avion à Addis-Abeba, avec six autres paysans, pris dans les mêmes conditions que moi. Lorsqu'on les a emmenés à Makalé, ils ont rencontré des gens qu'ils connaissaient. Ils ont à peine eu le temps de leur crier de détacher les bœufs, restés dans les champs, avant d'être roués de coups. » (Témoignage recueilli par Maria Altstidl, du Komitte Cap Anamur.)

Tous les paysans interrogés ont affirmé avoir été étroitement gardés par les soldats, de leur capture à leur arrivée en zone de réinstallation. 53 % des paysans originaires du Tigré ont été emprisonnés et/ou battus au moins une fois pendant leur séjour dans le Sud. 10 % ont été témoins de la mort de fuyards. Selon d'autres, on leur cassait les bras et les jambes.

2. Ce sont des familles entières qui sont envoyées dans le Sud, assure le Parti. Faux. Seulement 8 % des paysans interrogés, originaires du Tigré, ont été transférés avec toute leur famille (18 % pour les autres ethnies) et 24 % avec quelques membres de leurs familles (36 % pour les autres ethnies). En revanche, 67 % des paysans tigréens ont répondu avoir été emmenés seuls (46 % pour les autres).

COMME DES ENFANTS MALADES

« A Rama, au Tigré, un cadre du Parti expliqua aux paysans capturés que les relations du gouvernement avec le peuple, pour les transferts, étaient du même type que celles de n'importe quels parents avec un enfant malade. Les paysans qui refusent d'être déplacés sont des enfants qui refusent de se soigner. Le gouvernement, comme les parents, doit donc les forcer à accepter le remède, car lui seul sait ce qui leur convient le mieux. Ces relations paternalistes autoproclamées ne correspondent pas seulement à un vernis communiste que se donne le gouvernement éthiopien pour enrober ses prétentions à la "vérité historique". Elles témoignent surtout du gouffre existant entre l'élite éthiopienne et la paysannerie « arriérée », « primitive », qui utilise encore des « méthodes archaïques » de production. (Peter Niggli, « Déportation et camps de travaux forcés en Ethiopie », *Berliner Missionswerk*, 1985.)

3. Sur place, les « colons » bénéficient des meilleures conditions d'accueil, ils reçoivent deux hectares de terre par famille, où ils peuvent cultiver ce qu'ils veulent, prétend la propagande officielle. Faux. Voyons d'abord les conditions d'accueil : « A l'arrivée sur les sites, écrit Jason Clay, les colons recevaient une machette et une houe, ainsi qu'un peu d'équipement domestique. La plus grande partie de l'équipement était usagé, indiquant qu'il provenait d'autres paysans, probablement de ceux qui vivaient déjà aux alentours. Les quantités fournies étaient insuffisantes. Les récipients et les feuilles de métal utilisés pour la cuisson étaient si rares que les paysans devaient les utiliser à tour de rôle, en commençant à 2 heures du matin, pour arriver à préparer la nourriture de la journée avant le départ au travail. Il y avait en moyenne une casserole pour vingt-cinq personnes, mais, dans certains cas, une seule pour cent. La plupart des réfugiés interrogés se plaignaient de la quantité de nourriture attribuée à chacun. Le maïs et le blé distribués pour un mois suffisaient à peine pour une semaine. »

DES FOYERS D'INFECTION

Pierre Allard, membre d'Architectes sans frontières, a pu visiter en juin 1985 la zone de réinstallation de Chanka dans le Wollega. « La situation peut être qualifiée de dramatique, écrit-il dans son rapport. Aucune structure d'hébergement n'est prévue pour les nouveaux arrivants. Les travaux des champs ont, ces dernières semaines, été prioritaires et les associations de paysans locales ne peuvent plus assurer la construction de villages d'accueil. Les infrastructures propres à faciliter la vie quotidienne et à affronter les exigences de la situation sont pratiquement inexistantes : il n'existe aucun point d'eau à moins de quinze à trente-cinq minutes de marche des villages (rivière, sources) ; l'assainissement et l'évacuation des eaux usées sont quasiment absents de la plupart des villages. Si les premiers villages d'accueil comportaient une latrine sèche pour quatre familles, les villages les plus récents, construits pour les nouveaux venus, en sont totalement dépourvus, ce qui en fait inévitablement des foyers d'infection. »

Quant aux deux hectares par famille et à la liberté de cultiver, mensonge encore. « Dans la région d'Asosa, précise Jason Clay, il y a plus de quarante colonies. Chaque colonie comprend en théorie cinq mille à sept mille personnes, bien que certaines en comptent en fait jusqu'à neuf mille. Les colonies sont divisées en sites qui accueilleront chacun environ cinq cents personnes. Chaque site est à son tour divisé en brigades de travail de vingt-cinq personnes. Tout le travail se fait dans le cadre de ces unités. Lorsque les membres des brigades de travail ont reçu leurs instructions, ils partent effectuer leurs tâches. Ils doivent souvent marcher plus de six kilomètres pour arriver aux champs. Ils y travaillent de 6 heures du matin à 14 heures. Après une heure de repos pour manger, ils reprennent le travail jusqu'à 18 heures, et ce six jours et demi, parfois sept jours par semaine. Le dimanche soir, il y a un meeting sur chaque site avec les cadres politiques pour discuter du travail passé et des objectifs de la semaine suivante. Personne n'est payé, les paysans reçoivent juste une quantité de nourriture proportionnelle au travail fourni. »

Contrairement à ce que les autorités éthiopiennes ont voulu faire croire, la lutte contre la famine n'a jamais été la motivation principale des transferts de population. D'après l'étude de Jason Clay, la plupart des personnes déplacées sont des petits paysans du Nord qui, en 1984-85, avaient connu des récoltes satisfaisantes ou qui disposaient de stocks de survie prélevés sur les années précédentes. Pourquoi les déplacer alors ? La réponse est double. Les petites exploitations du Nord (Tigré) et du centre (Wollo), autosuffisantes, dégagent peu de profit pour l'Etat — hormis les taxes accablant de plus en plus leurs propriétaires — et maintiennent en vie une classe de petits paysans hostiles au socialisme. Il s'agit en premier lieu de supprimer ces rescapés de l'âge présocialiste, de dégager une main-d'œuvre pour développer, dans les régions sud-sud-ouest du pays, de grandes exploitations (coopératives modèle kolkhoze soviétique) et pour augmenter les cultures d'exportation si nécessaires au budget de l'Etat.

FINANCER L'EFFORT DE GUERRE

« La défense prélève au moins 45 % du budget annuel, et l'endettement à l'égard de l'URSS, grande pourvoyeuse d'armes, est élevé ; tout cela se paie en café (70 % des exportations). Les grandes régions de caféiculture (par ordre décroissant, Kaffa, Sidamo, Wollega, Hararge et Illubabor) servent donc à financer l'effort de guerre et le maintien de l'intégrité territoriale, et il est logiquement prévu d'augmenter de 50 % la superficie des plantations d'ici cinq ans. Les hautes terres du Centre-Nord sont désormais marginales en termes d'économie politique. » (Michel Foucher, « Ethiopie : à qui sert la famine ? », revue *Hérodote*, quatrième trimestre 1985.)

Les trois quarts des zones de réinstallation se situent dans les régions caféières, à l'exception de l'Hararge où les autorités pratiquent la « villagisation » à outrance, dans le but de mettre en place de véritables fermes collectives (modèle sovkhoze soviétique) pour les mêmes motifs économiques. Beaucoup de réfugiés du Soudan sont également des paysans originaires du Wollega et de l'Illubabor, producteurs de café, qui ont été contraints d'abandonner leurs terres après les multiples réquisitions de leurs récoltes par l'armée. Leurs exploitations ont été remises aux nouveaux « colons » qui travaillent pour le « bien collectif ».

Au regard de tels enjeux, politique et économique, le coût humain est indifférent aux autorités éthiopiennes. Mengistu est digne de ses précurseurs en socialisme : la collectivisation des terres consécutive à la destruction de la paysannerie a coûté des millions de morts en URSS, en Chine ou ailleurs. A Addis-Abeba aussi l'homme n'est pas le capital le plus précieux, comme en témoignent les rescapés de cette nouvelle conquête des « terres vierges[1] ».

1. Titre d'un livre de Brejnev.

« Beaucoup de « colons » ont été gardés dans des prisons en compagnie de détenus de droit commun, ou dans des casernes jusqu'à ce que le transfert soit décidé, écrit Jason Clay. Dans la plupart des cas, ces centres de regroupement n'étaient qu'à quelques kilomètres des centres de secours du gouvernement. Les gens ne recevaient que très peu de nourriture, en général un ou deux petits pains par jour. Certains disent n'avoir rien reçu pendant les trois jours précédant le voyage. Les familles qui connaissaient leur lieu de détention suppliaient les autorités de les laisser apporter de la nourriture à leurs parents. Les soldats refusaient et frappaient ceux qui tentaient d'amener à manger. Les réfugiés interrogés pensaient que le gouvernement voulait les affaiblir pour les empêcher de s'échapper en chemin. »

La sous-alimentation, le manque d'eau, l'absence d'hygiène dans les camps de transit ont automatiquement entraîné une hausse spectaculaire de la mortalité : « A Mersa, sur les cinq mille personnes du camp, en novembre 1984, vingt-cinq à cinquante mouraient tous les jours, précise Clay. Quand le camp atteignit vingt à trente mille personnes, la mortalité grimpa jusqu' à cent personnes par jour. Ceux qui ont séjourné dans le camp de Nahalle ont déclaré qu'environ cinq personnes sur mille mouraient quotidiennement. »

DES CAMPS SURPEUPLÉS

« La population recensée au camp de Wegedi, le 28 septembre, était de neuf mille cent soixante-quatre. Il n'y avait pas d'eau potable, l'endroit était surpeuplé, pas de toilettes, une distribution de nourriture inorganisée, des distributions inadéquates de rations sèches et un manque affligeant de médicaments et de personnel médical. De ce fait, la shigellose[1] était épidémique ; le typhus était également courant. En août et septembre, les registres indiquaient seize morts en moyenne par jour (maximum vingt-cinq, minimum sept), la plupart des décès étant dus à la shigellose. Une situation identique régnait au camp de transit de Lemi. Sur une population de huit cent quatre-vingt-quatorze personnes au 28 septembre, le nombre de décès moyen s'élevait à sept par jour. Comme à

1. Maladie bactérienne entraînant des diarrhées graves.

Wegedi, ils étaient dus au manque d'eau potable, à l'absence de toilettes et de médicaments. La shigellose et la rougeole étaient responsables de la majorité des décès, mais le typhus, les pneumonies et les fièvres récurrentes étaient monnaie courante. Un programme nutritionnel avait démarré, mais, en l'absence de soins et de mesures d'hygiène, il était pratiquement sans effet. » (Rapport confidentiel de John Mitchell, responsable en Ethiopie du Programme alimentaire mondial [PAM, agence des Nations unies], après une visite dans les centres de transit du Wollo, août-septembre 1985.)

Après plusieurs jours dans les camps de transit, les survivants étaient emmenés vers leurs zones de réinstallation, entassés comme du bétail dans des hélicoptères, des avions (fournis et pilotés par les Soviétiques), des minibus ou des camions (généreusement donnés par les Occidentaux). Les conditions de transport en avion, des Antonov, étaient sans doute les pires. Prévu normalement pour dix-huit personnes, chaque appareil emportait trois cent quarante « colons ». « Les gens étaient alignés le long du fuselage et serrés contre le rang précédent à coups de bâton, ont rapporté les réfugiés à Jason Clay. Certains étaient forcés de se tenir à une barre au plafond afin d'occuper l'espace courbe sur les côtés de l'appareil. Les enfants étaient tenus en l'air pour ne pas être étouffés au décollage ou à l'atterrissage. Plusieurs femmes enceintes avortèrent pendant ou après le voyage. »

INVITATION AU VOYAGE

...« Pour éviter toute résistance, l'eau n'était distribuée qu'au compte-gouttes, les gens étaient à la diète. Des châtiments physiques exemplaires étaient infligés publiquement aux récalcitrants... La durée du transfert variait de deux à quatre semaines. Dans les camps de regroupement les gens se comptaient par milliers. Les convois partaient de trente à cent véhicules. Les avions et les hélicoptères faisaient plusieurs rotations par jour. Le régime volontaire de disette transformait toute distribution en terrible bataille... A May Daero, près de Makalé, il n'y avait que deux robinets d'eau pour quatre mille à huit mille personnes. Un de ces robinets était réservé à l'armée, l'autre pouvait être utilisé, mais seulement quand les soldats ne lavaient pas leurs uniformes, ce qui avait priorité... » Personne ne pouvait se laver, ni les femmes, ni les bébés « il y avait des nuages de mouches autour de nous »... Pas de latrine, pas d'endroit à l'écart pour déféquer, « on sautillait comme des ânes pour éviter la merde fraîche »... le camp de Makalé n'était qu'un terrain visqueux d'excréments. Beaucoup étaient décharnés, mais certains ne découvraient la faim qu'ici. Ils souffraient de diarrhées, de vomissements et on ne séparait pas les gens sains des autres... Pendant les transports aériens de Makalé à Addis, s'il y avait de la place on couchait les grabataires au centre de la carlingue ; les autres étaient entassés debout contre les parois ; au décollage, ils tombaient sur les corps allongés, la plupart vomissaient et ne pouvaient contrôler leur vessie. Les malades baignaient à l'arrivée dans une mare de vomi et de pisse. A Addis-Abeba, aéroport Bole, des hommes enlevaient les morts et les personnes écrasées. Les autres étaient embarqués immédiatement, sans pause, dans les bus ; toute protestation était vaine ; les gens restaient dégoûtants... Dans quelques cas les passagers avalaient une tasse d'eau, pas assez pour effacer l'odeur âpre du vomi dans la bouche. Souvent ils n'avaient rien à boire. Les avions, eux, étaient lavés à grande eau par les pompiers... Arrivés au camp de ressettlement on s'entassait à deux cents ou trois cents dans des huttes, serrés corps contre corps, « si tu t'étendais sur le côté gauche tu devais y rester, il n'y avait pas de place pour bouger »... Parfois des feux s'embrasaient, car l'herbe était sèche comme la poussière. Les huttes étaient collées les unes aux autres, l'incendie se propageait vite... tous les dormeurs ne pouvaient fuir, en particulier ces hommes, ces femmes, ces enfants exténués par la famine... »

Peter Nigli

L'absence d'hygiène dans les zones de réinstallation a constitué un nouveau péril mortel pour ceux qui sont arrivés à bon port. « Comme dans le reste de l'Ethiopie où quatre personnes sur cent ont accès à de l'eau potable, écrit Pierre Allard après sa visite sur le site de Chanka, l'eau est généralement impropre à la consommation et, de ce fait, susceptible d'aggraver l'état de santé déjà largement déficient de la population, ainsi que de propager des épidémies (diarrhées sanglantes, typhus, choléra, etc.) dans une région déjà traditionnellement affectée par la malaria, la bilarzhiose. » Le responsable d'Architectes sans frontières oubliait de préciser que les nouveaux arrivants étaient particulièrement réceptifs à ces virus qui n'existent pas dans leurs régions d'origine, dans les hauts plateaux. La malaria, notamment, a fait d'autant plus de ravages que les zones de réinstallation ne disposaient quasiment pas de centres de santé. « Un assistant sanitaire par village, précise Allard. Formé en un an et demi, dont neuf mois de pratique en clinique, il est responsable d'un centre de santé pour trois mois. Ces centres, simples cases de branchages, dotés de deux ou trois lits, également de branchages, sont dénués de médicaments. »

Combien de paysans déplacés sont morts ? Impossible, pour cause de totalitarisme, de dénombrer avec précision, mais sans aucun doute plusieurs dizaines de milliers. « Les estimations rapportées par les réfugiés sont extrêmement élevées, conclut Jason Clay. Elles varient de trente-trois sur dix mille par jour à deux cent soixante-dix sur dix mille pour les zones comprenant presque exclusivement des adultes. Ces chiffres ont été rapportés par des personnes venant de sites différents et qui ne se connaissaient pas entre elles. Le fait que ces "colons" arrivaient sous-alimentés, parfois depuis un mois, et qu'ils étaient ensuite obligés de travailler onze heures par jour, six jours et demi par semaine, explique en partie le nombre de morts. Beaucoup de nouveaux "colons" étaient aussi contraints de dormir dehors jusqu'à ce que leur maison soit construite. Bien que ces estimations doivent être prises avec précaution, ce sont les meilleures dont on dispose aujourd'hui. Or, si les évaluations les plus basses sont vraies, de cinquante mille à cent mille "colons" sont déjà morts dans ce programme massif de réinstallation. »

Exagération ? Loin de là si l'on en croit Giordano Sivini, professeur de sociologie politique à l'université de Calabre (Italie), pourtant favorable aux transferts de population. Dans les zones de réinstallation, « les taux de mortalité élevés, *partout supérieurs à ceux des zones de provenance à l'époque de la famine*, témoignent de la dureté des conditions sociales et de production, écrit-il. A Pawe (quatre-vingt-cinq mille colons), sur *la base des données collectées auprès du Parti*, la mortalité a été extrêmement élevée : en quinze semaines (d'octobre 1985 à janvier 1986), près du quart des colons sont décédés, dont la moitié des enfants de moins de cinq ans[1] ». Si on applique le même taux de mortalité (25 %) aux six cent mille paysans déplacés d'octobre 1984 à janvier 1986, on arrive à cent cinquante mille morts, sans compter ceux qui ont péri avant, dans les camps de transit ou durant le voyage. Macabre calcul, mais, tout compte fait, il est hors de doute que les transferts de population ont fait à ce jour au minimum cent mille morts.

Etait-il moralement acceptable que des milliers d'Ethiopiens meurent pour des raisons politiques au moment où un formidable mouvement de solidarité international tentait de les sauver ? Les quarante-sept organisations humanitaires présentes en Ethiopie ont toutes été confrontées à cette réalité paradoxale : d'un côté leur remarquable dévouement, de l'autre le cynisme calculé des autorités. Deux mondes étrangers l'un à l'autre bien qu'aucune organisation ne pût être vraiment dupe de ce qui se passait derrière son dos.

Il y a d'abord eu, fin avril 1985, l'évacuation forcée du camp d'Ibnet, sur le haut plateau central éthiopien, au nord d'Addis-Abeba. Cinquante-sept mille affamés y avaient trouvé refuge, secourus par l'église orthodoxe éthiopienne, la Croix-Rouge, les organisations irlandaise Concern et américaine World Vision. Chassés manu militari, une partie des réfugiés ont été renvoyés dans leur région d'origine, Wollo et Tigré, sans aucune aide. Les autres furent embarqués en hélicoptères vers les zones de réinstallation du Sud-Ouest. Après le ratissage de l'armée, Ibnet ressemblait à une plaine brûlée. Révélé par le *Washington Post*, le scandale a été dans un premier temps nié par les autorités, qui accusèrent les Etats-Unis d'avoir lancé une « campagne anti-éthiopienne de dénigrement, de désinformation et de falsification ». Puis le témoignage des infirmières de World Vision confirma l'extrême brutalité de l'évacuation. « Bavure locale », finit par plaider Mengistu, tandis que la presse officielle insistait sur l'insalubrité du camp pour justifier son évacuation. En France, un responsable de la Cimade, qui avait visité Ibnet peu auparavant, reprit ces arguments en minimisant l'incident : « Des menaces très sérieuses d'épidémie de choléra rendaient nécessaire la décongestion du camp d'Ibnet. Il était indispensable de

1. *Le Monde diplomatique*, juillet 1986. C'est nous qui soulignons.

déplacer les gens pour qu'ils ne soient pas atteints par la maladie[1]. »

Pour les organisations humanitaires sur place, l'affaire eut en revanche un grand retentissement. Elle démontrait que les autorités s'arrogeaient un droit de vie et de mort sur les réfugiés qu'on s'évertuait à secourir. Ibnet permettait aussi de comprendre que les camps pouvaient servir de vivier pour les transferts de population.

Le second incident a eu lieu au camp de Korem, le 25 octobre 1985. Ce jour-là, quinze mille réfugiés se sont enfuis dans les montagnes de peur d'être enrôlés de force vers le sud. Devant l'équipe de Médecins sans frontières, six cents personnes ont été conduites à la pointe des kalachnikovs vers des camions, dont deux avaient été confisqués à l'organisation anglaise Save the Children Fund.

Un mois plus tard, au camp de Sekota, cent réfugiés sont rassemblés de force sous les yeux d'une autre équipe française. Parmi les « volontaires », plusieurs mères et enfants du centre de nutrition de l'organisation. Le lendemain matin, à l'aube, deux membres de l'équipe découvrent, près du camp, dans une église désaffectée, deux cents réfugiés parqués. « Il y avait là des malades, une femme à l'agonie près de son bébé, raconte Yves Thibord, médecin français. Pas d'eau, pas d'hygiène. Des enfants portaient leurs bracelets MSF[2]. Les miliciens, furieux de notre intervention, donnèrent l'alerte. Les gens du Parti et de la sécurité sont arrivés. L'un des chefs de la sécurité frappa une de nos infirmières. Pourparlers houleux, meeting, le délégué de la Croix-Rouge était là, lui aussi. Les camions qui devaient embarquer les malheureux quittèrent la ville à vide. »

L'organisation française réclama un moratoire de trois mois pour les transferts de population, le temps qu'une commission internationale puisse interroger les paysans dans les zones de réinstallation et s'assurer du caractère volontaire des déplacements. La réponse du gouvernement éthiopien fut foudroyante. Le 2 décembre 1985, il expulsait les vingt-deux membres de l'équipe, confisquait neuf camions et seize jeeps de l'organisation, gelait les cinq cent mille francs de son compte en banque à Addis-

1. Marc Brunschweiler, *Le Monde*, du 3 mai 1985.

2. Ce sont les cas les plus graves, pris en charge par le centre de nutrition de l'organisation.

Abeba. Ainsi prenait fin une mission de vingt mois : Médecins sans frontières avaient versé plus de trente millions de francs, envoyé deux cents tonnes de médicaments et sept cent cinquante tonnes de nourriture. « Une fantastique opération de malversation est en cours en Ethiopie, déclara Rony Brauman, président de MSF. On est en train de retourner un extraordinaire mouvement de solidarité contre les gens censés être aidés. L'aide ne sert pas à les sauver, mais à opprimer. »

Devinette : quelle fut la réponse de Mengistu ? Invita-t-il les journalistes à venir constater de visu le caractère volontaire et familial des déplacements de population ? Nenni. Il accusa les Médecins de piquer dans la caisse. Qui l'aime le croie.

4

CHARITÉ BIEN ORDONNÉE

Expulsés d'Éthiopie, les médecins se sont sentis bien seuls. Sur place pas une organisation humanitaire ne se solidarisa même si la plupart déploraient, en privé, leur départ forcé. Quelques jours plus tard, la Christian Relief Development Association, un organisme qui regroupe une trentaine d'organisations non gouvernementales (ONG) européennes et américaines présentes en Éthiopie, a diffusé un communiqué — soufflé par les autorités — condamnant « le coup de publicité » qui risquait d'entraîner une réduction de l'aide occidentale aux affamés éthiopiens. Sur le fond du problème, les meurtriers transferts de population, les secouristes se dérobaient : « Les personnes déplacées seraient mortes de faim ou de maladie si elles étaient restées dans leurs villages ou dans les camps de secours ». En somme, que valent quelques dizaines de milliers de morts supplémentaires dans le contexte d'une famine ? Staline, expert en la matière, disait déjà : « La mort d'un être est une tragédie, celle de milliers d'hommes une statistique. »

Le scandale des transferts de population fait apparaître trois types de comportements. Il y a ceux qui sont convaincus d'arriver à infléchir la politique du gouvernement par leur seule présence ; ceux qui font semblant de ne pas voir les problèmes ; les troisièmes, enfin, qui coopèrent au nom des grands principes humanitaires ou de leurs propres intérêts.

Les organisations britanniques Oxfam, Save the Children Fund (SCF) et Action internationale contre la faim (AICF), en France, rentrent dans la première catégorie. « Protester publiquement comme l'a fait MSF ne sert à rien, déclare-t-on au siège d'Oxfam, à Oxford. Il faut essayer d'influer sur les différentes tendances du gouvernement éthiopien. Si nous avons la preuve que les transferts sont coercitifs, nous protestons auprès des autorités. Notre attitude paraît efficace. » Après l'expulsion des médecins français, des membres d'Oxfam ont reconnu publiquement avoir été témoins de déplacements forcés. Une infirmière, Carol Ashwood, a attendu décembre 1985 pour déclarer que la moitié des deux cent cinquante mille paysans de la zone du Wollo où elle travaillait en juin avaient été contraints de partir en zone de réinstallation. « Le gouvernement garde délibérément les grains pour les forcer à quitter leur terre », précisa-t-elle. L'infirmière estimait qu'Oxfam aurait dû quitter l'Éthiopie en signe de protestation. Un porte-parole de l'organisation s'empressa d'annoncer que s'il respectait Miss Ashwood, « témoin de bonne foi », il désapprouvait ses conclusions : « Nous avons protesté auprès du gouvernement éthiopien et nous avons fait part de nos inquiétudes aux Nations unies et au gouvernement britannique. » Les protestations ont été si discrètes qu'elles sont passées inaperçues. En revanche, c'est bien suite aux déclarations de MSF, publiques celles-là, que le gouvernement éthiopien a mis un terme, temporaire il est vrai, aux transferts de population.

LA MANIÈRE DE LE DIRE

« Le scandale ? Ça a été une gueulante instinctive, l'expression d'un puissant ras-le-bol. Par la suite, nous aurions pu essayer de recoller les morceaux, nous excuser publiquement, faire une autocritique. L'affaire se serait peut être tassée. Plusieurs organisations nous y poussaient, notamment Oxfam et Save the Children Fund (SCF) avec qui nous avons eu des discussions houleuses. « Vous avez raison, mais rien ne sert de le proclamer. Vous allez vous faire expulser », disaient-ils. Le personnel de SCF travaillait dans les camps de transit, là où les paysans sont laissés sans eau, sans bouffe, des jours durant, avant d'être expédiés vers le sud-ouest. Ils racontaient les choses les plus horribles mais refusaient de les dire publiquement. Pour eux, il était plus important de rester, de continuer à travailler en Éthiopie que de dénoncer ces horreurs. Oxfam avait le même comportement.

— Vous ne partagiez point cet avis ?

— Jusqu'en septembre 1985, on se disait que les zones de réinstallation dans le Sud-Ouest ne pouvaient pas être pires que les camps de réfugiés dans le Nord. Et puis, la situation s'est considérablement dégradée. L'équipe de MSF à Kelala (dans le Wollo) s'est vu interdire de soigner les gamins qui venaient. A Korem, les autorités commençaient à vider le camp, pour les transferts. Notre action n'avait plus l'efficacité, la raison d'être du début.

— Pourquoi les autres organisations n'ont-elles pas protesté ? Elles n'éprouvaient pas le même découragement ?

— Elles ne nous ont pas reproché ce qu'on a dit, mais la manière de le dire, dans la presse, en prenant à témoin l'opinion publique qui a tant donné pour l'Éthiopie.

— Que proposaient-elles ? Saisir les instances internationales ?

— Agir au coup par coup. "Ce n'est pas avec des déclarations dans la presse que vous changerez la politique du gouvernement, que vous arrêterez les transferts", disaient-elles. La plupart étaient fatalistes. Surtout le responsable de SCF, arrivé en même temps que nous en Éthiopie. Les autorités lui en ont fait tellement voir qu'il répétait : "Ils sont complètement fous, ils pourraient faire crever toute leur population, ils s'en foutent. Même si on les dénoncent, ils ne changeront pas." »

Brigitte Vasset (entretien avec les auteurs).

Organisation française, Action internationale contre la faim a été plus que toute autre concernée par l'expulsion de MSF. Le lendemain, sa présidente, Françoise Giroud, salua le remarquable travail effectué par Médecins sans frontières en Éthiopie mais pour mieux souligner, éloge fait, combien l'AICF avait raison de rester. Les transferts de population ? « Travaillant en dehors des grands camps, qui sont aujourd'hui quasiment déserts, Action internationale a apporté et continue d'apporter des secours dans les zones les plus reculées, là où il était encore possible de maintenir les villageois chez eux, là où il est possible de faire revenir ceux qui ont fui, chassés par la famine », a-t-elle écrit[1]. En clair, son organisation n'est pas concernée par ce pro-

1. *Libération*, 4 décembre 1985.

blème éthique : elle cherche à fixer les Éthiopiens sur leurs lieux d'origine pllutôt qu'à les déplacer. Les détournements de l'aide au profit des transferts forcés ? « Nous disons et affirmons que, dans le cas des ONG, toutes les sommes d'argent, toutes les aides, quelque forme qu'elles prennent, sont intégralement utilisées au bénéfice direct des populations concernées. Si scandale il y a, il est ailleurs. »

La justification cache mal le malaise. L'unanimité ne règne pas depuis l'expulsion de MSF. Pour certains membres, l'organisation cautionne par sa seule présence en Éthiopie l'un des pires régimes de la planète, même si sur le terrain sa conduite est irréprochable. « En Éthiopie, les organisations non gouvernementales rencontrent à chaque instant la force d'un État qui veut tout organiser et tout contrôler », reconnaît son secrétaire général, Jean-Manuel Piétri. Il ajoute aussitôt : « Il rencontre notre propre volonté de contrôler la destination de notre aide. » Qui gagnera ? « Sans naïveté, avec un profond réalisme, Action internationale choisit la voie de l'ouverture », répond Piétri, plus partisan de se taire que de parler. Son credo est d'une logique grandiose : « Tout plutôt que le Cambodge et l'Afghanistan, pays qui sont fermés aux contacts avec les Occidentaux. » Tout ? Au siècle d'Auschwitz et du Goulag, voilà un « tout » qui vaut son pesant d'inconscience. « Un réseau serré de contre-pouvoirs ponctuels s'organise actuellement en Éthiopie, poursuit-il. Ces contre-pouvoirs n'empêchent pas l'histoire de l'Éthiopie de se faire sous la poigne d'un parti qui veut renforcer la nation, constituer un État et organiser sa paysannerie. Du moins évite-t-on l'irréversible : la barbarie et la collectivisation généralisées[1]. » Des contre-pouvoirs qui n'empêchent pas, donc ne contrent rien, c'est déjà étrange. Et qui empêchent « en général » ce qu'ils n'interdisent pas en détail, cela touche au miracle !

L'irréversible, la « barbarie », la « collectivisation forcée », Mengistu l'avait précisément annoncé trois mois avant ces déclarations en promettant à trente millions d'Éthiopiens le « bonheur de la villagisation » d'ici 1995. Ces « contre-pouvoirs » — qui s'autocondamnent au mutisme — ne semblent pas avoir inversé le cours de l'Histoire. Leur ingénuité fait irrésistiblement penser aux déclarations du responsable de l'American Relief Administration à l'issue de la mission d'aide qui sauva de la famine des millions de

1. *Libération*, 16 juillet 1986.

Russes en 1921-23. « Le communisme est mort et abandonné, la Russie est sur la voie du redressement, proclama-t-il. Que la forte Amérique ait eu les capacités et la volonté de sauver des millions d'étrangers d'une mort certaine a donné de quoi réfléchir au peuple russe[1]... » Staline ne réfléchit sans doute pas assez quand il décréta six ans plus tard la collectivisation forcée, qui fit, au bas mot, six millions et demi de morts. L'amnésie est une maladie très occidentale.

World Vision est l'une des plus importantes organisations humanitaires du monde. Basée en Californie, elle dispose de bureaux sur les cinq continents, emploie cinq mille salariés pour superviser plus de trois mille quatre cents projets d'aide d'urgence et de développement dans trente-cinq pays du tiers monde. Les actions humanitaires de World Vision se doublent toujours d'une mission évangélique, même si elle reste discrète sur cette question. Forte d'une réputation anticommuniste, l'organisation protestante ne néglige pas les pays socialistes si elle peut y sauver des âmes. Elle a été l'une des premières à répondre à l'appel du gouvernement cambodgien en 1979. Qu'elle ait entretenu d'excellentes relations avec l'ancien régime de Lon Nol ne l'a pas embarrassée, ni Phnom Penh. World Vision a commencé à travailler en Éthiopie dès 1971. Elle a ouvert un bureau permanent à Addis-Abeba en 1975, après la révolution. Pour cette seule mission, son budget est passé de 5,6 millions de dollars en 1983 à 71 millions en 1985 (vingt fois plus que MSF). Au plus fort de la famine, elle a directement nourri cent cinquante mille Éthiopiens.

Symbole du professionnalisme dans le domaine humanitaire, World Vision est une véritable entreprise capitaliste. Ses employés sont bien payés (environ vingt mille francs par mois) et peuvent faire carrière. Ajoutez à ces avantages la mission évangélique, il devient compréhensible qu'intérêts matériels et spirituels de l'organisation prennent parfois le pas sur les cas de conscience. Son revirement à propos des transferts de population entre fin 1984 et début 1985 est à cet égard probant.

« Quand le gouvernement a commencé ce programme, c'était un projet idéologique, explique le vice-président de World Vision. Les zones de réinstallation étaient collectivistes : on séparait les familles, on ne déplaçait que les hommes de dix-huit à trente-cinq ans, en bonne santé. Tout cela a changé. Les gens sont

1. Rapport de William Haskell à Herbert Hoover, 27 août 1923.

volontaires, le gouvernement transfère des familles entières et leur donne deux hectares à cultiver[1]. » Le miracle a eu lieu. World Vision croit ce qu'elle voit, ou plutôt ce qu'on lui a montré. Une visite organisée à l'usage de quelques diplomates occidentaux et responsables humanitaires, sur deux sites de réinstallation choisis par le gouvernement éthiopien, l'a définitivement convaincue. « Nous avons été favorablement impressionnés, a raconté un visiteur. Quinze à cinquante familles sont rassemblées près des villages existants. Ces gens paraissent contents de leurs nouveaux foyers[2]. » Les rares « colons » interrogés se sont empressés d'affirmer le caractère volontaire de leur installation, chassés par la sécheresse et la famine dans leur région d'origine.

TÉMOIGNAGES « SPONTANÉS »

Les paysans qui ont fui ce « paradis pastoral » pour se réfugier au Soudan ont raconté à Jason Clay comment s'organisaient les visites pour Occidentaux. « Chaque groupe de "colons" avait ses porte-parole. On éloignait tous ceux connus pour leur franc-parler. Dans certains cas on les mettait en prison. Seuls les paysans les plus soumis, les plus calmes pouvaient rencontrer les journalistes. Un réfugié raconte : 'Des Blancs vont venir, nous ont prévenus les cadres du Parti, vous devez dire : Nous sommes ici à cause de la famine, de la sécheresse, nous sommes volontaires, nous voulions être réinstallés dans le Sud-Ouest. De toute façon, quels que soient vos propos, c'est ce que nous traduirons aux journalistes.' Quand les porte-parole du groupe ont dit qu'ils avaient été forcés de venir, les journalistes ne les ont pas compris. Plus tard, on les a battus et emprisonnés". Un autre réfugié a rapporté cet incident : "Quelques Occidentaux sont venus dans une voiture blanche marquée d'une croix rouge. Un orchestre jouait, tout allait très bien. Puis, un paysan a dit : 'Nous ne sommes pas volontaires.' Un cadre du parti lui a pris la main et déclara : 'Tu es un vieil homme, tu crois qu'on va te réinstaller ici ? Nous allons te ramener dans ton village.' En entendant cela, sept autres paysans se sont joints à lui. Quand les Occidentaux sont partis, ils ont tous été battus et jetés en

1. *The Times*, 22 janvier 1985.
2. *Id.*

prison." "Dix Occidentaux sont venus prendre des photos de Kembolcha et sont repartis en hélicoptère sans nous parler", raconte un autre réfugié. A Komsolda, des dominicains sont venus photographier et distribuer des couvertures. Tous les "colons" avaient été éloignés, encadrés par des soldats[1]. »

Les traducteurs assignés aux Occidentaux, pour la plupart membres du Parti, ont pour mission de diffuser la version officielle sur les transferts, quoi que disent les « colons », a précisé l'ancien responsable de la Relief and Rehabilitation Commission, Dawit Wolde Giorgis, après s'être réfugié aux États-Unis en octobre 1985. World Vision, qui ne s'est jamais fait d'illusions sur l'« avenir radieux » en terre communiste, s'est laissé prendre aux pièges de ces « villages Potemkine » en connaissance de cause. Ses intérêts bien compris lui ont commandé d'ignorer le problème pour continuer sans encombre à sauver des âmes et recruter des fidèles au prix de quelques corps.

Toutes les organisations humanitaires présentes en Éthiopie connaissent la vérité sur les transferts de populations, forcés et meurtriers. La question a été évoquée entre elles lors des réunions de coordination à Addis-Abeba. Devant plusieurs ambassadeurs occidentaux et secouristes, le père Jack Finucane, responsable de l'organisation irlandaise Concern, l'une des seules à travailler dans des zones de réinstallation (deux millions de dollars de programme), a admis début octobre 1985 un taux de mortalité de 15 à 20 % pour les cinq cent mille paysans déplacés à cette époque. Quand le rapport de Jason Clay a repris ces estimations, un mois plus tard, le même père Finucane s'est empressé de démentir les cent mille morts, en son âme et conscience[2]. Concern, qui estime de son devoir chrétien d'intervenir là où les Éthiopiens ont besoin d'aide, venait de signer un accord avec Bob Geldof pour recevoir huit cent mille dollars de Band Aid, destinés aux zones de réinstallation.

A l'origine, les organisations humanitaires avaient refusé de cautionner les transferts et d'installer des équipes dans les nouvelles « colonies ». Aux côtés de Concern, l'organisation allemande

1. *Politics and Famine en Ethiopia, op cit.*
2. *Sunday Times*, 3 novembre 1985.

Menschen für Menschen et le Secours populaire français, proche du parti communiste français, ont brisé ce consensus.

A CHACUN SELON SA RAISON

« Initialement, nous avions l'intention de demander à la RRC de travailler dans le Nord, explique Joël Le Corre, du Secours populaire. En mars 1985, les Éthiopiens nous ont demandé si nous avions une opposition de principe à envoyer une équipe dans une zone de réinstallation. La direction de l'association a accepté, nous nous sommes implantés à Chanka, dans le Wollega. » La fraternité socialiste aidant, le Secours populaire apporte sa modeste contribution au programme éthiopien sans y voir d'inconvénient politique.

La guerre de l'Ogaden entre la Somalie et l'Éthiopie (1977-78) a contraint les paysans à fuir cette région orientale. Le territoire reconquis par l'armée éthiopienne, avec l'armement et des conseillers soviétiques et cubains, certains ont définitivement renoncé à rentrer en Ogaden, toujours convoitée par Mogadiscio au nom de la « Grande Somalie ». Deux mille cinq cents paysans déracinés ont été aidés, dès le début des années quatre-vingt, par Menschen für Menschen. Ce programme, mené progressivement, a été un succès. Lorsqu'en octobre 1984 les autorités ont relancé leur politique de transferts de population, elles ont demandé à l'organisation allemande de les faire bénéficier de son expérience. Prise dans l'engrenage, Menschen für Menschen déplore aujourd'hui les méthodes coercitives utilisées pour appliquer ce programme, mais poursuit le travail.

Les autorités éthiopiennes jouent aujourd'hui la concurrence entre organisations humanitaires qui n'ont pas dépensé la totalité de l'argent recueilli en faveur de l'Éthiopie en 1984-85 auprès des grandes instances internationales. La Relief and Rehabilitation Commission oriente les bonnes volontés vers les zones de réinstallation du Sud-Ouest en proposant aux organisations de prendre en charge des projets de développement, en sous-traitance. « L'homme nouveau » se forge maintenant avec l'aide occidentale, dans l'indifférence de l'opinion publique.

L'intérêt de se taire

« Pourquoi nous obliger à choisir entre la parole qui serait un danger et le silence qui serait une honte ? » s'interrogeait Léon Blum dans un éditorial du *Populaire* le 8 mars 1938. Cruel dilemme pour le leader socialiste. Ces détracteurs lui reprochaient son mutisme sur les procès de Moscou. Devait-il dénoncer les parodies de justice qui se jouaient en URSS, quitte à hurler avec les loups nazis, ou se taire, sous peine d'apparaître complice de Staline ? L'ancien président du Conseil choisit d'éluder le problème moral dans cet éditorial. On parle ou on se tait, le tiers est exclu.

Les organisations humanitaires, gouvernementales ou non, présentes en Éthiopie se sont trouvées face à une alternative similaire : dénoncer ce qui se passe derrière l'aide au risque de représailles (des tracas divers à l'expulsion) ou fermer les yeux et devenir, en demeurant muettes, complices d'abus. Engagées dans une course contre la mort, les organisations n'ont pas toujours eu le recul nécessaire pour voir dans quel piège moral elles se sont enferrées. Elles ont créé d'elles-mêmes une situation que les autorités éthiopiennes, qui poursuivent leur but politique, ont su utiliser.

Leur silence a d'autres causes.

Le professionnalisme très souvent. Bien payé (jusqu'à soixante mille francs par mois pour les plus hauts salaires), logé aux frais de son organisation, le fonctionnaire international d'une grande agence des Nations unies a-t-il trop d'intérêts dans la place pour se montrer regardant, s'aventurer et déplaire aux autorités locales et finalement nuire à sa carrière ? Kurt Jansson, le coordinateur de l'aide pour les Nations unies à Addis-Abeba, fut l'un des plus ardents partisans des transferts de population, invitant les puissances occidentales à financer le programme. Son successeur à partir de novembre 1985, Michael Priestley, persiste à croire au caractère « volontaire » des déplacements, en dépit d'accablantes preuves contraires.

TRIBUNAL POPULAIRE

« Nous nous étions pourtant bien mis d'accord pour dire que c'était à coups de gourdin et non à la pointe des baïonnettes », s'exclame Tom Franklin, numéro deux des Nations unies à Addis-Abeba. La scène se passe le samedi 30 novembre 1985, dans les locaux de la Relief and Rehabilitation Commission. Rony Braumann, président de MSF, de passage dans la capitale, y a été convoqué pour un tête-à-tête avec le responsable de la RRC, Berhane Deressa, successeur de Dawit Wolde Giorgis (et qui, à son tour, s'enfuit aux États-Unis). Il se retrouve face à un véritable tribunal où siègent Deressa, Tom Franklin, l'ambassadeur de France, José Paoli, devant un parterre de journalistes convoqués pour la circonstance. Braumann est sommé de s'expliquer sur l'interview qu'il a donnée une semaine auparavant à *Paris-Match* (22 novembre 1985), où il accuse le gouvernement éthiopien d'avoir détourné l'aide occidentale au profit de ses meurtriers transferts de population. Le président de MSF raconte ce qui s'est passé à Korem, le 25 octobre, quand six cents réfugiés ont été conduits de force vers des camions sous les yeux de l'équipe de Médecins sans frontières. A cet instant, Tom Franklin éclate et sort sa fameuse phrase. Intarissable, le fonctionnaire de l'ONU se lance dans une longue diatribe contre les médecins français.

« C'était dramatique, raconte Michel Fiszbin, administrateur de MSF en Éthiopie, témoin de la scène. A côté de moi Brigitte Vasset s'est mise à pleurer en répétant : "C'est pas possible, après tout ce qu'on a fait." Brigitte, qui avait été décorée par la RRC pour son dévouement à Korem, qui avait été l'une des premières à témoigner, dans le film de la BBC, se retrouvait là, sur le banc des accusés, comme nous tous, à se faire traiter de menteurs, d'incompétents, de petits Tarzans inefficaces, coupables en plus de détournement de fonds. "Vous pouvez partir, on n'a pas besoin de vous, vous faites du mal à l'Éthiopie, aux Éthiopiens", a conclu Deressa. Deux jours après, nous étions expulsés. »

Les organisations d'obédience religieuse, telles que World Vision, Catholic Relief Service, la Fédération luthérienne mondiale (présente dans les zones de réinstallation), combattent sur deux fronts à la fois : en faveur des déshérités et pour la propagation de la foi. Ancestrale terre chrétienne, l'Éthiopie affronte une lente mais puissante poussée de l'islam. Chrétiens et musulmans font aujourd'hui jeu égal. Au regard de cette séculaire lutte d'influence, les misérables contingences du moment ne comptent pas. Une mission évangélique vaut compromissions et silence. Dieu saura leur pardonner et il reconnaîtra les siens.

Pour la seule année 1985, l'aide à l'Éthiopie a représenté environ 1,4 milliard de dollars. 75 % de cette somme provient des États occidentaux et des organisations de l'ONU, le reste de la générosité du public à travers de multiples mouvements comme Band Aid ou USA for Africa. Les ONG ont bénéficié de cette manne. Le budget de Médecins sans frontières, première organisation non gouvernementale française, est passé de cent vingt millions de Francs en 1984 à cent soixante millions en 1985 grâce aux financements de la Communauté économique européenne pour ses opérations en Éthiopie. Oxfam, Save the Children Fund ont doublé leurs capacités financières en partie sur les fonds de la CEE. Les médecins français ont parlé et tout perdu, les autres se turent pour tout garder.

Le silence des grandes institutions occidentales est autrement plus grave. Elles ne peuvent invoquer l'épreuve du terrain, l'enfant mourant qui relativise le reste. Leur décision d'affecter tel ou tel million de dollars se prend froidement dans le cadre feutré d'assemblées, loin des râles de l'agonisant, loin des odeurs du grabataire. Or, à la notable exception du gouvernement américain qui a condamné les transferts de population, les États de la Communauté européenne brillent par leur mutisme alors même qu'ils ont financé ce pays d'Afrique plus que tout autre.

« Ne transposez pas dans le tiers monde les affrontements Est-Ouest et ne soumettez pas l'aide humanitaire de la CEE à des impératifs politiques », déclarait à la mi-avril 1983 le commissaire européen chargé du développement, Edgar Pisani. Il était convaincu d'avoir raison envers et contre tous. Sa leçon de géopolitique s'adressait, en ce printemps 1983, aux parlementaires européens : ils avaient voté une résolution demandant la suspension de l'aide européenne à l'Éthiopie, soupçonnée de la détourner au profit de son armée en guerre contre l'Érythrée.

La Communauté européenne a toujours eu deux politiques vis-à-vis de l'Éthiopie socialiste. D'un côté, le parlement de Strasbourg multiplie les condamnations du régime pour ses violations des droits de l'homme, ses détournements de l'aide, sa politique de transfert de population et de « villagisation ». Clairvoyante, la majorité des parlementaires ne s'est jamais fait d'illusions sur le paradis éthiopien. Pourtant, dans le même temps, la CEE est restée le premier bailleur de fonds d'Addis-Abeba, en tout cas jusqu'à la grande mobilisation mondiale contre la famine en 1984-85. Pour la Commission européenne de Bruxelles, véritable exécutif de la Communauté, politique ne rime pas avec éthique.

L'EUROPE AU CHEVET

La CEE a accordé quatre-vingt-cinq millions de dollars d'aide d'urgence à l'Éthiopie pour 1985. La Convention de Lomé III, qui règle l'aide de la Communauté européenne aux pays d'Afrique, des Caraïbes et du Pacifique, entrée en vigueur en 1985, octroie à Addis-Abeba la plus grosse part de tout le continent africain pour les cinq ans à venir : deux cent trente millions d'écus, soit environ un milliard et demi de francs. Les trois quarts de cette somme sont des dons. Parallèlement, le Fonds européen de développement a versé environ cent dix millions de francs en 1984, cent cinquante en 1985 et cent dix millions pour le seul premier trimestre 1986. La croissance est d'importance.

En visite à Addis-Abeba en mars 1986, le directeur général au développement de la Commission européenne, Dieter Frisch, s'est cru obligé d'accorder un satisfecit au gouvernement pour sa politique de transfert de population, « élément d'une stratégie à long terme en vue d'atteindre l'autosuffisance alimentaire ». Pourtant, déplorait-il, « la CEE ne veut pas être impliquée dans la réinstallation en tant que telle ». Le langage bureaucratique européen demande à être décrypté. Ce « en tant que telle » est une subtile restriction. Il désigne la manière dont s'effectuent les transferts — par la force — et non le principe des réinstallations, comme si l'un pouvait aller sans l'autre dans un pays où les paysans sont très attachés à leur terre. La Communauté européenne, qui va participer au développement rural des zones de réinstallation (environ cinq cents millions de francs sont prévus à cet effet dans le cadre de Lomé III), veut bien aider les paysans sur place et tient surtout à ignorer comment ils ont été amenés jusque-là. Les autorités éthiopiennes ont de quoi être satisfaites : qu'importent les attendus de l'aide (les restrictions rhétoriques) pourvu qu'arrivent les sonnants et trébuchants écus.

Addis-Abeba a envoyé à Bruxelles plusieurs diplomates aguerris pour « travailler au corps » la Commission européenne. Les rares fois où l'Europe montra quelques velléités d'aider les Érythréens ou les Tigréens dans les zones libérées, ils réussirent à faire capoter les projets par un bon travail de *lobbying*. Les communistes éthiopiens sont passés maîtres dans l'art de dire aux gouvernements européens ce qu'ils ont envie d'entendre. Au moment des négociations de Lomé III, Addis-Abeba a promis de « réajuster » sa politique agricole en augmentant les prix d'achat à la production et en libéralisant le marché. Eureka ! se sont écriés les fonctionnaires européens : Mengistu se libéralise. Mirage ! L'Europe communautaire a vu se profiler une Éthiopie sortie de l'orbite soviétique. Est-il besoin de préciser que la part du gâteau totalement avalée, d'ici 1990, le gouvernement d'Addis-Abeba se fera un plaisir d'oublier ses belles promesses. « Un pas en arrière, deux pas en avant », préconisait Lénine, fin stratège politique.

COMPLICITÉ A L'ITALIENNE, SILENCE A LA FRANÇAISE

Deux milliards de francs, trois cent mille personnes, quatre-vingt mille hectares : trois chiffres clés de l'aide apportée par Rome aux transferts de population. Au Fonds d'aide italien (FAI), créé en mars 1985 pour relever le défi de la famine en Éthiopie (et accessoirement dans le reste de l'Afrique), on est très fier du projet de réinstallation de trois cent mille paysans éthiopiens sur les rives du lac Tana, à l'ouest, dans le Gondar. Le FAI s'occupe de tout, sauf du transfert des « colons », dont un tiers est déjà sur place. Les deux milliards investis dans le projet correspondent à la mise en place des infrastructures routières, d'un réseau hydro-électrique, à la construction des villages (de trois à quatre mille personnes), à l'irrigation des quatre-vingt mille hectares de terres, etc. Les paysans ne sont pas volontaires. « Cela ne change rien », dit-on au FAI. Ils reçoivent à leur arrivée deux hectares chacun : un hectare et demi pour leur usage personnel, un demi-hectare pour la production collective. « Le gouvernement éthiopien est très coopératif. Il est dans son intérêt que le projet réussisse pour convaincre les paysans de partir en zone de réinstallation », confie un responsable du FAI.

L'Italie, seule puissance colonisatrice de l'Éthiopie (pendant cinq malheureuses années, sous Mussolini, de 1936 à 1941), se sent investie d'une mission — ou culpabilité — historique. Aux premières images de la famine, le pays s'est mobilisé, toutes tendances politiques confondues, ce qui était déjà un exploit. Socialistes et démocrates-chrétiens se sont tout de même affrontés à fleurets mouchetés lors de la création du FAI (neuf milliards de francs de budget), en se disputant son contrôle. La direction du Fonds échut à un démocrate-chrétien, flanqué d'un adjoint socialiste. Tout compte fait, le pays s'y retrouve : ce sont des entreprises italiennes qui participent à la mise en valeur des zones de réinstallation.

La France a brillé par son silence sur la question des transferts de population. Le Quai d'Orsay a bien élevé une timide protestation lors de l'expulsion des médecins français, mais « l'incident de parcours » a vite été oublié.

Depuis son accession au pouvoir, Mengistu n'a pas à se plaindre du traitement que lui réserve Paris. Au temps de Giscard d'Estaing, Olivier Stirn, secrétaire d'État aux Affaires étrangères, a été le premier membre d'un gouvernement occidental à être reçu par le Camarade-Président. Avec les socialistes, les relations ont viré au rose soutenu. Claude Cheysson, qui entretient d'excellents rapports personnels avec Mengistu, a réservé à l'Éthiopie l'une de ses premières visites de ministre des Relations extérieures. Accompagnant son ami Mengistu, le ministre français Cheysson fut le premier officiel d'Europe occidentale à se rendre à Asmara, capitale de l'Érythrée. Ce faisant, il choisissait son camp dans une guerre coloniale qui dure depuis un quart de siècle. Lorsqu'il siégeait à la Commission européenne de Bruxelles, Cheysson avait été un ardent défenseur de l'aide à Mengistu, rôle repris après par Edgard Pisani.

La présence française à Djibouti explique, en partie, qu'on ménage le grand voisin éthiopien. La politique culturelle — « le rayonnement de la France » — est un second facteur. La survie du lycée français d'Addis-Abeba et de deux antennes de l'Alliance française vaut peut-être son pesant de silence selon Paris. Ces raisons grisèrent-elles l'ambassadeur de France, José Paoli, lors du sinistre tribunal auquel furent soumis les secouristes français avant leur expulsion ? La diplomatie française n'est pas sortie grandie de l'épreuve.

« Pendant qu'on se faisait insulter, Paoli n'a pas dit un mot, raconte Michel Fiszbin, administrateur de MSF en Éthiopie. A la fin de la séance, la sentence d'expulsion prononcée, il s'est réveillé pour dire, en anglais, combien il trouvait notre attitude inqualifiable. Puis, dans la foulée, il nous a traités de salauds, de menteurs. J'ai vu Rony Brauman blêmir, j'ai cru qu'il allait lui sauter dessus. "Collabo ! Complice des assassins !" a-t-il eu le temps de répliquer avant que la séance soit levée. »

Les petites compromissions nécessaires peuvent parfois devenir lâchetés, l'aide humanitaire ne colle pas au tableau idyllique qu'on s'en fait. Certains mettent tout de même les pieds dans le plat. Quand Haroun Tazieff dénonce l'incurie des secours lors d'une catastrophe naturelle au Cameroun, en été 1986, c'est la concurrence effrénée des organisations d'aide qu'il accuse. Pourtant, demain, à l'occasion d'une autre catastrophe, les mêmes ambitions, les mêmes erreurs produiront les mêmes effets.

Il y a les professionnels de la catastrophe, saint-bernard de ce siècle, qui préfèrent se taire pour préserver leur image ou pour ne pas désespérer les donateurs. La famine est leur métier, ils en sont les « voyageurs représentants professionnels », VRP.Il y a ceux qui ne sont pas conscients du rôle qu'on leur fait jouer, qu'on pourrait qualifier au mieux de naïfs, au pire d'« idiots utiles », selon le label que leur attribuait Lénine, grand spécialiste ès manipulation.

Des naïfs aux idiots utiles

Dans la mémoire des millions de réfugiés de ce siècle, le nom de Fridtjof Nansen résonne comme un espoir. Prix Nobel de la paix en 1922, il réussit cette année-là à obtenir de la Société des nations (SDN) un statut pour le million et demi de Russes qui avaient fui la révolution bolchevique. Par la suite, le « passeport Nansen » fut élargi aux réfugiés arméniens, grecs et leur permit de disposer d'une identité officielle.

Explorateur de renom, Nansen s'était reconverti dans la politique au début du siècle, il combattit pour l'indépendance de son pays, la Norvège. Après la Première Guerre mondiale, il travailla à la création de la SDN et se dévoua au rapatriement des prisonniers de guerre allemands et russes. Il entama une troisième carrière, celle d'un humaniste soucieux de secourir les peuples déshérités, jusqu'à sa mort en 1930. Dans le cadre de la mission qu'il s'était fixée, il fut le premier à répondre à l'appel lancé en juillet 1921 par la Russie soviétique pour lutter contre la famine. Nansen se jeta tête baissée dans l'aide aux victimes sans se rendre compte qu'il allait servir les desseins du gouvernement bolchevik.

Dans un premier temps, Moscou va être tenté de jouer Nansen contre Hoover, Les bolcheviks, Lénine le premier, étaient irrités par les exigences que Hoover avait mises en avant : « totale liberté d'aller, de venir et de se déplacer en Russie » pour tous les Américains de l'organisation, et création de comités locaux « sans ingérence du gouvernement ». Nommé président d'un Comité international d'aide à la Russie, regroupant plusieurs organisations occidentales, Nansen ne partageait pas la méfiance de Hoover à l'égard des bolcheviks. Au moment des négociations de Riga entre l'organisation américaine et Maxime Litvinov[1], il admit devant Gueorgui Tchitcherine, commissaire du peuple aux Affaires étrangères, qu'il ne souhaitait ni un statut d'exterritorialité pour les collaborateurs de son organisation ni le contrôle unilatéral sur la distribution de l'aide. Nansen l'humaniste estimait qu'il fallait porter secours aux affamés sans conditions. Mais Moscou avait trop besoin des Américains et de leur puissante organisation philanthropique. L'accord signé par Nansen le 27 août 1921, une semaine après celui de Riga, lui donnait les mêmes garanties, bien qu'il ne les eût jamais revendiquées.

1. Voir chapitre 1.

Le Norvégien allait ensuite devenir à son insu le meilleur avocat de la cause bolchevique dès le début des opérations de secours. Pour lutter contre la famine, il estima qu'il fallait prélever les céréales des régions riches pour les distribuer aux affamés. Le partage, logique en apparence, ne tenait pas compte de la réalité du pays : après quatre ans de pouvoir bolchevik, il n'y avait plus de régions riches. Sa proposition cautionnait les réquisitions forcées du gouvernement, qui avaient été à l'origine précisément de la famine. En novembre 1921, devant la troisième assemblée de la Société des nations, il plaida pour une meilleure entente entre bolcheviks et Occidentaux afin de permettre aux réfugiés russes de retourner dans leur patrie comme s'il ignorait les raisons qui les avaient poussés à fuir. En mai 1922, toujours à la SDN, il appela les puissances capitalistes à « restaurer la Russie pour que la crise européenne puisse être surmontée ». Les dirigeants bolcheviks n'en espéraient pas plus. Selon leur stratégie, l'aide occidentale à la famine devait déboucher sur une reconnaissance politique (fin de l'isolement diplomatique) et permettre d'obtenir les crédits nécessaires à la relance du pays qu'ils avaient consciencieusement ruiné en cinq ans. Commentaire du représentant commercial britannique à Moscou : « Les bolcheviks lui ont jeté de la poudre aux yeux »[1].

Un bon philanthrope devrait être vigilant et prudent. C'est même indispensable face à un pays totalitaire qui compte utiliser les bons sentiments à ses propres fins. A l'exemple de cet illustre ancêtre, nombre d'organisations humanitaires tombent dans les pièges de la « reconnaissance diplomatique » et consolident des dictatures, sans paraître déroger pour autant aux élévations morales. Mais s'il était encore possible d'être candide face au totalitarisme dans les années vingt (Nansen n'était pas le seul, loin de là), ce n'est de nos jours guère pardonnable.

Prenons le cas de l'UNICEF, dont on voit fleurir chaque fin d'année les cartes de vœux au profit des millions d'enfants déshérités dans le monde. De toutes les organisations des Nations unies, elle peut s'enorgueillir d'être depuis quarante ans l'une des moins bureaucratiques et des plus efficaces. Spécialisée dans les « besoins immédiats et à long terme des enfants » et dans la « surveillance des femmes enceintes et des jeunes mères », l'UNI-

1. Voir à ce sujet *la Diplomatie de la famine*, par Vladimir Berelowitch, *l'Express*, 16/22 août 1985.

CEF octroie 95 % de son assistance à des campagnes d'immunisation, à la mise en place de services de maternité, à la formation d'enseignants, de personnel médical et paramédical, à la fourniture d'équipements scolaires, etc. Contrairement à d'autres agences, elle peut intervenir dans tous les pays du monde, y compris ceux qui ne sont pas reconnus par l'assemblée générale des Nations unies. Bref, l'UNICEF est une pierre précieuse dans le fouillis onusien.

Dans une situation de catastrophe, l'organisation prend en charge les plus démunis parmi les pauvres, les orphelins. Hélas, en pays totalitaire, le sens donné à ce mot est plutôt spécieux. Il peut désigner les enfants qui n'ont plus de parents ou ceux que les autorités séparent de leur famille afin de sélectionner les futurs « cadres de la révolution ». Tous les régimes socialistes rêvent d'embrigader la jeunesse. L'UNICEF risque dans ces pays d'apporter sans le vouloir sa contribution à la formation de « petits gardes rouges ».

COMMENT REFUSER ?

« Les représentants de l'UNICEF s'inquiétaient de plus en plus de voir augmenter le nombre des enfants dans les orphelinats. Les "orphelins" (dont beaucoup semblaient avoir leur père ou leur mère, soit en tout cas une grande famille jusqu'alors ravie de s'occuper d'eux) recevaient une éducation de futurs cadres : à l'âge de quinze ans, ils étaient envoyés au Vietnam pour une formation intensive. "C'est une situation impossible, déclara un représentant de l'UNICEF à Phnom Penh. Ils fourrent les gosses dans une maison et s'attendent à ce que nous fournissions tout ce qu'il faut. Comment refuser ? Mais nous aidons dans un sens à arracher les enfants de leur foyer, souvent sans nécessité." » (William Shawcross, *le Poids de la pitié, op cit.*, p. 346.)

A la mi-juin 1986, l'UNICEF a lancé un appel aux donateurs pour soutenir son programme d'aide aux deux cent mille orphelins éthiopiens. L'agence en prit en charge quinze mille, victimes des transferts de population, arbitrairement séparés de leurs parents. L'UNICEF doit maintenant subvenir à leurs besoins dans l'espoir qu'ils retrouvent leur famille ou sinon un nouveau foyer. Ces « orphelins » sont actuellement regroupés dans des centres d'accueil provisoires — filles et garçons séparés — sous des tentes de soixante-dix « lits » en terre et paille. Leur journée se partage entre, le matin, des activités scolaires et, l'après-midi, des travaux aux champs pour les garçons, ou un apprentissage ménager pour les filles.

Dans ces limites, l'UNICEF est fidèle à sa vocation. Mais qu'adviendra-t-il des enfants qui ne retrouveront ni parents, ni nouveau foyer ? Ils seront envoyés dans un « orphelinat » d'État, véritable école de la révolution, que l'agence a déjà eu l'occasion de financer avec le gouvernement suédois. Plusieurs journalistes ont pu visiter l'un de ces « villages d'enfants » à deux cents kilomètres au sud d'Addis-Abeba. Modèle du genre, construit à l'origine pour « éduquer » les fils de militaires morts « au service de la révolution » (la guerre contre l'Érythrée), « l'orphelinat » a ensuite accueilli des victimes de la famine.

NOTRE PÈRE COMMUNISTE...

« Sur la porte d'entrée, derrière une fresque d'enfants souriants, portant des fleurs dans le soleil, une large banderole en amharique proclame : « Nous sommes déterminés à suivre la méthode de notre père communiste, le camarade-président Mengistu Haile Mariam." (...) L'orphelinat divisé en cinq écoles distinctes s'étale sur neuf mille deux cents hectares. (...) Dans l'une des écoles, qui compte cinq cent cinquante enfants âgés de six mois à sept ans, il y a des salles de jeux. Murs et planchers, peints en rouge et jaune, sont décorés par des dessins d'enfants représentants des maisons, des arbres, des poneys. Sur presque tous les murs il y a des photos et des fresques du colonel Mengistu. Certaines font trois mètres de haut. Il y a aussi des slogans en anglais le long des tonnelles de roses qui recouvrent les passages entre bâtiments : "Aujourd'hui nous sommes des étudiants, demain nous serons les supporters du socialisme", et : "Le village des enfants, c'est l'expansion du communisme." Debebe Alemayehu, treize ans, dont le père a été tué il y a cinq ans dans la guerre d'Érythrée, a fait partie du premier groupe d' "orphelins de guerre" à venir ici. Comme la plupart des autres enfants, il n'est pas réellement orphelin. Sa mère vit à Addis-Abeba. Mais Debebe dit qu'elle l'a envoyé pour avoir une bonne éducation. Pendant trois heures tous les samedi matin, il suit des cours d'éducation politique. Interrogé sur les États-Unis, il dit avoir appris que Reagan était "un oppresseur" comme l'ancien empereur Haile Sélassié. Meskerem Getachew, âgée également de treize ans, vit au "village" depuis un an. Elle a appris dans sa classe et à la télévision tout ce qu'elle sait sur l'aide internationale apportée à la famine. "L'Union soviétique et l'Allemagne de l'Est donnent la nourriture, dit-elle. Et les pays africains les médicaments. Aucun autre pays ne nous a aidés." Interrogée sur ce qu'elle a entendu dire des États-Unis, le principal pays donateur, elle répond : "L'Éthiopie et les États-Unis ont été récemment en guerre mais l'Éthiopie a gagné. Depuis la révolution, la vie s'est améliorée, dit-elle. Avant, nous n'avions pas assez de munitions. Maintenant nous en avons assez pour combattre nos ennemis." Meskerem ajoute : "Nous n'avons pas à mendier." » (Blaine Harden, *International Herald Tribune*, 1er juin 1985.)

Les autorités éthiopiennes veulent développer ces « orphelinats » avec l'aide des Occidentaux. Mises à part la Suède (qui a arrêté sa participation financière) et l'UNICEF, aucun pays n'a officiellement répondu à l'appel. Rien ne garantit pourtant qu'une partie de l'argent occidental versé au gouvernement pour reconstruire le pays ne serve pas à ces « villages » très spéciaux.

Les hommes politiques occidentaux qui apportent leur concours, même involontairement, aux pays totalitaires n'ont pas l'excuse de la candeur, ou alors ils doivent changer de métier. Nous avons vu de quelle manière, en 1933, les Soviétiques avaient utilisé Édouard Herriot pour cacher au monde la dramatique famine en Ukraine[1]. L'ancien président du Conseil appartenait à la catégorie des « idiots utiles », étiquetés par Lénine lui-même pour désigner ceux que la propagande pourrait gruger sans qu'il

1. Voir chapitre 1.

soit nécessaire qu'ils adhèrent au communisme. Différent du « compagnon de route », plus l'« idiot utile » affiche de convictions anticommunistes, plus il paraît objectif quand il est manipulé. Dans son cas, le manque de discernement supplée l'aveuglement idéologique.

Pour l'Éthiopie, Michel Poniatowski a joué « l'idiot utile ». La révolution éthiopienne satisfait le goût de l'ancien ministre pour les régimes d'ordre. Au retour d'une mission du Parlement européen, en juillet 1981, il s'est livré à un vibrant plaidoyer en faveur de la coopération avec Addis-Abeba : « L'Éthiopie a utilisé avec compétence et efficacité l'aide alimentaire et les contributions de la communauté économique européenne à ses projets de développement économique et de *progrès social*. Ces réalisations sont un encouragement pour les pays européens à développer encore leurs relations avec l'Éthiopie et nous croyons que de grandes possibilités sont ouvertes dans ce domaine. (...) Cette visite a permis à la délégation d'apprécier le choix des projets retenus et *l'efficacité, la compétence et la valeur des hommes qui en ont la charge.* (...) Les entretiens, politiques et techniques, ont permis de mesurer et d'apprécier *les réalisations du nouveau régime éthiopien*. En ce qui concerne les relations extérieures, la délégation a pris note du désir du gouvernement éthiopien de développer ses relations avec la CEE et de *n'épargner aucun effort pour parvenir au règlement pacifique des problèmes de la région*[1]. » La phraséologie ressemble à s'y méprendre à un communiqué soviéto-éthiopien.

Deux ans plus tard, Michel Poniatowski récidivait en accordant un blanc-seing au gouvernement éthiopien soupçonné de détourner l'aide de la Communauté européenne (à l'époque premier bailleur de fonds d'Addis-Abeba) au profit de son armée en guerre contre les « séparatistes » érythréens ou, pis encore, pour payer à l'Union soviétique ses massifs achats d'armes. Le Parlement européen avait été saisi du problème par plusieurs députés conservateurs britanniques, eux-mêmes alertés par un article du *Sunday Times* (27 mars 1983) qui reproduisait les révélations d'un membre important du gouvernement éthiopien ayant « choisi la liberté ». Après un voyage sur place, Michel Poniatowski affirma : « Une opération de transbordement en secret de l'aide

1. Cité par Cao-Huy Thuan dans *la Corne de l'Afrique*, l'Harmattan, 1986. Souligné par les auteurs.

alimentaire accordée à l'Éthiopie sur des cargos à destination d'autres pays, tels que l'URSS, serait matériellement impossible à mener à bien ». Tiens donc ! Quant aux détournements au profit de l'armée, la situation en Érythrée ne les nécessitait pas. L'honorable parlementaire a été « très impressionné par le programme de pacification gouvernementale » et « convaincu que le gouvernement éthiopien a le total contrôle de la situation[1]. »

Mengistu ne pouvait espérer meilleur ambassadeur. En cette année 1983, l'armée éthiopienne, aidée de plusieurs milliers de soldats soviétiques, entreprenait une nouvelle offensive de liquidation de la résistance érythréenne, c'était le « programme de pacification » en question.

Les VRP

Depuis le début du siècle, le nombre des organisations non gouvernementales (ONG) a été multiplié par cent cinq. Dans le seul domaine de la coopération pour le développement, l'OCDE en recensait mille sept cent une en 1981. La plupart de ces organisations sont des associations à but non lucratif financées par des dons privés et des subventions publiques, étatiques et inter-étatiques. La Communauté économique européenne participe au financement de cinq cent dix-neuf organisation charitables qui ont leur siège dans les États membres. Commencée en 1976, cette coopération a permis en 1983 le cofinancement de mille trois cent vingt-sept projets de développement dans le tiers monde pour une somme avoisinant sept cent trente-cinq millions de francs en six ans. Pour 1984, le budget européen a consacré deux cent dix millions de francs à ces projets.

La générosité du public croît d'autant : les Français consacrent sept fois plus d'argent aux organismes d'aide qu'il y a dix ans. Ils restent pourtant réticents comparés à leurs voisins britanniques ou belges qui donnent de trente à quarante fois plus qu'eux, ou par rapport au public américain qui verse chaque année près de cinq milliards de dollars à l'aide humanitaire.

En un peu plus d'une décennie, la charité est devenue un authentique business, pour reprendre l'expression du livre de Bernard Kouchner[2]. Le « marché » augmente à chaque grande

1. *Le Matin*, 8 juillet 1983).
2. *Charité Business*, le Pré aux Clercs, 1986.

mobilisation de l'opinion publique occidentale en faveur d'une cause. En 1971-73, le Bangladesh a reçu 1,3 million de dollars pour secourir les victimes de la guerre avec le Pakistan. En 1979-81, près d'un milliard de dollars ont été versés au Cambodge pour une famine dont personne n'a jamais pu évaluer l'ampleur. Dans la seule année 1985, l'Éthiopie a reçu 1,4 milliard de dollars d'aide.

Une agence comme Oxfam reflète cette croissance. Créée en 1942 à Oxford pour venir en aide aux enfants grecs victimes de la guerre et de la famine, son budget a crû de cent mille livres sterling au début des années cinquante à plus de quarante millions pour l'exercice 1984. Spécialisée à l'origine dans la fourniture de vêtements et de nourriture aux réfugiés, l'organisation s'est peu à peu transformée en une agence de développement (approvisionnement en graines, construction de puits, formation de personnels para-médicaux, etc.). Aujourd'hui, Oxfam patronne mille neuf cent soixante projets de développement, dans soixante-quatorze pays d'Asie, d'Afrique et d'Amérique latine. En plus des dons privés et des subventions publiques, son financement est assuré par un réseau original de sept cents boutiques, réparties en Grande-Bretagne, qui vendent des produits artisanaux venus du monde entier.

Oxfam a connu deux grandes étapes de croissance : le Cambodge lui a permis de quadrupler son budget (de cinq millions de livres en 1978 à plus de vingt en 1979), et l'Éthiopie (environ trente-cinq millions de livres en 1984-85). Dévouée à la cause du tiers monde, l'agence est réputée efficace. De tout le poids de sa renommée elle fait pression sur le gouvernement britannique qui consacre de trop faibles ressources à l'aide aux pays pauvres, comme la plupart des nations développées. Volontiers donneuse de leçons, Oxfam n'est pourtant pas à l'abri des critiques. Combattre les malheurs de ce monde fait sa raison d'être, mais aussi sa prospérité. Trop de « compromis » sont parfois nécessaires pour sauvegarder le « fonds de commerce ».

L'aide apportée au nouveau régime de Phnom Penh a été une expérience douloureuse pour beaucoup d'organisations humanitaires. La majorité d'entre elles gardent l'impression d'avoir été dupées par le gouvernement sur la réalité de la famine et sur les détournements. Pour Oxfam, en revanche, la « campagne » cambodgienne reste sa fierté.

« Le régime de Pol Pot dépassait en immoralité la vilenie du régime nazi contre les Juifs en Allemagne », n'hésite pas à dire début octobre 1979 le directeur d'Oxfam de retour de Phnom Penh. Comme tous les autres Occidentaux qui ont visité le pays, Brian Walker a été impressionné par ce que les officiels voulurent lui montrer. A tel point qu'il signa, sans hésiter, le premier accord de coopération avec les autorités en se pliant à toutes leurs conditions. Obnubilé par l'urgence de la situation, Walker ne s'est pas rendu compte qu'il faisait le jeu de Phnom Penh, engagée dans une épreuve de force avec la Croix-Rouge et l'UNICEF pour leur interdire de porter simultanément secours aux populations contrôlées par les Khmers rouges[1]. Oxfam s'engageait au contraire à opérer dans les seules zones gouvernementales, abandonnant de surcroît la gestion et la distribution de l'aide aux autorités. Dans l'accord, Walker s'est aventuré plus loin en promettant que son agence resterait à l'avenir en dehors des activités de la Croix-Rouge et de l'UNICEF. Pour satisfaire davantage ses hôtes, il leur a proposé de rompre les relations qu'entretenait Oxfam avec ces deux organisations dans d'autres pays du tiers monde. Bons princes, les Vietnamiens ne l'ont pas exigé.

Oxfam s'est compromise pour rien. En définitive le gouvernement ferma les yeux sur les opérations en zones khmères rouges. Phnom Penh avait trop besoin d'aide pour camper sur des positions intransigeantes. L'agence britannique n'en demanda pas moins au ministre des Affaires étrangères cambodgien l'autorisation de collaborer à nouveau avec les autres organisations. Hun Sen répondit : « Coopérez tant que vous pourrez dans les projets. » Par la suite, Walker a réalisé combien son zèle intempestif avait nui aux autres organisations. L'agence s'est excusée auprès d'elles.

« Oxfam est engagée dans la plus vaste opération de son histoire », proclama Walker après l'accord. L'organisation devenait l'interlocuteur privilégié de Phnom Penh pour le compte d'un consortium d'ONG chargé d'apporter deux millions de livres sterling d'aide par mois. Le Cambodge offrait à l'agence un tremplin financier, donc un statut qui la faisait accéder pour la première fois au saint des saints des grandes organisations humanitaires. En moins de trois mois, Oxfam a réussi à récolter six millions de livres auprès du public britannique. Pour les Anglais, sensibilisés par les campagnes de presse sur « l'Holocauste cam-

1. Voir chapitre 1.

bodgien », l'aide s'identifiait à Oxfam qui se vantait dans ses affiches d'avoir un meilleur accès à l'intérieur du pays que les autres organisations. L'agence mettait pour la première fois la publicité comparative (autorisée en Grande-Bretagne) au service d'une cause humanitaire.

Sans doute grisée par son succès, Oxfam a pris soin pendant deux ans d'éviter tout grain de sable susceptible d'enrayer la belle mécanique de l'aide. S'agissant de la famine ou des détournements, l'agence a été aux avant-postes pour démentir, minimiser, excuser, blanchir les autorités cambodgiennes. Dès le début Oxfam pourtant, a douté de la gravité de la situation. Walker lui-même, dans un télégramme qu'il envoya à Oxford lors de son premier séjour à Phnom Penh, reconnaissait n'avoir vu nulle trace de famine. A son retour, il déclara à la presse que le Cambodge était un pays peuplé de « squelettes ambulants ». Expert en nutrition, Tim Lusty a fait la même constatation que son directeur après une enquête approfondie sur le terrain : pas de famine. Ses collègues de l'agence l'ont dissuadé d'en parler aux journalistes. Ils donnèrent le même conseil à Malcom Harper, responsable d'Oxfam au Cambodge, à la suite d'un voyage en province où il n'avait croisé nulle personne affamée.

Pourquoi cette censure ? « Il était impossible d'arrêter la machinerie de la collecte de fonds », a répondu plus tard Harper[1]. Autrement dit, il ne fallait ni interloquer le public qui s'était si généreusement mobilisé pour éviter « deux millions de morts avant Noël », ni risquer de tarir la pompe à finance. La même conduite a prévalu lorsqu'il s'est agi de passer sous silence les détournements de l'aide. « Je ne pense pas que ce gouvernement se soucie encore beaucoup du peuple cambodgien », écrivait en avril 1980 Malcom Harper dans un rapport interne à Oxfam. La situation s'était terriblement dégradée. Plusieurs livraisons avaient été détournées, le sucre donné par l'agence se retrouvait en vente sur le marché. Conséquence : après plus de six mois d'aide intensive la manultrition empirait, surtout chez les enfants. Harper estimait qu'à moins d'obtenir un meilleur contrôle de la distribution, il faudrait partir et « envisager de vendre la mèche »[2].

Dans un premier temps, Oxfam s'est jointe à la Croix-Rouge et

1. Cité par Shawcross, *op cit.*
2. Cité par Shawcross.

à d'autres organisations pour exiger du gouvernement de Phnom Penh un droit de regard sur la distribution. Puis, en juin, Brian Walker a été reçu en grande pompe par les autorités. A son retour, le directeur d'Oxfam estimait, dans un article de l'*Observer*, que les problèmes de détournements avaient été exagérés (il parlait de rumeurs et d'anecdotes colportées par les réfugiés cambodgiens en Thaïlande). Exit le scandale, couvert, il est vrai, par les déclarations rassurantes d'autres responsables. Nommé en juin 1980 coordinateur de l'aide pour le compte de l'ONU, Kurt Jansson (qui occupera le même poste en Éthiopie) calma lui aussi les inquiétudes en parlant sans preuves de « ravitaillement satisfaisant » lors d'une conférence des donateurs à New York. Les autorités communistes, conscientes des risques que représentaient ces critiques répétées, l'avaient auparavant promené dans une province pour qu'il apprécie, de visu, la distribution de l'aide.

L'expérience cambodgienne n'a pas entamé l'optimisme d'Oxfam sur les capacités des dirigeants communistes à gérer honnêtement l'aide occidentale. Par l'intermédiaire de son responsable à Addis-Abeba, l'agence s'est vigoureusement élevée contre l'article paru le 27 mars 1983 dans le *Sunday Times*, accusant les autorités éthiopiennes de détourner l'aide de la Communauté européenne au profit de l'armée et de l'URSS en échange d'armes. « Il serait désastreux pour les milliers d'Éthiopiens du Nord qui font face cette année à une famine que votre article entraînât une quelconque réduction des envois de nourriture de la CEE et d'autres donateurs, écrit Hugh Goyder à l'hebdomadaire. Un article comme celui-ci ne fait que renforcer les cyniques qui croient fermement que toute aide à un pays pauvre comme l'Éthiopie s'égare. » Un pays pauvre *et totalitaire*, s.v.p. ! Belle façon de résoudre le problème que de ne pas le poser !

Toutes les organisations humanitaires savent que le détournement n'est pas évitable, quel que soit le pays bénéficiaire. Cette vérité admise, le reste devient une question de degré, de limites acceptables. Dans une telle course, l'Éthiopie traîne loin derrière le Cambodge. Mengistu n'est sans doute pas plus honnête que Heng Samrin, mais les autorités éthiopiennes, submergées par l'afflux de l'aide, ont accepté de céder la moitié de leur distribution aux quarante-sept organisations humanitaires opérant dans le pays. Cette partie, au moins, arrive à bon port, entre les mains des affamés. Pour l'autre moitié, prise en charge par la Relief and Rehabilitation Commission, Addis-Abeba a refusé la création d'une commission indépendante proposée en octobre 1984 par Willy Brandt afin de veiller à une répartition équitable.

TRENTE MILLE TONNES VOLATILISÉES

Dès décembre 1984, des journalistes ont été témoins à la frontière soudanaise de la vente par des militaires éthiopiens du lait en poudre donné par les Américains[1]. En mai 1985, après une longue enquête en Éthiopie, Jacques de Barrin publiait dans *le Monde* un article exhaustif sur les « détournements, discriminations et fausses statistiques ». « Faut-il considérer comme une "bavure" la distribution, notamment dans le Tigré, d'une assistance alimentaire aux miliciens pour s'assurer de leur vigilance ? s'interrogeait-il. Comment expliquer que dans les villes érythréennes contrôlées par le gouvernement, la remise des vivres se fasse "sans discrimination", notamment au profit des vétérans de la guerre, si bien qu'une partie de l'aide internationale se retrouve dans le circuit commercial, que les boulangeries d'Asmara[2] vendent de la farine américaine et canadienne[3] ? » Selon Jacques de Barrin, trente mille tonnes de vivres disparaissaient chaque mois sans qu'on en connaisse les bénéficiaires. « Aucun rapport officiel n'a jamais été publié sur la distribution de l'aide internationale, poursuivait-il. Les pays et les organisations donateurs qui, du reste, ne se montrent guère curieux en la matière, doivent se contenter d'approximations grossières. La RRC leur remet un plan d'utilisation de leurs dons lorsque ceux-ci parviennent dans le pays. Ils peuvent en suivre la trace du point de débarquement aux magasins de stockage, puis la perdent jusqu'à leur destination finale. »

Vous avez dit détournement ? Kurt Jansson, le responsable des Nations unies pour les opérations d'urgence en Éthiopie, est catégorique : « Plus de 97 % de l'aide parvenue jusqu'ici peuvent

1. Voir notamment *le Matin*, 24 décembre 1984.
2. Capitale de l'Érythrée.
3. *Le Monde*, 23 mai 1985.

être pleinement justifiés[1]. » Qu'en sait-il ? Le délégué du Comité international de la Croix-Rouge en Éthiopie, Léon de Riedmatten, est plus circonspect : « Je ne comprends pas, depuis le début de l'année 1985, l'Éthiopie a reçu de la communauté internationale largement assez d'aide alimentaire pour nourrir tous ceux qui ont faim. Et la famine ne recule pas, au contraire[2]. »

Fin août 1986, le Bureau des opérations d'urgence des Nations unies en Éthiopie annonçait une reprise du pont aérien humanitaire vers les régions touchées par la famine : six millions de personnes sont concernées, soit à peine deux millions de moins qu'en 1985. L'information a été reléguée en bref par les quotidiens, perdue entre la météo et les résultats du Loto sportif. Qu'à la suite de la plus formidable mobilisation humaine et financière de tous les temps, six millions d'Éthiopiens meurent toujours de faim n'intéresse plus. Tonneau des Danaïdes où s'engouffrent toujours des centaines de millions de dollars, l'Éthiopie mérite de figurer au livre des records de la crédulité occidentale.

Une famine fait un million officiel de victimes. Des secouristes se précipitent, sans distinction d'opinion et de croyance, pour sauver ce qui peut être sauvé. A portée de leurs regards — du moins pour qui veut voir — le gouvernement autochtone ajoute cent mille victimes, voire plus, à une liste déjà trop longue. Convient-il d'interroger, d'enquêter, d'exiger que la lumière soit faite, toute la lumière ? Ou faut-il avaler sa langue et sauver les uns en laissant silencieusement assassiner les autres, ceux-là mêmes parfois qu'on venait juste de sauver ? La question n'a jamais été aider ou ne pas aider. Mais comment aider.

1. *Le Monde*, 11 juin 1985.
2. *Le Nouvel Observateur*, 19 juillet 1985.

II

L'ENTRÉE EN RELIGION CATHODIQUE

1
AGONIES EN MONDIOVISION

Les conflits d'aujourd'hui se gagnent et se perdent à la télévision. La population occidentale n'a pas supporté les images atroces de la guerre du Viêt-nam ; elle opposa spectacle à spectacle, après Woodstock les GI's ont regagné leurs foyers. La population soviétique est dispensée d'information donc de trouble : la guerre d'Afghanistan pourrait continuer jusqu'au dernier Afghan. L'art d'accrocher l'adversaire sur son propre terrain, d'utiliser les caméras concurrentes et de profiter d'une libre circulation de l'information, que pour soi on récuse, devient le vade-mecum des dictatures. En particulier lorsqu'elles gèrent des populations déshéritées : à la chute de deux récents bienfaiteurs du peuple, Marcos des Philippines et Duvallier d'Haïti, on remarqua que les fabuleux trésors qu'ils avaient transférés dans les banques suisses provenaient pour beaucoup des aides internationales empochées avec célérité. Extorquer des fonds à la compassion universelle suppose qu'on sache tirer la larme d'yeux souvent secs, éliminer des rivaux avides et ouvrir des bourses plutôt hermétiquement closes. L'emporte celui qui tire le meilleur parti des propriétés spécifiques du nouveau médium.

Autour de 1960, 13 % seulement des foyers français avaient acquis une boîte à images. Le Parisien inaugurait une deuxième chaîne, l'habitant de New York en avait quatre à sa disposition, aujourd'hui trente-sept. L'estimation quantitative — le nombre impressionnant d'heures passées devant le petit écran — masque des mutations qualitatives davantage décisives. Les générations « vidéo », nées et éduquées dans l'abondance télévisuelle, pratiquent un style de perception beaucoup plus décousu et sélectif que celui des générations cinéma : regarder un film de deux heures, du début à la fin, est chose difficile pour les nouveaux téléspectateurs. Par contre, ils font preuve d'une attention plus déliée et d'adresse à saisir sur-le-champ des paquets d'informations discontinues[1].

Quel effet mental attendre d'une aussi forte imprégnation ? Deux thèses partagent les commentateurs, et fondent par d'inverses raisons leur pessimisme commun. La première remonte au *1984* de George Orwell : l'écran atteint son maximum d'efficace en diffusant, amplifiant ou tout simplement inventant des événements horribles ; abasourdi, déboussolé, puis intellectuellement brisé, le spectateur abandonne aux autorités le soin de penser pour lui. La seconde renvoie à une autre fiction célèbre, celle du *Meilleur des mondes* d'Aldous Huxley : loin de subir le bombardement de réalités dérangeantes ou atterrantes, l'homme futur sera soumis et domestiqué en douceur, on lui donnera ce qu'il demande, il vivra dans un monde de rêves et subira la tyrannie de ses propres désirs, aussitôt exprimés, aussitôt satisfaits en images. N'admettant pas que l'on vienne troubler sa piscine de félicité, installée à domicile, il ferme les yeux, calme son crâne et nage dans le bonheur, pour se retrouver plus aliéné encore que le malheureux Orwellien. La première famine en mondiovision semble vérifier les deux pronostics à la fois. Les premières images coupent le souffle, tout va mal, la référence à Auschwitz, à *1984*, vient spontanément sur les lèvres, Orwell gagne. Après coup, lorsque s'ébranlent les secours dépêchés des quatre coins du globe, Huxley marque un point, notre monde est le meilleur, nous sommes des gagneurs. Tout va bien.

Les experts[2] se croient souvent tenus de choisir entre l'effet Orwell et l'effet Huxley : ils sont alors victimes d'un fantasme, celui de l'existence d'un effet unique et global. On comprend qu'à l'origine de grands esprits surévaluèrent ou sursimplifièrent l'influence de la boîte magique qui promettait le cinéma en direct et à l'état permanent. Après usage, un jugement moins à l'emporte-pièce s'impose. Le spectacle de nos spectaculaires mass media demeure inintelligible tant qu'échappent les nuances d'un

1. Margot Hornblower, « The US Video Generation ». *I.H.T.*, 5 juin 1986.
2. Neil Postman, *Amusing Ourselves to Death. Public Discourse in the Age of Show-Business*, Viking, New York, 1985, préface.

médium subtil qui simultanément ouvre et ferme ses adeptes. Le bon ton voudrait qu'aujourd'hui on s'affichât cinéphile et téléphobe, comme hier l'élite se proclamait bibliophile, en vouant aux gémonies le grand écran vulgaire et démoniaque. Condamnant en bloc la téléphilie des masses, les esprits cultivés et chagrins manquent la tension et le drame intime que peut susciter le nouveau moyen d'information. Ou Orwell ou Huxley, l'alternative ne vaut pas seulement pour l'observateur détaché et théorique, mais pour le téléspectateur anonyme, tour à tour ébranlé et réconforté, témoin d'un monde qui tourne à l'enfer à moins qu'en frôlant d'autres touches il ne s'expatrie dans divers paradis. L'alternance des visions calamiteuses et euphoriques n'est pas reçue passivement, elle heurte, traumatise, elle lève une inquiétude générale et induit des deux côtés de l'écran des comportements inédits qui tentent d'apporter des réponses provisoires à des ébranlements répétés. La diffusion planétaire des malheurs et l'internationalisation privée et publique des opérations de secours vont évidemment de pair, à charge pour l'amateur d'énigmes de scruter ces indices encore superficiels des bouleversements ambigus et complexes que subit en profondeur l'homme de la fin du XXe siècle, c'est-à-dire le téléspectateur.

Que cela plaise ou non, qu'on l'accepte ou qu'on se voile la face, la télévision, c'est d'abord l'actualité universelle devenant présente à elle-même. L'examen attentif de la perception mondiovisuelle d'une famine locale, éclatant dans une contrée ignorée, montre que l'effet télé est beaucoup moins univoque et entier que ne le rêvent ses nombreux détracteurs et ses rares apologistes. Tout commence par la rupture des digues et des codes qui assurent nos sécurités mentales et sentimentales ; le réel de la télé, c'est le non-imaginable ; ses informations sont métaphysiquement pornographiques, elles quêtent la mauvaise nouvelle classée *x* qui prend à contre-pied les optimismes et les orthodoxies. Une catastrophe constitue d'emblée le nec plus ultra du journal télévisé.

L'ŒIL MÉCANIQUE

Opposant l'œil de la caméra et sa vérité enregistrée aux mensonges de la mise en scène, Dziga Vertov annonçait avec un demi-siècle d'avance l'information en direct : « Un œil plus parfait que l'œil humain pour explorer le chaos des phénomènes visuels qui emplissent l'espace. » Là où le cinéma (y compris celui de Vertov) romance et propagandise, la télévidéo transmet à l'improviste le tohu-bohu avec un minimum de délais et de montage, presque sans addition étrangère :

« Je suis le ciné-œil. Je suis l'œil mécanique.

« Moi, machine, je vous montre le monde tel que moi seul peux le voir.

« Je m'affranchis dès aujourd'hui et pour toujours de l'immobilité humaine, *je suis en mouvement ininterrompu,* je m'approche des objets, je m'éloigne d'eux, je me faufile sous eux, je me juche sur eux, j'avance à côté du museau d'un cheval au galop, je m'enfonce au milieu d'une foule, je cours devant les soldats chargeant, je me renverse sur le dos, je m'envole avec les aéroplanes, je tombe et je remonte avec des corps qui tombent et qui remontent[1]. »

Qui compare la presse visuelle à la presse écrite manque l'originalité d'un télé-journal, lequel s'apparente plutôt aux papiers collés de Braque ou de Picasso, aux photos-montages dadaïstes, au hasard objectif cultivé par les surréalistes. Enveloppée dans le commentaire écrit, l'actualité pause, minaude et se plie aux usages. Livré avec l'absence de tact et de conventions propre à l'art prétendu « brut », le matériau de l'actualité dégrise, crie son authenticité et emporte la conviction. L'effet de vérité propre à l'actualité visuelle devient l'enjeu de cette fin d'époque. Le pays qui saura bien présenter sa téléfamine décrochera le gros lot et rétablira son crédit commercial et politique. Les évidentes utilisations et manipulations ne doivent pas dissimuler la nature profondément originale et inoubliable de l'événement qui a eu lieu sur les écrans et qui n'aurait pas eu de lieu sans les écrans : le traumatisme éthiopien risque de laisser à la génération vidéo un goût de cendres comme à d'autres les souvenirs du Viêt-nam, d'Auschwitz ou de Verdun.

1. Dziga Vertov, in *Dziga Vertov* par Georges Sadoul, éd. Champs libres, Paris, 1971, p. 81.

N°1 : LA FAIM

« Un sondage réalisé en septembre-octobre 1985[1] témoigne pour l'évolution des esprits de la jeunesse française, très sensible au thème de la faim dans le monde. Il s'agit de la première préoccupation des jeunes de quinze à vingt ans (54 %). Le racisme apparaît ensuite (35 %) puis viennent l'alerte devant les risques de guerre (33 %) et les atteintes aux droits de l'homme (21 %). Ce sont les rejetons des couches moyennes, des commerçants et artisans qui réagissent le plus sur ces thèmes, devançant les enfants des ouvriers et des paysans. Les héritiers des classes supérieures ferment la marche, loin derrière. L'idée de tiers monde évoque majoritairement (77 %) la faim pour la jeunesse française. La pauvreté vient en second (52 %). La carte de la faim que dessine ce sondage intéresse majoritairement l'Afrique et suit les fluctuations des moyens d'information les plus populaires chez les jeunes : la télévision, la presse écrite, puis la radio. » (Bernard Kouchner, *Charité Business, op. cit.*, p. 38.)

La télé multiplie l'effet maximum par la seule vertu de son mode de présentation. Quantitativement : une seule scène atroce sera diffusée sur tous les continents. Qualitativement : l'intensité de la scène vaut pour l'extension du témoignage, un bébé éthiopien qui s'éteint devant l'objectif incarne la fatalité qui menace tous les autres. Saisie au vol et transportée sur l'écran familial, une mort c'est toute mort, non plus un événement intime et personnel, pas encore un fait entre d'autres, anonyme et comptabilisable. Le rendu propre à la prise directe saisit le dernier souffle, il échappe à la vie individuelle qu'il clôt sans que des lèvres de cadavres ne le réduisent déjà au simple souvenir. A l'image de la violence la plus extrême que puisse subir un être humain correspond la violence de l'image ou, plus exactement, la violence dans l'image puisque le flash nous propose de voir une brutalité qui, par définition, reste invisible.

1. Institut Louis Harris pour Actuel Développement, octobre 1985.

La femme éthiopienne tenant son enfant décharné est belle, son infinie tristesse traverse une insondable dignité. Les photos redoublant son immobilité semblent emprunter leur hiératisme aux pietas de l'Occident chrétien. Sauf que, dans le troublé de la séquence d'actualité, deux « sujets » se superposent : la Vierge à l'enfant et, dans le même temps, Marie éplorée devant le corps de son fils. Toute la tension tient dans l'intervalle entre les deux tableaux. A Korem, il ne s'agit plus de la mère à l'enfant et pas encore d'une pieta d'après-mort. La séquence est violente par défaut, le drame glisse entre les mots et les images, indubitable autant qu'insaisissable. Tant que nous sommes, la mort n'est pas et, lorsque la mort est, nous ne sommes plus. Brutale et allusive à la fois, brutalement insondable, la scène qu'on ne peut pas voir extérieurement, on la doit vivre intérieurement.

Ces images donnent le vertige ; la télévision, loin de s'arrêter aux choses vues, passe outre, et force à imaginer l'inimaginable. Qu'est-il arrivé dans l'intervalle des images pieuses, la Vierge et la pieta ? Que se passe-t-il entre l'enfant s'immobilisant et le sein vide ? De ce non-vu et non-dit suinte une angoisse qui fige le spectateur. Nous ne comprendrions pas si nous ne savions déjà : il en va ici comme de l'origine du péché originel selon Kierkegaard. Pour que l'innocent entende ce que le serpent susurre, il faut qu'il pèche en pensée, qu'il ait perdu son innocence avant d'avoir rien fait pour la perdre ; le péché n'est possible que s'il est déjà là, il se précède lui-même dans une existence depuis toujours « en faute ». Toutes les famines du monde affleurent dans le drame unique qui noue les regards vides d'un nourrisson et de sa mère. Ce message partout reçu, partout compris, nous l'avons retrouvé dans le bric-à-brac d'actualités expédiées à la va-vite parce que nous le connaissions d'avance.

LA FAMINE ORIGINELLE

Les Cinq minutes, filmées par Mohammed Amin et Michael Buerk, firent le tour de la terre. « Pour comprendre le film, il suffira de regarder profondément en soi[1]. » L'actualité traumatique renvoie à la famine originelle, dont tout petit d'homme a

1. Antonin Artaud, *Sorcellerie et Cinéma*, (1927), O.C. III, Gallimard, p. 67.

éprouvé le risque et contourné la menace. La question du sein vide, de la plus originelle sécheresse, s'imposa avant qu'il la pût formuler ou la mettre en image. Freud situe ce drame dans une étape antérieure à la scène primitive (scène d'amour et de haine, donc toujours érotisée). Dans les angoisses *énigmatiques* de la petite enfance, il signale celle d'être mis à mort sans haine ni amour. La puissance nourricière est le lieu privilégié d'où rayonne cette inquiétante éventualité : « On peut ainsi constater que la crainte d'être assassiné ou empoisonné date de l'époque préœdipienne et se rapporte à la mère[1]. » L'idée de poison ou d'assassinat met rétrospectivement en forme les paniques du stade oral. Avant même d'avoir lu Shakespeare, le nourrisson appréhende une source de vie qui, dans l'excès d'une présence trop envahissante ou dans le vide d'une absence indûment prolongée, peut se révéler source de mort. Freud reproche à Jung d'« éliminer ce qu'il y a de choquant dans les complexes familiaux[2] », à charge pour le bon entendeur de pressentir qu'il y a plus choquant que la concurrence érotique qui pose un petit Œdipe en rival de son père. Plus archaïque que les histoires d'amour : le drame de l'existence donnée et retirée, la soif inassouvie. Derrière la scène primitive hante la présence sourde d'une scène préhistorique, celle de la famine originelle.

Les larmes coulent comme venues d'au-delà des visages qu'elles sillonnent, une pluie sur des statues de marbre les ronge lentement, dans un silence qui peut durer des siècles. Rien qui rappelle ici les cris et les râles des femmes de Buenos Aires, ou de Sabra et Chatila. La douleur éthiopienne ici n'est pas démonstrative, elle glisse impavide un message de nulle part, adressé à personne : les corps touchés par la famine, ni blessés, ni déchirés, sont comme défaillants de l'intérieur sous une enveloppe intacte. D'où ce sentiment immédiatement télé-perceptible d'une violence désincarnante et déjà désincarnée, neutre, froide et presque minérale. Elle paraît « de trop » et non revendicable. Le lait maternel n'est pas un objet comme le sein, « pour l'enfant il n'est

1. Sigmund Freud, *Nouvelles Conférences sur la psychanalyse*, Gallimard, 1936, p. 164.
2. Sigmund Freud, *Contribution à l'histoire du mouvement psychanalytique*, Payot.

qu'une part non dissociable de son être repu, il *est* cet être repu même[1]... », la famine affronte deux corps proprement vidés de leur substance. L'enfant gravement dénutri doit être alimenté sous contrainte, il ne tète plus, expliquent les infirmières, il s'est soumis au cycle infernal de la faim, qui reproduit en sens inverse celui de l'alcoolisme, « un homme prend un verre, le verre prend un verre, le verre prend l'homme ». La mère qui doit contraindre l'enfant à boire doit souvent elle-même être forcée à forcer, car c'est aux deux bouts de la chaîne que la vie abandonne.

Une communication symbolique

Le symbole agit à distance. Le pauvre classique apitoie, interloque et réclame par sa présence physique, il s'accroche, on le rencontre au coin de la rue ou sur une bouche de métro. Rien de tel quand la sécheresse désole, ou quand la guerre civile ravage les antipodes : les victimes demeurent sagement chez elles, tandis que les moyens de communication de masse introduisent leurs images atroces dans l'actualité des privilégiés. Nous entrons, bon gré, mal gré, dans l'ère de l'économie symbolique de la misère et demeurons bouche bée devant les procédures inédites de la télémendicité, de la charité à distance et des bouffées de solidarité aussi planétaires qu'éphémères. Peut-être ne sont-ce là que les instruments nouveaux d'une communication symbolique fort ancienne.

« Sur une route, derrière la grille d'un vaste jardin, au bout duquel apparaissait la blancheur d'un joli château frappé par le soleil, se tenait un enfant beau et frais, habillé de ces vêtements de campagne : pleins de coquetterie.

« Le luxe, l'insouciance et le spectacle habituel de la richesse, rendent ces enfants-là si jolis, qu'on les croirait faits d'une autre pâte que les enfants de la médiocrité et de la pauvreté.

« A côté de lui, gisait sur l'herbe un joujou splendide, aussi frais que son maître, verni, doré, vêtu d'une robe pourpre, et couvert de plumets et de verroteries. Mais l'enfant ne s'occupait pas de son joujou préféré, et voici ce qu'il regardait :

« De l'autre côté de la grille, sur la route, entre les chardons et les orties, il y avait un autre enfant, sale, chétif, fuligineux, un de

1. François Gantheret, « la Haine de soi », *Nouvelle Revue de Psychanalyse*, Gallimard, n° 33, 1986, p. 66.

ces marmots-parias dont un œil impartial découvrirait la beauté, si, comme l'œil du connaisseur devine une peinture idéale sous un vernis de carrossier, il le nettoyait de la répugnante patine de la misère.

« A travers ces barreaux symboliques séparant deux mondes, la grande route et le château, l'enfant pauvre montrait à l'enfant riche son propre joujou, que celui-ci examinait avidement comme un objet rare et inconnu. Or, ce joujou, que le petit souillon agaçait, agitait et secouait dans une boîte grillée, c'était un rat vivant ! Les parents, par économie sans doute, *avaient tiré le joujou de la vie elle-même.*

« Et les deux enfants se riaient l'un à l'autre, fraternellement, avec des dents d'une *égale* blancheur. » (Baudelaire)

Double scandale : 1) le rat dévalorise le joujou splendide ; 2) le faux jouet devient plus vrai que le vrai. Que s'est-il passé d'autre lorsque les premières images de la famine éthiopienne ont, un jour d'octobre 1984, à l'heure des repas, submergé les foyers d'Occident ? Fascinés, quelques millions de personnes oublièrent les mets sur l'assiette, comme le jeune châtelain délaisse son jouet préféré. Ils n'eurent plus d'yeux que pour l'enfant squelettique tétant le sein séché d'une femme au regard peut-être déjà vide, peut-être encore digne, d'autant plus insoutenable. Pas de rat dans les saisissantes images de Korem, mais l'horreur diffuse que cet animal irradie baignait l'ensemble de la séquence. Nul besoin d'enquêter plus loin pour savoir que dans ces conditions tout est possible, jusqu'au pire. Plus tard, les infirmières chuchotent, sur le terrain, qu'elles relèvent à l'aube, cachés dans les buissons, de petits corps déchiquetés la nuit par les hyènes. Les familles au grand complet s'étaient traînées, épuisées, jusqu'au centre de distribution de vivres (une portion par personne) et elles s'en retournaient, à plusieurs jours de marche, en s'allégeant parfois d'un fardeau inutile, des bébés sans espoir. Pas la peine de montrer ces choses-là, pas la peine de les dire, chacun, sans se l'avouer, soupçonne qu'en des circonstances si extrêmes, les rapports de l'homme à l'homme tournent occasionnellement aux rapports entre rats. De l'humanité, nos dernières forces ne sauvent peut-être que l'apparence.

L'écran télévisuel a fonctionné comme les barreaux symboliques de Baudelaire, la grille du château sépare implacablement deux mondes, mais ne bouche pas la vue, elle fait communiquer l'incommunicable. Les douillettes convictions chancellent. Matériellement, le courant ne passe pas, les uns vivent dans l'abondance, les autres dans la détresse, aucune providence-passerelle ne pousse le superflu de l'opulence dans la gamelle vide. 1984 fut pour l'Europe une année de récoltes records succédant à des saisons déjà fastes, les silos communautaires regorgeaient de grain et le stockage posait de redoutables et coûteux problèmes aux édiles de la CEE. De même que les joujoux du riche ne tombent pas miraculeusement dans l'escarcelle du pauvre, nul automatisme de vases communicants n'équilibre les ressources alimentaires de la planète. Pourtant, à travers les grilles, ou l'écran, un échange s'opère avec d'autant plus de cruauté qu'il manie des termes non point réels — jouets, aliments — mais symboliques : je te vois mourir et je t'imagine me voir manger. Ce pur marché des regards n'est pas dépourvu d'effets, le fou rire crispé des enfants baudelairiens annonce la folle agitation qui secoua les téléspectateurs abasourdis.

Leur élan de générosité surcompense. Il perce les plafonds des habituelles campagnes de charité, avec d'autant plus d'acharnement qu'il s'effare du gigantesque échec : trente années de déclarations émouvantes, de planifications expertes et d'organismes internationaux aboutissent à ce spectacle de fin du monde. A quoi servent les satellites météo s'ils s'avèrent incapables d'annoncer les sécheresses massives ? De quelle utilité sont les gouvernements qui laissent leurs populations sans recours alors que la disette pointe depuis cinq ans ? A quoi s'occupent les compétences titrées, décorées et salariées des Nations unies, dont les divers services semblent n'avoir ni vu, ni prévu ? Le flagrant délit d'insouciance, d'inaptitude et d'ineptie frappe soudain d'interdit la ritournelle des « endormeurs » et des « endorloteurs ». L'amour de l'humanité a bon dos quand la morgue des fonctionnaires locaux et mondiaux se détache sur un décor lunaire où leurs semblables creusent des trous à même le sol pour crever à l'abri du vent.

Après coup, chacun canalise son indignation entre les remblais de ses préjugés. Il se choisit une cible venue confirmer ses habituels poncifs, oubliant un peu rapidement son émotion première face au scandale qui passe la raison et déborde toutes les raisons censées l'expliquer. Folle, démentielle, la famine, sous nos yeux épouvantés, en fin de XXe siècle, aux temps de la micro-informatique et de l'espace conquis, foudroie, dit-on, un million de personnes. L'hécatombe excède la mesure commune des imprévoyances et des prévarications. Elle met en cause des personnes, des institutions, des politiques, mais davantage encore des philosophies implicites et l'optimisme doctrinaire trop bien partagé, qu'il s'affiche libéral ou socialiste. Nulle mécanique providentielle, ni la main invisible du marché, ni l'irrésistible progrès des Lumières, ni la saint-sulpicienne humanité dont aucun humain ne saurait se départir ne sauva les ombres errantes qui un instant nous obsédèrent. Dieu soit loué : une information efface l'autre. L'affairement fébrile des premiers secours contribue à évacuer en douceur la révélation crue qui fit sortir le temps de ses gonds. N'empêche que ce soir d'octobre l'ordinaire espérance déserta l'écran. « Le Diable a tout éteint aux carreaux de l'auberge » (Baudelaire).

En apparence, le lien est rompu. L'habituelle magie des paroles pieuses n'opère plus. Les secouristes dépêchés d'urgence, mais trop tard, se demandent s'ils ne servent pas d'alibi aux indifférents d'hier et de demain. Entre la pureté des intentions et l'atrocité de l'existence, il n'existe aucun adaptateur. La situation paraît désespérée, à moins que ce désespoir irréfutable ne fonde. A partir de lui, une communication davantage authentique pourrait-elle se reconstituer ?

L'illusion hugolienne d'une bienveillance préétablie qui sauve l'un par l'autre les misérables et les gagneurs craque devant l'entêtement des catastrophes à sens unique. Est-ce pourtant dire qu'entre les barreaux symboliques il ne passe rien ? A travers la lucarne télévisuelle, deux sociétés croisent leurs regards. « Et les deux enfants se riaient l'un de l'autre, fraternellement, avec des dents d'une égale blancheur. » La scène sue l'équivoque, l'enfant-paria qui agite son rat vivant « tire le joujou de la vie elle-même » et le cameraman, tout aussi cruellement, saisit les soubresauts d'un bébé condamné pour attendre calmement que s'achève la prise de vue avec la prise de vie.

LE RAT

Dans notre histoire, le rat balise le circuit de l'horreur. Très tôt repéré véhicule de la peste, il participe des grandes peurs et des épidémies apocalyptiques ; familier des ordures, hantant les souterrains comme les créatures d'outre-tombe, il transforme en cadavre ce qu'il mord ; rongé à son tour, devenu aliment, il annonce, ingéré, aux foules faméliques, le passage franchi des bornes du dégoût et l'ouverture des portes de l'anthropophagie. Il inspire le caricaturiste en mal de laideur rédhibitoire, le nazi pour qualifier le juif et l'Union des écrivains soviétiques pour dénoncer quelque confrère : « rat visqueux » fait alors synonyme de hyène dactylographe. La place du rat dans notre imaginaire est celle de l'inimaginable, cette tache aveugle où le comble du sordide se laisse pressentir sans être appréhendé, tapi au fond d'un abîme insondable. Dans la chambre des horreurs de *1984*, c'est un rat qui officie.

Lancées d'un ailleurs absolu que l'on nomme pudiquement tiers monde, les images de Korem sont vécues avec le saisissement de l'enfant châtelain contemplant son double en guenilles. L'information vertigineuse déréalise les soucis ordinaires, soudainement désaffectés comme des jouets de riches. Piège à rat et capitale de la douleur, la télé fascine. L'impression est brutale, massive, relativement durable et — qui sait ? — profonde. Ces images sont parfaitement imprévues, non seulement elles sidèrent le spectateur à l'improviste, mais elles ne racontent pas leur propre histoire, elles tombent du ciel comme des effets dépourvus de causes. Sans antécédents assignables — qu'as-tu-vu l'année dernière à Addis-Abeba ? —, sans conséquences maîtrisables, la séquence brutale se laisse néanmoins déchiffrer : « Pour comprendre ce film, il suffira de regarder profondément en soi. »

Le passé dépassé, l'Européen l'a désormais enfermé dans les livres d'Histoire et le mémorial des siècles ; l'émigrant du Nouveau Monde ne l'évoque plus que comme le cauchemar des temps révolus. La maladie mortelle de la faim, endémique, collective, l'Occidental crut l'avoir laissée derrière lui, mais la voilà qui resurgit devant ou plus exactement à côté, comme le vis-à-vis sinistre de sa marche en avant. Habituellement, l'Amérique du Nord toise l'Europe qui dévisage les continents voisins, au retard des autres se mesure le progrès des uns. L'orgueil de courir en tête s'accompagne parfois du souci d'encourager les petits derniers. Patatras ! Ces sentiments mêlés, en quelque sorte domestiques (l'humanité n'est-elle pas une grande famille ?) s'effilochent en cinq minutes, le temps d'un document pris sur le vif. L'Occidental change alors d'univers mental, il se retrouve face aux pestes d'antan. Certes, chaque jour ouvrable offre son lot d'accidents et d'attentats terroristes, cependant la fusée de la BBC interrompit ce soir-là la litanie des mauvaises nouvelles : il ne s'agissait plus du triste et énième passage de la vie à la mort ; apparaissent tout à coup la vérité du rat, celle de la vie dans la mort et, encore plus invisiblement omniprésente, rongeuse, blafarde et velue, la vie de la mort.

L'accident mortel passe, l'information défile, des hécatombes se consolent l'une l'autre, elles présentent les preuves de notre non-éternité ; ces exceptions accumulées deviennent la règle et dessinent le cours banal de notre finitude. Korem ne passe pas. Le camp évoque d'autres camps que l'on croyait incomparables et qui le restent ; à son tour l'Ethiopie devient le bout du monde, le lieu d'un événement absolu qui ne se laisse ni situer, ni intégrer, ni assimiler. Un accident implique un concours de circonstances. Une catastrophe interroge sa cause. Le crime réclame son coupable. Korem, au contraire, laisse le télétémoin interdit ; la batterie commune des questions-réponses est mise hors jeu. Plusieurs centaines de reporters accourus des antipodes photographieront, cinématographieront, télexeront. Sans qu'aucun document mette en question les prémices du drame, l'enchaînement des faits, l'histoire locale et internationale où l'araignée tisse sa toile. A la même époque, le meurtre d'un enfant défraie la chronique lorraine puis parisienne. Mais quelle différence dans le comportement des journalistes ! Lequel se contente de prendre quelques clichés de la victime ? Les indiscrétions, dans le village lorrain, sont dûment rémunérées, le passé de chaque protagoniste épluché, les complexes familiaux analysés, les cœurs et les reins sondés. L'enquêteur sans délicatesse ni tabou se veut à la fois juge, policier, voire médium et sibylle, au point de se glisser dans la peau de chaque personnage pour trouver, comme de l'intérieur, l'assassin. A dix heures d'avion, prodigieux renversement, les journalistes assistent à l'agonie massive, mais ne posent pas de questions, ils mitraillent, enregistrent, les agences se disputent les clichés, mais d'enquête, nul n'en réclame. Un an plus tard, comme au premier jour, le public mondialement ému reste aussi ignorant de l'Ethiopie, de son histoire, de sa sanglante révolution et des jeux que poursuivent grandes puissances et organisations internationales. Tant de candeur ne doit pas étonner : à l'évidence, la famine éthiopienne mesure nos petites politiques à un étalon imprévu et transforme notre histoire en fait divers, l'énormité de la question explique et légitime la démission du journaliste : « Quoi, vous tremblez ? Vous avez tous peur ? Hélas, je ne vous blâme pas, car vous êtes mortels[1]. »

Une fenêtre sur l'outre-monde

La fin, triste ou gaie, d'un film classique est toujours heureuse parce qu'en elle bout et but coïncident. Ou bien les héros meurent en paix, ou bien ils se marient, mais le soulagement des spectateurs est égal : rien ne peut plus arriver, l'histoire se termine sans plus d'histoires.

Le téléspectacle ne conclut pas. La conscience télévisuelle, fragmentée et dispersée, s'immerge constamment dans un flux hétéroclite d'événements qu'aucune logique ne semble lier et nulle hiérarchie ordonner : « Le pape s'agenouille et baise la terre et maman lange le bébé avec Pampers, Reagan reçoit une balle dans la poitrine et John Wayne sort son revolver, la speakerine vous sourit, deux hommes marchent sur la lune, Dalida chante, Scapin bondit sur scène, des acteurs d'Hollywood bien nourris entrent dans la chambre à gaz[2]. »

Le mot de la fin survient non moins à l'improviste que la cascade d'informations qui le précède, on change de chaîne, le courant saute ou l'heure passe, le programme varie. La télé ne raconte jamais que des histoires aléatoires et le désordre qu'elle présente colle parfaitement à la présentation désordonnée qu'elle en offre.

Des cinéphiles mal intentionnés vont clamant que la télévision aliène son public en l'enfermant dans l'intimisme étroit et la banalité quotidienne : on rêvait collectivement dans les grandes salles obscures, on vaque rassuré entre clichés et stéréotypes dans le living familial. Des sociologues réputés enfoncent le clou : « La plus banale émission est une incitation à la *familiarité*, elle installe, dans la société des masses, les limites du "petit monde" où tout se passe comme si chacun était d'avance tourné vers l'autre ; elle provoque l'hallucination du *proche* dans laquelle s'abolissent le sens du lointain, de l'étranger, de l'insaisissable, les signes du dehors, ceux de l'adversité, ceux de l'altérité[3]. »

1. William Shakespeare, *Richard III*, acte I, scène 2.
2. J.-L. Missika et D. Wolton, *la Folle du logis*, Gallimard, 1983, p. 166.
3. Claude Lefort dans Ishaghpour : *D'une image à l'autre*, Denoël, coll. Médiations, 1982, p. 67.

Même le célèbre McLuhan suggère qu'un parfum spontané de convivialité s'exhale du petit écran. « Pourquoi les nouvelles à la télé sont-elles toujours mauvaises ? » lui demanda-t-on. Il répondit : « Pas du tout, pour les bonnes nouvelles, voyez les spots publicitaires. » La nature euphorisante ou dépressive de l'effet télévisuel est une question indécidable et mal dégrossie, l'expert s'évertue à peser le pour et le contre d'un effet global, dont à tort il ne met pas l'existence en doute. La publicité, elle-même, exerce une influence ambiguë et différenciée. A première vue elle conforte l'optimisme technologique le plus plat, à tout problème sa solution, pour ceux du nez les déodorants, pour ceux de la peau les huiles, pour la vie et la mort des contrats multirisques. A scruter de plus près l'image proposée du civilisé adulte, elle paraît rien moins qu'optimiste : « Pour mon édification personnelle, j'ai fait le compte des maladies ou des accidents physiques qui me furent présentés en trois soirées passées devant un petit écran (américain) : Des hémorroïdes jusqu'à l'arrêt du cœur dus au psoriasis, de la névrose et de la névralgie aux douleurs de tête et au mal de dos, de l'arthrite aux malaises cardiaques, du cancer aux fausses dents, de la maladie de peau à la mauvaise vue, je comptai quarante-trois références aux chocs auxquels notre chair est exposée. Et, comme si ce n'était pas suffisant pour faire apparaître notre vie comme un voyage incertain autant que terrifiant, pendant la même période il y eut deux références à la bombe à hydrogène, un débat autour de l'impuissance des nations face au terrorisme, etc.[1] »

Les images de la famine participent de l'équivoque des spots. Elles sont rapidement suivies par la mention des comptes bancaires d'associations venues régler le problème, l'optimisme reprend alors ses droits. N'oublions pas qu'il joue sur le fond d'une secousse préalable et l'ampleur de la réponse s'expérimente directement proportionnelle à la radicalité de l'ébranlement. Les premières images démoralisent (comment est-ce possible, à notre époque, avec les moyens dont nous disposons !). Après coup, vient la tentative de remoralisation (faire que ce ne soit pas possible). La télévision ne livre pas d'effet univoque, il est disséquable comme le rêve interprété par Freud : un processus primaire, où les images se bousculent sans se plier encore à un

1. Neil Postman, *The Disappearance of Childhood,* Comet Book, Allen, Londres, 1985, p. 96.

scénario qui les discipline, et un processus secondaire postérieur, où un chaos originel se soumet sagement à la création, sinon du monde, du moins d'une histoire.

Aucun ouvrage spécialisé n'omet le cliché de la « fenêtre sur le monde ». Il est exact et banal de remarquer qu'au siècle dernier le paysan du Languedoc ignorait l'existence et le mode d'existence du paysan guatémaltèque ou soudanais et qu'il n'en va plus tout à fait de même aujourd'hui. Plus généralement, l'extension, depuis l'invention du télégraphe, de différents types de communication de masse a troué les sociétés closes du XIXᵉ siècle européen, l'adulte ne contrôle plus l'information de l'enfant et les notables celle de leurs provinces. Le citoyen est pris d'assaut à l'improviste, privé de la possibilité de se fermer comme une huître, sa vie intérieure s'expose à des agressions, démentis et interpellations qu'il ne présélectionne pas. Est-ce à dire qu'il s'ouvre sur le « monde » ? N'est-ce point plutôt son monde qu'il ouvre sur l'inattendu et l'imprévisible ? Qui profère « monde » entend organisation du donné, cohérence du réel, succession réglée des événements, ordre, à l'occasion même beauté, luxe, calme et volupté. Le terme « monde » a conservé une discrète parenté avec son antique homologue grec, « cosmos », qui désignait toujours un assemblage structuré, souvent une sphère, enveloppe parfaite. Etre dans le monde, pour la philosophie moderne, c'est exister dans un ensemble, à l'intérieur d'un horizon. L'effet primaire de la télévision n'est donc pas d'ouvrir une fenêtre sur le monde, mais bien plutôt de tailler des brèches dans nos mondes familiers et rassurants.

Il N'Y A PLUS D'ENFANTS

Les charmants bambins, dès qu'ils tiennent sur leurs jambes et tournent les boutons du poste, sont rapidement mis au courant, meurtres, guerres, terreurs, viols et vols font partie de l'actualité, la leur, la nôtre. A supposer qu'il ait jamais tapissé le douillet confort des nurseries, le vert paradis des amours enfantines a vécu. Sensibles à l'ironie du poète, constatons plutôt l'évanouissement des rêves adultes projetés sur les petites têtes blondes. N'est-ce point l'homme du XIXᵉ qui s'éclipse et son orgueil de pouvoir contrôler, tamiser, distiller les informations permises ? Famille et école, les deux institutions filtrantes sont débordées et tétanisées, la circulation cathodique des images et des sons, des soupçons, des fantasmes et des connaissances échappe au précepteur rousseauiste, au directeur de conscience catholique, au père fouettard et au papa gâteau. Le clivage des générations n'est pas seul bousculé, les leaders « n'éclairent » plus leurs masses à l'ancienne depuis que celles-là s'informent par ailleurs, et les structures, voire l'existence, des institutions, partis et syndicats traditionnels s'en trouvent durablement affectées. Loin de conforter le doux cocon familial, l'effet premier et primaire de la télévision s'apparente plutôt à celui d'une hémorragie. Village, classe sociale ou mentale, génération, sexe, folklore provincial ou national, esprit du peuple, visions politiques ou religieuses, tout entre en contact et chaque petit monde dément l'autre, tandis que la farandole télescopée des événements anonymes relativise les préventions et contredit la précipitation.

La révolution télévisuelle n'est qu'une nouvelle façon, pour l'Occident, de passer du monde clos à l'univers infini. Comme avant elle les révolutions copernicienne ou freudienne, la circulation des mass-media inflige mainte blessure narcissique. Rien là qui devrait étonner le marxiste — ou le lecteur de Shakespeare. Si la société bourgeoise « ne laisse rien de sacré », la démocratie du XXe siècle continue le travail et transforme le Grand Livre du Monde où tout est écrit en histoire sans suite, « une histoire contée par un idiot, pleine de fureur et de bruit, et qui ne veut rien dire[1] ». Tous les soirs, à 20 heures, la télévision est shakespearienne.

Très vite, dès son apparition, elle inquiéta les âmes sensibles, les pédagogues sur le qui-vive et les censeurs impénitents ; les angoisses déjà orchestrées à la naissance du cinéma rebondirent de plus belle. Cette fois, l'« école du crime » imposait ses « scènes de violence » et le décompte des heures passées devant l'écran maléfique mesurait les traumatismes qui affligeaient tant de futures générations perdues. Les petits enfants sont devenus grands, à l'occasion sociologues ou psychothérapeutes enclins à réitérer, mezza voce, les inquiétudes parentales : la télé n'a pas bonne

1. William Shakespeare, *Macbeth*, acte V, scène 5.

presse, elle garde, malgré l'habitude, un côté dérangeant. Le lecteur choisit son journal, ce faisant il présélectionne ses informations, la manière de les présenter et le commentaire qui les épingle, le risque d'être surpris tend vers zéro. Le petit écran expose à l'inattendu, même s'il est monopole d'Etat, dans une cité démocratique, la télévision reste branchée sur le flux concurrentiel et non maîtrisable des *News* : ce qui « se passe » menace sans cesse de déborder les digues du convenable et de l'admissible. Peu sera épargné — un président qui trébuche à sa descente d'avion, une colère impromptue, une brouille subite qui refroidit un couple célèbre, un lapsus, aussitôt commis, aussitôt vu, autant de détails épineux, volés, enregistrés et diffusés.

La télé ne devient conviviale et intimiste qu'après coup, par une sorte de diversion douceâtre et kitch où le public et les présentateurs tentent mutuellement d'assurer et de se rassurer. Elle procède fondamentalement par effraction, la star n'est jamais à l'abri d'une gaffe dont la menace pimente de quelque suspense les émissions les plus convenues. La « violence » règne dans le choc des images, secondairement seulement elle capte l'attention en se condensant en images-chocs. La brutale télé est attentatoire aux bonnes mœurs moins par ce qu'elle met sous les yeux que par sa façon de montrer ; elle commence par la violation des codages perceptifs et culmine à laver le linge sale de l'actualité en public. Le direct est sans retenue, ni égards devant les frontières du respectable, non que systématiquement il les transgresse, plus gravement il les ignore : les scènes qu'il présente sont par elles-mêmes moins croustillantes, sanglantes ou perverses que celles, montées en épingle, du cinéma. Aussi n'est-ce pas leur contenu qui indispose, mais leur mode d'apparition. Installez une caméra dans la rue, il ne se passe probablement rien, n'empêche qu'un malaise perce à travers le sentiment que quelque chose, n'importe quoi, peut arriver. La télé est violente par nature, car, quoi qu'elle dise ou montre, elle fait naître, sur le plateau comme chez le spectateur, l'angoisse d'une perte de contrôle.

La télévision trouve son originalité spécifique dans la diffusion des informations et l'organisation des jeux — *news and games* — résumait J. Lewis. Elle « divertit », mais seulement au sens pascalien, flattant le goût du suspense plutôt que l'espérance sécuritaire, elle plaît, troublante, et séduit parce que inquiétante. Le train n'est pas parti, la mariée n'a pas dit oui... Voilà qui défraie la chronique avec l'attirance provocante du temps des contretemps où la chasse vaut pour elle-même et la prise pour sa surprise. Télévoir n'est pas voir, mais un art et une manière de prérégler sa perception sur le déréglé. Les événements se chevauchent, les nouvelles se télescopent, l'imprévu passionne non pas en dépit mais en vertu de son manque de logique : un journal télévisé ne vit que lorsque sa mise en page est bouleversée et ses présentateurs déroutés par une dernière heure qui casse le cérémonial. La télévision n'aurait pas trouvé la grande première de la famine éthiopienne si elle ne l'avait de tout temps à son insu cherchée.

Télémourir à Korem

On croit que le direct ajoute seulement une touche d'objectivité, le frisson de la réalité vécue. Comme si une inébranlable narration — telle information, telle bluette — demeurait identique à elle-même en se présentant tantôt fiction cinématographique, tantôt saisie télévisuelle sur le vif, tantôt encore dans l'équivoque du ouï-dire radiophonique. La diversité des écorces médiatiques n'abriterait qu'un fruit unique. L'illusion trompeuse est de supposer qu'il existe une « nouvelle » en soi, attendant en quelque sorte calmement, indifférente, qu'un organe de communication, peu importe lequel, vienne la cueillir et lui fasse un sort. Nenni. La télé ne se borne nullement à véhiculer un bloc inaltérable d'événements en l'agrémentant d'une prime d'actualisation : voilà ce qui se passe et ça se passe sous vos yeux. La télé ne présente pas la même information que la presse en lui conférant de visu une plus-value de vérité. La force du direct, du vif, et l'impression d'actualité qu'il diffuse, doit être conçue comme un effet primaire d'effraction et de déliaison. Une nouvelle parlée ou écrite est liée par la parole qui la présente ; même stupéfiant, l'étonnement qu'elle irradie est immédiatement motivé, relativisé, mis en rapport. La surprise rédigée est prise dans les tenants et les aboutissants d'un discours qui enchâsse les nouveautés et leur inflige la commune mesure de l'ordre du monde. Au contraire, le direct visuel même commenté, emprunte à l'image la possibilité d'imposer tels quels des blocs erratiques d'événements orphelins, sans céder à la nécessité de leur assigner un avant et un après. Adieu, explications, arbres généalogiques, mises en situation, esprit de famille, le fait vaut comme surgissement d'une image, surtout s'il laisse bouche bée le commentateur : « Il est complètement idiot de chercher à ce que chaque image réponde à ce questionnaire complet : où, quand, comment, pourquoi, date de naissance, situation de famille, etc.[1] »

« La télévision porte son message à domicile, donc manipule le public », glisse le procureur. « Objection, elle s'adapte aux goûts d'une population qui reçoit ce qu'elle demande », réplique l'avocat. Le débat sonne creux ; d'emblée, il manque la cible : la télévision n'agit pas par ce qu'elle montre, mais par sa manière de montrer, ce n'est pas le quoi mais le comment de la vision qu'elle modifie. Les générations télé ont désappris à chercher des histoires derrière des événements qui se présentent sans père ni mère, comme la rose du mystique fleurit sans pourquoi. Non point que les nouvelles générations omettent de chercher les causes ou d'interroger les conséquences, ce travail intellectuel s'accomplissait aussi rarement hier qu'aujourd'hui, elles le tentent autrement. La cause de l'événement désigne un autre événement, on ne sort jamais de l'accidentel ; loin que l'événement renvoie à un sens de l'Histoire qui le fonde, c'est le sens de nos histoires que le bric-à-brac de ce qui télé-arrive définit aléatoire et événementiel. Celui qui, depuis dix ans, reçoit les images troubles du Liban a vu des populations civiles, appartenant à tous les camps, tour à tour bombardées par des milices aux confessions diverses, justifiant leur terrorisme par les idéaux les plus nobles, évangéliques et coraniques, toujours bibliques. Devant la télétuerie, le spectateur, s'il ne perd pas ses préférences, voit s'effriter leur inconditionnalité ; tandis qu'on tire d'un balcon à l'autre dans les beaux quartiers de Beyrouth avec autant de ferveur que dans les bidonvilles et les camps, il constate, après Fritz Lang, combien « les assassins sont parmi nous », que ce « nous » soit bourgeois ou prolétaire, progressiste ou conservateur, chrétien ou juif, chiite ou sunnite...

1. Dziga Vertov, *Articles, journaux, projets*, 10/18, 1972, p. 82.
2. Montréal, 18 novembre 1985, (AFP).

QUESTION DE TRADUCTION

Zone de réinstallation d'Assosa, printemps 1986. Derrière la caméra : une équipe de télévision canadienne (CBC). Devant la caméra un couple de paysans entouré d'une demi-douzaine de cadres du parti, et un traducteur officiel :

Le paysan : — *J'ai été forcé de venir ici. Je suis venu le premier puis ma femme m'a rejoint.*

Le traducteur : — *Il dit qu'il a été forcé par les circonstances, à cause de la situation dans sa région. Sa femme est venue plus tard.*

Commentaire de la journaliste : le cadre souffle alors la bonne réponse : — *Vous êtes venus à cause de la sécheresse, n'est-ce pas ?*

Le paysan : — *Non ! J'avais ramassé ma récolte, nous avions plein de céréales, mais j'ai dû tout laisser pourrir dans les champs pour venir ici.*

Le traducteur : — *Ils disent qu'ils vivent beaucoup mieux ici que là-bas. Là-bas la vie était misérable...*

La paysanne : — *Tout ce que le déplacement m'a apporté c'est la maladie.*

Le traducteur : — *Elle a eu quelques problèmes de santé mais aujourd'hui tout va bien. Je lui ai rappelé qu'il y a aussi une clinique ici. Elle a dit qu'elle ira.*

Commentaire de la journaliste : A la fin de l'interview, le couple de paysans a eu droit à cette mise en garde que notre caméra a recueillie secrètement :

Le traducteur : — *Vous ne devriez pas dire du mal de votre pays en présence d'étrangers, le gouvernement fait tout ce qu'il peut pour vous. Vous devriez être heureux ici puisque c'est votre pays...*

S'apercevant soudain qu'il est filmé, le traducteur repousse les paysans hors champ et intime de la main l'ordre d'arrêter la prise de vue.

On baptise abusivement « fin des idéologies » la disparition progressive, en Occident, moins des pulsions idéologiques elles-mêmes que des discours qui les gonflent en visions politico-philosophico-mondiales articulées et exhaustives. L'idéologie n'est pas morte, mais bien la mode XIXe d'idéologiser. Le phénomène saisit Billancourt et le quartier Latin. Les explications bavardes du monde perdent leurs vertus analgésiques et euphorisantes, sans qu'il y ait lieu de supposer qu'une révélation soudaine coiffe d'une neuve lucidité l'homme de la rue ou l'intellectuel devenu (dieu sait pourquoi) plus sage qu'à l'ordinaire. Un ange est passé, certes, mais pas celui d'un douteux réveil de la foi ou d'une encore improbable nouvelle philosophie, celui plutôt banal et quotidien de l'actualité. Chaque soir apporte son lot de nouvelles, où, en fait de « village », l'homme du XXe siècle trouve domicile dans un Chicago planétaire où la guerre des gangs fait rage. L'information est devenue mondiale au sens où le furent nos grandes guerres : parce que chacun y perdit son monde[1].

Le cinéma semble condamné à méditer la vie. Il fait mourir mille fois, jamais pourtant de façon insignifiante, une mort héroïque transforme une vie en destin et une mort absurde témoigne encore pour l'absurdité de la vie. La télévision pour sa part ne termine rien, ni les existences, ni les morts, elle interrompt arbitrairement, se reprend, elle *essaie* comme Montaigne, sans jamais faire coïncider but et bout. Partant, elle rappelle le spectateur à son indépassable finitude, télévivre c'est apprendre à télémourir. En pressant le bouton, je ne sais ce que je vais voir, simultanément je sais que je ne le sais pas et qu'aucune œillère providentielle ne me garantira contre la déception de mes attentes. Ciné-vue, la mort restait un appendice de la vie ; téléprésente dans l'attentat terroriste, le massacre des civils ou la famine, elle fait apparaître une ardeur secrète, une effervescence de la destruction, rageuse et insensée, une mort à l'œuvre, pas moins vivante que la vie elle-même.

L'ANGOISSE

L'introduction du nouveau médium est l'indice d'une redistribution du possible et de l'impossible. Au début du siècle, les penseurs éprouvaient la nécessité de faire valoir contre la bonne conscience « bourgeoise » les droits de l'ouverture, de l'étrangeté, de l'inquiétant, du sacré et de l'angoisse. Si différents fussent-ils, tels Bergson et Bataille, Otto et Heidegger, ils reconnaissaient un adversaire commun dans la satisfaction béate qui dominait les sociétés « clo-

1. Joseph Roth, *Die Kapuzinergrift,* 1938.

ses », la conscience « naturelle » ou l'existence « inauthentique » de l'homme ordinaire. L'expérience du sacré, en particulier de l'horreur où le sacré s'annonce comme tel, semblait avoir déserté l'honnête Européen promoteur d'expositions universelles. Quant à l'angoisse, distincte d'une crainte singulière ou de la peur suscitée par un objet particulier, ce sentiment qui bouleverse le monde en menaçant de le faire glisser dans le néant, seul l'exceptionnel philosophe passait pour en connaître les affres. A la fin du XXe siècle, virage à cent quatre-vingts degrés, l'angoisse devient une habitude, le pain quotidien goûté chaque soir au journal de 20 heures.

Les nouvelles ne sont pas fatalement mauvaises, ce serait trop simple. Mais elles peuvent l'être. Le sinistre n'est jamais exclu. « L'angoisse nous tient ainsi suspendus parce qu'elle produit un glissement dans son ensemble. » Les choses menacent toujours de glisser, parfois le dérapage s'accélère, c'est la télécatastrophe, dont le cinéma actuel cherche désespérément à récupérer l'effet de massue. La famine est amplifiée par la télé, parce que la télé trouve là sa vérité : rien n'est impossible, même l'extrême proximité de l'anéantissement : « L'angoisse nous coupe la parole. Parce que l'existant glisse dans son ensemble et qu'ainsi justement le Néant nous accule, toute proposition qui énoncerait l'"être" (dirait le mot "est") se tait en sa présence. S'il est vrai que dans l'oppression de l'angoisse nous cherchons souvent à combler précisément le vide du silence par un discours au hasard, ce n'est encore là qu'un témoignage pour la présence du Néant[1]. »

Sommes-nous vraiment émus devant Korem ? Si Huxley avait raison : non. Si la télévision nous installait d'emblée dans le meilleur des mondes, les informations ne vaudraient que comme divertissement (*entertainment*), les cadavres sur l'écran prodigue auraient pour fonction unique de faire ressortir plus rassurant que jamais le charisme du présentateur souriant et tranquille comme Baptiste. Au contraire, le journaliste doit courir, fût-ce en apparence, le risque d'être démonté par le flot des nouvelles, et son autorité doit s'exposer aux démentis de l'adversité. Tout divertis-

1. Martin Heidegger. *Qu'est-ce que la métaphysique ?*, Gallimard, 1951, p. 32.

sement nous divertit de... Et Pascal précise : on se divertit du non-divertissant, on fuit la mort. Est-ce dire pour autant que la télévision est orwellienne ? Non, s'il s'agit de l'identifier à un lavage de cerveau. Oui, si on lui reconnaît un rôle proche de celui que s'assigne Orwell l'auteur, et avec lui tout écrivain désireux d'arracher son potentiel lecteur au petit monde des idées toutes faites qui masquent des réalités angoissantes et problématiques. L'émotion suscitée par Korem n'est universelle que parce que télévisuellement construite, elle n'en est pas moins vraie, elle témoigne de la force décapante et démystifiante d'une « machine à comprendre le temps[1] » offerte au seul animal qui voyant l'autre mourir se sache son semblable.

1. La formule est d'un théoricien du septième art, Jean Epstein, qui saluait de la sorte un cinéma qui ne serait pas amusement et ne s'acharnerait pas à concurrencer le roman et le théâtre. C'eût été « la langue de la grande révolte », ou encore « l'œil du diable », la révélation d'un jamais vu qu'on n'ose ni regarder, ni penser. Cf. Jean Epstein, *le Cinéma du diable*, éd. Jacques Melot, 1947.

2
IMAGE OBLIGE

Ne pouvait-on éviter de meurtriers retards ? La question est simple, mais bonne. On la doit à la mémoire des victimes passées et à l'évocation des victimes futures. Elle fut épargnée aux téléspectateurs et n'agita nullement une émotion universelle poussée au paroxysme. Un tel miracle de non-curiosité mérite d'être nommé. C'est le miracle de la communication imaginaire. Le plus sincèrement du monde, chacun s'identifia aux malheureux mourants, mais en image, mais sans penser ; la projection affective opéra dans un silence mental ; on se dit : pourquoi pas moi ? il et elle sont comme moi. On ne se demanda pas : pourquoi eux ? On se satisfit d'une physique naïve qui empruntait aux vases communicants l'essentiel de ses raisonnements : ils sont maigres parce que nous sommes gros, notre surbouffe fait leur inanition. La télévision se prit pour un miroir, elle envoyait des images sidérantes où nous nous reconnûmes : notre double hantait l'enfer.

Il existe une coquetterie à rebours dans la jubilation morose que provoque la rencontre inopinée de son image cadavérique. Sont-ils dignes, ces êtres dont on ne veut pas percevoir qu'ils ont tout perdu, jusqu'à l'énergie de mourir indignes ou indignés. Les gisants de Korem allègent notre corps de chair et nous dotent d'un corps de lumière, qu'ils élèvent loin au-dessus des vicissitudes de notre monde et du leur ; des deux côtés de l'écran, une identique humanité adresse son salut à elle-même, sa partie morte console sa partie vivante qui recueille ses derniers souffles, âpres et sublimes, comme une buée sur le miroir. Korem devient alors une image édifiante. Korem apprend à mourir, la chair s'y fait verbe, tandis qu'à l'autre bout de l'univers, l'Humanité se matérialise dans un chèque vite expédié : butés, entêtés, opiniâtres, nous ne voulons pas comprendre davantage, à la fois prêtres, sauveurs, bourreaux et victimes, nous avons reçu l'ultime confession et nous nous sommes donné l'extrême-onction.

La communication symbolique suppose un effort d'interprétation ; les images n'y parlent pas d'elles-mêmes, elles sont le problème, mais pas la solution. La communication imaginaire opère, au contraire, dans les parages de la fusion mystique, tu es moi, je suis toi, nous sommes la même chair. Toute distinction trop appuyée risque de troubler la limpidité du miroir ; des responsabilités différenciées nuiraient à la transparence de la scène identificatoire. Quoi de plus simple : un gouvernement collabore avec d'autres gouvernements, une bureaucratie rencontre une autre bureaucratie, les bonnes volontés n'en connaissent pas de mauvaises et toutes conspirent à éliminer une famine qui semble tombée du ciel afin de vérifier que les hommes sont frères dans l'ignorance de Caïn, les institutions sœurs en charité et la planète le haut lieu d'une accolade sans réticences.

Comment l'événement le plus triste finit-il par requinquer l'optimisme invétéré qui additionne les victimes en fredonnant « tout le monde est bon, tout le monde est gentil » ? Le jeune Candide, qui traverse les continents en chutant de mal en pis, est flanqué, par les bons soins de Voltaire, d'un maître précepteur, Pangloss, répétant au fil des successives avanies que tout se passe au mieux dans le meilleur des univers possibles. La spectacularisation télévisuelle de l'actualité administre simultanément les deux leçons : le monde va mal, voyez mes nouvelles ; le monde va bien, voyez mes sourires, écoutez mes chansons et jouissez de mes clips.

Nous sommes tous de bons sauvages

Il y a la photo de la mère qui meurt à Korem, drapée de son éminente dignité et, sur la page pub qui suit, une Noire superbe vend une radio-cassette. Il n'existe aucun rapport de cause à effet entre ces deux images de la négritude à l'heure éthiopienne. La mode connaît des rythmes alternés qui lui sont propres, à l'apogée du blond suédois succède l'ère des rousses irlandaises ; il se trouve qu'au début des années quatre-vingt, la mode est à l'Africain plutôt qu'à l'Asiatique. La beauté noire prime dans les présentations de haute couture comme dans la promotion de Pepsi-Cola. Il n'empêche, notre absence d'interrogation paraît bizarre. Les corps, qui nous fascinent, invitant à l'achat des bricoles qu'ils nous tendent, ne sont-ils point parents de ceux qui s'effritent en Ethiopie ? A ma gauche, l'édifiant, la femme qui va mourir et qu'un dernier instantané retient de devenir l'ombre de l'ombre d'elle-même. A ma droite, l'excitant, la belle femme qui explose de vie, elle doit « fidéliser » tous les consommateurs. Apparemment, les agences de publicité ne s'inquiètent guère des interférences : imaginez que la femme noire de gauche me fasse penser à celle de droite et que, au lieu de me précipiter sur le produit vanté, j'évoque, paralysé, sa sœur réfugiée dans le Wollo. En fait, les concepteurs d'affiches ne se trompent pas, nous sommes parfaitement normalisés, la photo triste nous tire des larmes et des chèques, la photo gaie alimente nos rêves et appelle d'autres chèques, une commode schizophrénie semble exclure qu'un seul et même corps, une identique beauté nous demande par deux fois, en deux versions, ce que nous faisons d'elle.

L'africanité est à l'ordre du jour. Dans la publicité, c'est Eros. Au journal du soir, Thanatos. La vie, la mort, la musique. Sachons reconnaître la version pop du bon sauvage, qui tant émut nos grand-mères et les grand-mères d'icelles. Le Noir imaginaire qui hante la télé ne parle pas, ou bien il pleure et meurt, ou bien chante et s'éclate. Il vit de plain-pied avec la nature, il affronte sa brutalité, lui emprunte ses rythmes, retrouve son génie et ses transes. Quand il est malheureux, c'est la nature qui l'attaque, sainte Météo, priez pour lui ! Quand il est heureux, elle le transporte dans une extase que le rocker recherche et mime laborieusement. La propriété spécifique du bon sauvage est qu'il ne saurait penser à mal ; s'il agresse, c'est par nécessité, une faim, une soif ; son innocence est préservée des haines complexes et des projets tordus, caractéristiques des animaux civilisés. Il exprime ce qu'il pense et pense ce qu'il sent ; son monde à l'envers n'est pas méchant, malignité et malveillance impliquent un divorce entre le paraître et l'être dont il est supposé incapable. Individu qui fait corps avec ses sensations et ses sentiments, l'Africain vidéo est demeuré le grand enfant que, foi de musique pop, nous rêvons de redevenir. Et, puisque l'Afrique figure à nos yeux nostalgiques un continent où les habitants ont su conserver une spontanéité fraîche et franche, n'allons pas torturer nos cervelles de questions au sujet de mortels heureux puisque sans questions.

Ils peuvent se trouver dans le besoin, être dépourvus du nécessaire, quoi de plus naturel alors que de les aider. En revanche, une possible cruauté est joyeusement exorcisée comme folklore : ils ne sauraient cultiver de mauvais desseins, ils vivent dans l'instant et commercent avec les esprits, ils font mal sans vouloir le mal, sans préméditation ni remords. Même quand ils torturent, ils jouent. L'extrême laxisme européen en matière de droits de l'homme en Afrique et l'étiquetage de la famine éthiopienne comme événement naturel plutôt que politique apportent la preuve du sous-développement mental où nous les tenons. Et que nous retournons immédiatement en indice de surdéveloppement.

LES FIÈVRES DU SAMEDI SOIR

Dans sa case aux barreaux de haute technologie, rien de moins oncle Tom que ce Noir imaginé par le XXe siècle finissant. Pas primaire, mais premier, il incarne autant la fin de l'Histoire que son origine ; messie d'une civilisation post-industrielle devenue seconde nature, il en manifeste la vie raffinée et ingénue, alambiquée autant qu'élémentaire. A la conjonction de la supertechnicité et de la subculture, articles hi-fi, parfums, produits haut de gamme, sensations fastueuses et affétées exhalent une négritude éminente et olympienne, censée envoûter les corps blancs, enchanter les âmes mortes et, par-delà le bien et le mal, le vrai et le faux, révéler le nec plus ultra de l'existence électronique.

Quelques années avant la révolution de 1789, la reine Marie-Antoinette hantait le Petit Trianon déguisée en bergère. Si les pastorales ont modernisé costumes et musiques, elles se jouent toujours à l'enseigne du bon sauvage, qui parle et calcule moins qu'il ne chante, vibre et perçoit dans l'exubérance d'une vie pleinement vivante. Il patronne la communication imaginaire, immédiate et spontanée en dévalorisant une communication symbolique qui, interprétative, discursive, creuse péniblement une distance de soi à soi. Dans nos trianons du samedi soir, un exotique déluge de rythmes et de spots invite au voyage des générations vidéo se rêvant nègre-blanches. Eros et Thanatos complémentaires pimentent les rêves du dandy 85, qui mêle avec ravissement la vie et la mort, le soufre et l'encens, la faim et l'extase. Naïvement cruel ou délicieusement enfant, Huron, nègre, extraterrestre pas encore ou déjà plus perverti, l'heureux sauvage dépouille l'homme de son enveloppe temporelle et le retourne comme peau de banane à son éternité ; il incarne le moment sublime de la naissance du langage, les premiers ou les derniers mots sont échangés sans prêter à falsification, un cœur parle sans intermédiaire à un autre cœur.

Bien avant que Jean-Jacques Rousseau ne lui conférât ses lettres de noblesse intellectuelle, l'idéologie du sauvage salvateur était diffusée par la découverte étonnée des Indes-Occidentales et les récits édifiants des missionnaires jésuites, réveillée ensuite par l'exploration érotique des terres australes, elle se propage jusqu'à Gauguin, l'art nègre et les actuelles syncopées[1]. Si, par sa généalogie, l'admirable sauvage se rattache aux initiales autocontestations de la civilisation occidentale naissante, la faveur qui l'entoure et la ferveur qu'aujourd'hui il suscite sont multipliées par l'effet des chansons sans paroles, images sans histoires et langages sans frontières que la communication de masse véhicule. En appelant à secourir l'Afrique, la chanson pop n'honore pas seulement une dette en quelque sorte filiale, elle qui met en scène l'animalité première que le civilisé est censé refouler, elle qui cherche désespérément la transe initiale et finale dont le continent noir est supposé n'avoir jamais perdu le secret mystique, elle passe soudain à l'acte en délivrant son message le plus intime : nous sommes tous de bons sauvages. La génération vidéo, qui communique par l'image et le rythme plus que par discours, reçoit cinq sur cinq.

LE RETOUR AU PRIMITIF

Les « philosophes nus », généreux et sans rancunes, qui peuplent les obscures forêts et les vastes prairies figurent la fascination étonnée de l'Occidental devant les civilisations sans écriture. Ne pas pouvoir masquer sa pensée dans des textes trompeurs signifierait ipso facto la sincérité ; ne pas savoir calculer ni transmettre par

1. Cf. Gilbert Chinard, *l'Exotisme dans la littérature française au XVIe siècle*, Paris, 1911.

écrit des ordres à perte de vue interdit les grands empires et impliquerait, par exagérée conséquence, l'égalité de tous devant tous. L'« homme des bois » de fabrication proprement occidentale serait de la sorte condamné à la bonté pour, simplement, manquer des moyens érudits de la méchanceté. Devant l'étranger, l'Européen hésite entre trois attitudes : celle du racisme primaire — je lui suis supérieur ; celle de la surprise ethnologique — il est comme moi, autrement que moi ; celle de la nostalgie — il est plus pur, plus originel. Les bons sauvages nous rapprochent de l'âge d'or en même temps que de l'état animal, ils font imaginairement sauter les limites qui nous séparent du divin et de la brute, ils sont à la fois en deçà et au-delà de la condition humaine. Dejà chez les anciens Grecs les cultes de Dionysos ou de Pythagore court-circuitaient coutume et costumes « sous la forme sauvage de la possession (ou) sous la forme savante et ascétique de la purification spirituelle[1] ». La musique pop des années soixante-dix d'inspiration « indienne » inclinait du côté d'un pythagorisme éthéré ; le rocker des mêmes années préféra paraître chevauché et possédé par un délire dionysiaque. Dans les deux cas, la contestation de notre société passa par l'apologie du « primitif », l'élévation de l'absolument autre, sacré absolument incontestable. Dès lors, la famine ne saurait manifester de causes purement humaines, elle atteint le bon sauvage noir et réveille le bon sauvage blanc, unis contre une perturbation atmosphérique. Terre élue de l'apocalypse cathodique, l'Afrique imaginaire réconcilie l'humanité avec elle-même !

Une idéologie muette

Convenablement alimentés par des images terrifiantes de famine, les réseaux de grande information tiennent le public occidental sous le choc. Une deuxième étape commence alors. La pompe aspirante se met en marche et les fonds, de plus en plus énormes, transitent vers la terre de détresse. Les premières réactions viennent spontanées et massives, la misère crie, les gestes de charité et de solidarité répondent, l'urgence interdit toute tergi-

1. Marcel Detienne, *les Jardins d'Adonis*, Gallimard, 1972. Préface de J.-P. Vernaut, p. XLII.

versation. Mais très vite le journaliste astucieux et le spectateur méfiant ne manquent pas de lever quelques lièvres de taille. Quelques jours après la première annonce, le reporter de la NBC envoie son flash quotidien, il monte en parallèle le marché bien approvisionné d'Addis-Abeba et les scènes macabres de Korem. Abondance dans la capitale, disette à deux cents kilomètres, ses questions simples et embarrassantes menacent de paralyser l'élan des donateurs.

De proche en proche, toute autorité risque de voir sa compétence remise en cause. Ainsi se constitue un bloc de silence. Le partage des responsabilités concrètes sera tu. Et les questions embarrassantes évacuées. L'absence de pluie est cause de tout. Moins il y a de débats, plus les fonds collectés sont considérables, affirment les spécialistes. Cette loi d'airain du *fund raising* apporte la preuve que la cécité idéologique a gardé son pouvoir.

Abandonnons aux ethnologues le sens large du terme idéologie. Ils désignent ainsi l'ensemble des concepts et des opérations mentales grâce auxquels une population articule son rapport à la nature, au surnaturel et à elle-même. Autrement dit, le vêtement d'idées, quel qu'il soit, sans quoi une société humaine ne saurait exister. Retenons, par contre, le sens polémique que confèrent à ce terme les critiques du XIXe siècle. L'idéologie étiquette alors, dans chaque société, « la folle du logis », une puissance trompeuse[1] qui sévit collectivement, comme l'imagination égare, selon les moralistes du XVIIe siècle, l'âme individuelle. Nul besoin de prolonger le parallèle en postulant quelque conscience collective qui s'abuserait elle-même ; on peut mutuellement s'induire en erreur et se tromper ensemble, sans supposer une âme à cet ensemble. Limitons donc l'usage du terme aux procès d'auto-intoxication qui, de phantasmes en dénis de réalité, soumettent notre entourage aux ordres de nos désirs et le présentent, en quelque sorte, « à l'envers », faisant apparaître l'intérieur comme extérieur, l'extérieur comme intérieur, confondant le haut et le bas, la fiction et le réel, le plaisir et la nécessité. La tête me tourne, donc le monde a le vertige, promet l'esprit idéologique.

Puisque je le sens, c'est. La pulsion idéologique se soutient de la croyance à la toute-puissance de la pensée, qui, selon Freud,

1. « (...) dans toute l'idéologie, les hommes et leurs rapports nous paraissent placés la tête en bas comme dans une *camera obscura* (...) comme le renversement des objets sur la rétine découle de son processus de vie directement physique. » (Karl Marx, *l'Idéologie allemande*).

pose chaque petit d'homme en narcisse impénitent. Les multiples déceptions que le siècle inflige aux diverses croyances européennes sont mal vécues : elles font autant de blessures narcissiques. S'il ne s'agissait que d'idées fausses brisées un jour sur une réalité têtue, va bene, il n'y aurait pas lieu de pleurer la perte d'une illusion. Malheureusement, l'intégrité de la personne paraît en cause et toute démystification ressemble à une amputation. Premier ébranlement collectif, la guerre de 1914-1918 révéla « ce phénomène à peine concevable : les peuples civilisés se connaissent et se comprennent si peu que l'un peut se retourner contre l'autre, plein de haine et d'horreur » (Freud). Flagrant délit : l'humanité civilisée, solidaire, éclairée n'existe ni autour de l'individu européen, ni en lui. Cette fracture dans la bonne conscience est tenue ouverte par les mauvaises nouvelles, elles annoncent qu'aucune guerre mondiale ne se termine vraiment, elles confirment l'actualité de l'inhumanité autant que l'inactualité d'une humanité réconciliée avec elle-même.

D'où la tentative, toujours recommencée, de suturer la blessure infligée à l'amour-propre du téléspectateur. Nos préventions sont mises à mal, nous surcompensons par précipitation ; l'humanité n'existe pas, ni hier, ni ce matin, nous la faisons être ce soir : nos chèques en sont les actes de naissance. L'idéologie veut oublier au plus vite, elle dépense sans compter, aide les yeux fermés, secourt sans s'informer et, sous prétexte de parer au plus pressé, elle s'empresse de parer à sa propre angoisse. Elle répond du tac au tac et projette des images somptueuses et édifiantes pour masquer les tableaux qui un instant la désarçonnèrent.

HISTOIRE D'EAU

Puisque la météorologie est coupable, la mobilisation la plus large est possible, donc nécessaire et recommandée. Devant un fléau naturel, l'union sacrée de l'Humanité s'impose. Le témoin découvre des victimes, il ne trouve aucun responsable, il ne soupçonne nul bourreau. Les voyantes extralucides se plaisent à reconnaître une involontaire conjonction astrale dans les drames humains douloureux et compliqués ; l'information réduit pareillement la maladie mortelle de l'Ethiopie à son plus petit dénominateur, à l'absence des nuages. Si les nouvelles sont sinistres, c'est que le soleil brille trop. Amen.

Les courbes de pluviométrie, largement diffusées, neutralisent une curiosité peu exigeante. En vain les scientifiques contestent-ils les raisonnements sommaires, assenés avec autant d'autorité que d'arbitraire. Ils objectent que la sécheresse s'installe peu à peu et que la succession des indices annuels contredit la « surprise » des responsables. De plus, l'histoire écrite de l'Ethiopie indique, sur un millénaire, la périodique répétition de tels accidents climatiques, or la catastrophe d'aujourd'hui bat les records des désastres homologués et apporte la preuve que des facteurs inédits — démographiques ? sociaux ? politiques ? — l'amplifient. Le géographe récuse l'utilisation abusive des données qu'il collecte et souligne que les causes de la catastrophe sont tout autant politiques que climatiques. Il ne sera pas écouté pour la bonne raison que la cause est entendue, avant d'être examinée. L'explication qui satisfait l'opinion publique universelle s'avère ainsi moins géographique qu'idéologique.

« La récente famine d'Ethiopie, comme celles du Sahel, n'en sont que plus scandaleuses, car elles pouvaient être évitées. Une famine, en effet, ne tombe pas du ciel, brusquement. Elle est prévisible plusieurs mois à l'avance, à partir du moment où l'on peut constater — ne serait-ce que par les observations aériennes — que la prochaine récolte, faute de pluie, n'aura pas lieu dans telle ou telle région. Les gouvernements ont alors des semaines pour organiser les secours et, s'ils ne le font pas, c'est par incurie plus ou moins délibérée, car la famine est aujourd'hui l'occasion de se débarrasser subrepticement de certaines populations « turbulentes » — les « pasteurs du Sahel » — ou d'anéantir certains mouvements de rébellion... En Ethiopie, le gouvernement prétend lui aussi mettre en œuvre contre la famine une stratégie géopolitique. Il s'efforce de déplacer les populations des régions septentrionales, le Tigré et le Wollo, vers des régions situées dans le sud du pays, et qui sont beaucoup plus humides et beaucoup moins peuplées. Cette entreprise d'"aménagement du territoire" qui pose bien des problèmes techniques ne serait pas absurde si elle était menée progressivement et sur plusieurs décennies, mais elle est criminelle, dans la mesure où ce sont des populations déjà frappées par la famine et la guerre civile que l'appareil d'État cherche à déporter à des centaines de kilomètres de leurs villages, dans des lieux où il pourra aisément les contrôler. La famine est alors le prétexte et le moyen de cette déportation[1]. »

De Lisbonne à Korem :
la catastrophe rend optimiste

Yeux clos, oreilles bouchées, bouche cousue, l'individu idéologique abuse des tranquillisants. Il veut être optimiste : avant que l'information ne l'atteignît, il jugeait semblable famine inconcevable. L'impossible a eu lieu. Le progrès universel accouche d'un monstre. Qui oserait affirmer que l'Histoire avance et que tout va de mieux en mieux ? La catastrophe éthiopienne tourne en dérision les naïves espérances post-coloniales, comme le séisme du 1er novembre 1755 ravagea Lisbonne, fit plusieurs milliers de victimes et, avec elles, ensevelit le sentiment d'une providence divine. L'actualité télévisée suggère chaque soir, tel Voltaire :

Eléments, animaux, humains, tout est en guerre
Il faut l'avouer, le mal est sur la terre...

Parcourant l'Afrique, infiltré clandestinement en Afghanistan, découvrant quelque charnier salvadorien ou argentin, il n'est pas d'envoyé spécial qui ne retrouve l'occasion d'une indignation célèbre.

Philosophes trompés qui criez tout est bien ;
Accourez, contemplez ces ruines affreuses,
Ces débris, ces lambeaux, ces cendres malheureuses,
Ces femmes, ces enfants l'un sur l'autre entassés[2]*...*

La cause parut entendue. Elle ne l'est chaque fois qu'à demi. Ebranlé, l'optimiste cède sur sa décision de ne pas voir, mais voilà que sa bonne volonté se donne en spectacle. Jamais plus ça, entonne en cœur le show-biz ; sitôt chanté, sitôt fait : l'argent est

1. Yves Lacoste, « Des famines qui ne tombent pas du ciel », in *Hérodote*, nº 39, p. 5.
2. Voltaire, *Poème sur le désastre de Lisbonne, ou examen de cet axiome : tout est bien*, 1756.

récolté, le problème passe pour réglé, la famine déserte l'écran quand elle se prolonge et se reproduit sur le terrain.

Avant l'épreuve, l'optimiste se croit objectif : il vit dans un monde bon. Après, il s'accepte subjectif et jure d'imposer sa bonté au monde. Au départ, il se réclame naïvement de la divine providence ou de quelques harmonies préétablies, il s'expose alors, tel maître Pangloss, à l'ironie que suscite une philosophie « métaphysique-théologo-cosmolo-nigologique ». A l'arrivée, il substitue au train du monde la loi de son cœur et se retrouve, peut-être à son insu, rousseauiste. Jean-Jacques affirme la nécessité d'espérer malgré Lisbonne en ruine. Voltaire récuse-t-il l'hypothèse d'un ordre des choses qui serait aux petits soins avec la fragile et vaticinante créature humaine ? Fort bien ! Rousseau déplace le problème en renvoyant dos à dos, satisfaits béats et mélancoliques obstinés. Les motifs de son optimisme, Rousseau ne les tire pas de la considération d'un monde supposé bon, mais uniquement du sentiment de son existence : « Pour qui sent son existence, il vaut mieux exister que ne pas exister. » L'opiniâtreté de sa croyance intérieurement fondée, il interdit de « désoler les hommes à pure perte ». Tel je suis, je me séduis : nous sommes tous des bons sauvages. Le principe du plaisir est devenu mesure de l'être.

Pour Voltaire il y a dévoilement, le désastre de Lisbonne manifeste, au lieu de l'ordre, le désordre et, faute de monde, le chaos. Aux yeux de Rousseau, Lisbonne ne dévoile plus rien, l'appellation désastre n'est pas contrôlée, elle se décerne à compte d'auteur, selon le point de vue qu'arbitrairement le poète élit : « De tant d'hommes écrasés sous les ruines de Lisbonne, plusieurs sans doute, ont évité de plus grands malheurs ; et, malgré ce qu'une pareille description a de touchant, et fournit à la poésie, il n'est pas sûr qu'un seul de ces infortunés ait plus souffert que si, selon le cours ordinaire des choses, il eût attendu dans de longues angoisses la mort qui l'eût venu surprendre[1]. » Ainsi nous ne sommes sûrs de rien, pas même de Lisbonne infernale (puisque, sans souci de la contradiction, Rousseau suppose froidement qu'il en est pour qui il vaut mieux ne pas exister qu'exister, les autres bien sûr).

Le coup de force rousseauiste inaugure l'idéologie moderne.

1. Jean-Jacques Rousseau, *Lettre à M. de Voltaire* (1756), in *Œuvres*, Pléiade, t. IV, p. 1062.

Une révélation extérieure fondait l'optimisme religieux que Voltaire exécute. Désormais, un subjectivisme rageur dicte sa loi. L'optimisme renaît sans cesse de ses propres cendres et rebondit d'une catastrophe à l'autre comme un phénix, navré mais triomphant. L'écrivain rousseauiste se donna une humanité une et indivisible, fondamentalement bonne et sauvage, à qui il va enseigner à ne plus vouloir son propre mal. De même la télé-idéologie dispose de son public universel, l'informe, l'éclaire et le réconcilie avec lui-même œcuméniquement.

Le pessimisme ne s'oppose plus à l'optimisme, mais le prépare, l'introduit, le place sur orbite. La relation d'opposition devient complémentarité par quelques micro-miracles quotidiens dont un téléspectateur blasé manque le sel et les mystères. Petites et grandes, les nouvelles sont forcément, primairement malencontreuses, cela est acquis. Cette turbulente matière première se travaille au cours d'une véritable alchimie de l'écran, qui enrobe, distille, transmue.

« Madame, Mademoiselle, Monsieur, bonsoir ! » Engageant et toujours à l'aise, le présentateur doit se garder de paraître engagé, il fait passer non ses idées mais son sourire, lequel perdrait en séduction s'il se mêlait de glisser à l'ancienne : « Tout va bien. » La connotation euphorisante ne s'expose pas stupidement au démenti des tristes réalités du jour, plus subtilement elle les laisse émerger puis disparaître, comme autant d'éphémères fleurissant une éternité tranquille. Une voix fidèle, un visage familier nous dit que l'Histoire continue, violente, préhistorique, mais que la fin de l'Histoire a déjà eu lieu, à preuve le ton de bonne compagnie et les manières courtoises dont nul ne se départit. Autant le choc du terrifiant nous détache de nous-mêmes et dépouille le vieux villageois européen ; autant le cérémonial du journal télévisé nous détache de ce détachement et rétablit une permanence à l'épreuve des coups du sort.

Chaque soir est un drame, au départ le journaliste émerge de l'inconnu, paré du prestige de l'explorateur de gouffres. Qu'a-t-il vu ? Peut-être a-t-il trop vu ? Cette dissymétrie de départ se résorbe dans le cours du journal qui progresse canoniquement de l'inquiétant au calme, du temporel à l'éternel, pour terminer en apothéose sur le résultat des courses, l'énoncé du programme de la soirée et les souhaits de la nuit. La symétrie est rétablie, l'information est partagée, le drame se résorbe dans le sentiment qu'on en sait aussi long des deux côtés de l'écran. Le téléspectateur vient de passer de l'inconnu au connu et de l'angoisse au repos translucide et simple : la fin du monde n'était pas pour aujourd'hui.

Les choses vont mal, mais nous allons bien : une information n'a pas à plaire du moment qu'elle paraît vraie, en revanche l'informateur ne doit pas déplaire sous peine de perdre son audience. Les journaux télévisés fonctionnent doublement : dans le registre de la connaissance, ils relatent des événements, qui se passent ailleurs ; dans le registre de la séduction, ils font l'événement qu'ils sont. A la fois informative et performative, l'actualité audiovisuelle sourit à travers les larmes, elle déplore la mauvaise nouvelle et jouit de sa bonne réception.

Éros électronique

Une mise en scène si réglée développe face aux imprévus une presque illimitée capacité de réception et d'absorption. Rien ne paraît démonter le présentateur. Un accident dans une centrale nucléaire ? Il l'accompagne immédiatement d'une explication savante — au moins par le ton de l'expert cité en toute hâte —, ainsi l'événement, qui paraît mettre la science en question, n'apparaît point sur l'écran sans que la science le mette en perspective. Peu importent les convictions pro ou antinucléaires du spécialiste convoqué. Seul compte le fait qu'il parle à chaud, comme il parlait hier à froid ; son discours s'affirme éternel et l'accident devient un cas d'espèce, classé aussitôt qu'évoqué. Un attentat terroriste ? Une nuance de réprobation à l'égard des tueurs et une touche de compassion pour les victimes soulignent le côté exotique d'une barbarie qui peut frapper n'importe quand, n'importe comment, mais cependant ne saurait interrompre la complicité vidéo qui noue le téléspectateur et le présentateur. Le premier fixe le second, qui, de temps à autre, le regarde dans la caméra. Qu'échangent-ils, ces regards muets, qui se cajolent à distance, sinon leur mutuelle innocence, nourrie de sages sentences et de bons sentiments ? Et chacun pour soi de répéter face aux macabres prises de vue l'axiome de l'optimisme : « Pour qui sent son existence, il vaut mieux exister que ne pas exister. »

Par exception, il arrive qu'une information ne garde pas respectueusement ses distances, sa brutalité passe le seuil de la tolérance et déstabilise une partie des téléspectateurs. L'habituelle connivence n'éponge plus le malaise. Un épisode raciste, une question religieuse, le danger nucléaire, une épidémie menacent de fracturer le « nous », qui jusqu'alors s'éprouvait délicieux entre nous : si les téléspectateurs sont suspects de n'être pas tous dignes de bienveillance, si le journaliste risque d'être pris en otage, si le couple émetteur-récepteur est confronté à sa fragilité, l'euphorie tombe sur l'exigence de faire « quelque chose ». Quoi ? Au choix : téléphoner, allumer ou éteindre la lumière, expédier un mandat, fixer un rendez-vous collectif. De telles initiatives comportent une règle commune de retour à l'écran : les sommes recueillies sont comptabilisées au prochain journal. On se regroupe devant et pour la caméra. Le rassemblement sera massif, moins par le nombre de ses participants qu'en vertu des moyens de communication qui le rapportent. Tandis que la préfecture dénombre, à l'ancienne, les manifestants, ceux-là supputent le nombre de téléspectateurs qu'ils feront télémanifester au prochain journal.

Le téléspectateur se retrouve par télédélégation « dans » la manifestation si, et seulement si, elle devient pur téléspectacle, autocontemplation en acte. Dans la rue les deux faces de l'écran s'étant rencontrées, sur le plateau et dans le living on célèbre les retrouvailles par une connivence renforcée.

Une action aussi idéale doit demeurer purement idéale, si elle s'avisait de transformer les réalités, adieu, l'accord parfait ! Il faudrait tenir compte de l'adversité, recenser les obstacles intérieurs et extérieurs, opérer des partages entre des méthodes plus ou moins adaptées et judicieuses, entre amis et ennemis, faux ennemis, alliés et indifférents, pour réévaluer ces partages eux-mêmes au fur et à mesure des batailles livrées. Il y aurait de bons et de mauvais sauvages. Autant de contestations qui briseraient l'union sacrée télévisuelle. En définitive, on sauve, musique en tête, la belle image de l'unanimité qui chasse la faim... de l'écran.

La petite lucarne n'est pas dotée d'un pouvoir intrinsèquement pervers, qui ferait tourner les meilleures intentions à l'affairement stupide et vain, aussi fatalement que les douze coups de minuit changent en citrouille le carrosse de Cendrillon. Il est naturel, inévitable en bonne démocratie, que les informations affligent, que le commentateur commente, qu'il se soucie de son audience, et que le contact à distance développe sa propre dramaturgie ; naturel encore que des manifestants passent à l'écran, en tiennent compte ou en tirent plaisir. La télétransmission, à l'égal d'autres systèmes, combine des fonctions multiples, elle communique quelque chose (donc informe) à des récepteurs (donc émeut et se laisse apostropher), elle vérifie que le message est recevable dans son contenu (elle code et décode), dans sa matérialité (elle teste, anxieuse, son audience) et dans sa forme (elle cherche une indéfinissable qualité télégénique).

La télévision ne devient une machine auto-érotique qu'au moment où elle se boucle sur elle-même et commence à fonctionner en circuit fermé. Elle met en scène sa propre révélation, rassemble toutes ses fonctions dans le bouquet d'un acte unique, qui témoigne à lui-même de sa propre splendeur. « Je ris de me voir si belle en mon miroir », confie la télémarguerite. Quelque gratifiante que paraisse aux acteurs et comparses pareille assomption jubilatoire de soi, le prix à payer est énorme. Il faut, on l'a vu, éviter ce qui divise, exclure ce qui fâche, arrondir les angles, censurer les objections, neutraliser les oppositions, tuer dans l'œuf tout germe de discorde. Pour se mirer, la télé se ferme, de moins en moins fenêtre sur le monde et ouverture sur le non-monde, elle se prend elle-même pour centre de la sphère puis, comme Fellini le montra dans *Ginger et Fred*, se fait son cinéma pour s'étouffer dans son propre univers.

Le télénarcissisme ne sacrifie pas, sur le mode des discours idéologiques antérieurs, à l'illusoire toute-puissance de la pensée. Désormais, on idolâtre l'omnipotente image et les dévots concluent à son invincibilité : celle des bons sentiments montés en clips. « Les Russes également aiment leurs enfants », vont-ils fredonnant, comme si telle évidence dûment photographiée garantissait la paix sur terre. La proposition, universellement vraie, vaut depuis qu'existent les enfants... et les guerres. L'*Homo sapiens*, qui ficha sa hache dans le crâne du papa voisin, n'aimait-il pas sa progéniture ? L'antienne, néanmoins, bat des records de vente internationale, preuve que l'image idéologique, sans perdre jamais son immaculée candeur, boit les questions, mieux qu'un buvard l'encre. « Mon dieu, je ne sais si vous dites vrai ou faux, mais vous faites qu'on vous croit », glisse éternellement Charlotte à Don Juan le crooner.

Il suffit de montrer pour faire ; le monde est mauvais, mais nous sommes bons et nous sommes les plus forts, au point d'être seuls au monde : cette profession de foi minimale boucle une inédite religion de l'image. Loin d'être l'objet de quelque contre-indication, la mauvaise nouvelle inaugurale stimule l'optimisme final, l'amour que nous aurons pour nous-mêmes est directement proportionnel à l'aversion éveillée par le non-nous. Plus grande est la famine, plus unanime et incontestable sera la Bonne Action dont la déclaration d'intention copie le compliment d'Alceste à Célimène :

Ah, rien n'est comparable à mon amour extrême ;
Et dans l'ardeur qu'il a de se montrer à tous,
Il va jusqu'à former des souhaits contre vous.
Oui, je voudrais qu'aucun ne vous trouvât aimable,
Que vous fussiez réduite en un sort misérable,
Que le ciel en naissant ne vous eût donné rien,
Que vous n'eussiez ni rang, ni naissance, ni bien,
Afin que de mon cœur l'éclatant sacrifice,
Vous pût d'un pareil sort réparer l'injustice,
Et que j'eusse la joie et la gloire, en ce jour,
De vous tenir tout des mains de mon amour.

Parvenue au sommet de son exaltation mass-médiatique, la BA ne se connaît plus d'adversaires et rejette tout obstacle dans les ténèbres du non-être audiovisuel. Vue de l'intérieur, elle brûle de philanthropie. Vue de l'extérieur, elle manifeste la plus noire misanthropie. Molière élucida avec quelques siècles d'avance l'étonnant périple de Bob Geldof, qui partit, vêtu de lin candide, rassemblant toutes les bonnes volontés, n'en connaissant aucune mauvaise, refusant de critiquer qui que ce fût, ne reprochant au gouvernement éthiopien ni ses détournements, ni les campagnes guerrières, ni les déplacements terroristes de population.

Après une année d'iréniques évolutions en mondiovision, l'angélique personnage tint conférence de presse à l'ONU, à l'occasion d'une session spéciale consacrée à l'Afrique, et accabla les responsables rassemblés de noms d'oiseaux imprévus. Il baptisa l'ensemble de la conférence : « farce » et traita tous les présents d'« étrangleurs »[1], tous dans le même sac, démocrates et dictateurs.

Je n'y puis plus tenir, j'enrage et mon dessein
Est de rompre en visière à tout le genre humain.

1. *Time*, 9 juin 1986.

Le théâtre contemporain ignore souvent que les héros de Molière sont de part en part comiques. Quoi de plus farce, dites-moi, que l'amour de l'humanité se retournant mépris général pour les humains ?

Boîte qui ouvre les yeux sur les désastres du siècle, boîte qui boucle le regard dans les mirages de l'amour-propre, la télé n'est pas une infaillible machine à découvrir le temps, qui doterait l'homme du XXe siècle d'un télescope et d'un microscope propres à saisir l'infiniment grand et l'infinie petitesse en matières humaines. Elle n'est pas davantage la Camera Obscura, chère à Marx, qui projetterait immanquablement une image inversée et trompeuse des réalités d'ici-bas. L'idée même de la caractériser par un effet unique est fausse, elle n'effraie pas sans cesse à la Orwell, ni ne séduit continûment à la Huxley. A l'occasion d'une famine, elle suscite des secousses d'amplitude planétaire par un fonctionnement irréductiblement complexe et précisément duel. Elle est à la fois digitale et analogique.

Elle procède par effraction, projette dans les intérieurs cossus des scènes de l'outre-monde. Elle introduit de l'inconnu dans le trop connu et de l'ignoré dans nos idées toutes faites. Korem n'est pas une expérience vécue, mais une expérience télévue, nous découvrons son authenticité, non parce que nous la vivons et subissons l'atrocité qui flagelle des ombres sur l'écran, mais parce que nous sommes différents. Le côté pénible qu'il y a d'assister dans son fauteuil à la chute vertigineuse d'une existence contemporaine n'est pas surajouté à la vérité du reportage, il est sa vérité.

A cette reconnaissance par différence (digitale), se superpose le registre second de la perception par ressemblance (analogique). Je ne vois pas seulement un autre terriblement autre, mais aussi l'image d'un semblable. L'information (toujours digitale) me distancie, je n'en reviens pas, je ne sais plus où j'en suis. En revanche, l'identification, silencieusement sous-jacente, m'implique, me déplace et, l'espace d'un flash, m'expatrie à Korem. Pour faire partager au spectateur le drame des bébés phoques, il faut qu'une grande actrice intervienne et interprète, l'analogie est réticente. Devant les enfants éthiopiens, le reporter s'efface, il laisse parler l'image, l'analogie joue à plein. La photo, muette, crie.

Chaque image charme par elle-même, elle porte l'analogie, elle est ressemblante. Chaque bloc d'images est digital, non seulement il perturbe l'ordre de nos pensées, mais il fait penser ; le rapprochement des images brise l'univers clos des ressemblances, qu'elles couvaient, solitaires, pour leur propre compte.

Les informations ne se savourent pas dans une salle obscure, elles ne réclament pas l'immobilité fascinée, voire hypnotique, des fidèles du grand écran, elles s'offrent immédiatement distancées (de nous) et déconnectées (entre elles).

Les grands moments de télévision — ceux qui font crise — dramatisent ce double fonctionnement d'allure si sage ; le digital manifeste alors sa force destructive — l'inhumanité de Korem est reçue de plein fouet —, tandis que l'analogique s'efforce de combler les brèches et de rétablir les équilibres — les secours humanitaires semblent porter secours à l'humanitarisme de bonne société. Le double enregistrement ne se déroule plus de façon neutre et, comme superposé, digital et analogique s'opposent, leur fonctionnement devient freudien[1].

Le fondateur de la psychanalyse commença par concevoir un appareil psychique (à l'origine l'appareil neuronique) duel, où l'énergie circulerait sous deux formes, liée (processus secondaire) ou déliée (processus primaire). L'effet d'effraction d'un traumatisme étant de la sorte interprété comme une menace à la liaison qui soutient et que soutient le « moi ». Freud n'a jamais cédé sur la nécessité de s'affirmer « dualiste », bien qu'il ait, au cours de ses recherches, considérablement varié sur le type de polarisations antagoniques qui lui paraissaient constitutives de l'âme humaine.

Pulsions de vie et pulsions de mort : « Le but d'Eros est d'établir des unités toujours plus grandes (et ainsi de maintenir), c'est la liaison. L'autre pulsion — de mort, de destruction — est de dissoudre les assemblages, et ainsi de détruire les choses.[2] » Lors de la famine éthiopienne, non seulement la télévision témoigna avec éclat de l'antagonisme de ces deux pulsions dans l'événement, mais il sembla qu'elle les mobilisât à son service. Elle traumatise, déchire, dissout, délie et aussitôt réconcilie, maintient, unit et lie ; elle nous révèle qu'il existe un outre-monde préhistorique où l'on détruit sans amour et, peut-être, même sans

1. Sigmud Freud, *la Naissance de la psychanalyse*, « Lettres à W. Fliess », P.U.F., 1956, pp. 307-396.
2. Sigmud Freud, *Abrégé de psychanalyse* (1938), P.U.F., p. 8.

haine. Et cette révélation serait insupportable, si nous ne parvenions, compassion aidant, à la parer du prestige et des couleurs d'Eros. A charge pour les secouristes non piégés de réserver leur amour aux affamés et leur agressivité aux divers fauteurs de famine rencontrés chemin faisant.

III

L'AFRIQUE ROUGE EST BIEN PARTIE

AVERTISSEMENT

Le marxisme est, dit-on, mort à Paris. Du moins jusqu'à la prochaine crinoline. Pour les auteurs de ce livre, qui ont chacun payé leur modeste écot à la célébration des funérailles, le débat est clos. Exit le marxisme comme philosophie.

Il s'agit désormais de tout autre chose. Qui ne concerne pas les idées mais les faits. Pas les campus d'Occident mais les casernes du tiers monde. Là le marxisme vit. Non comme vision du monde : qui va imaginer les dirigeants et les populations éthiopiennes goûtant les délices du renversement matérialiste de la dialectique hégélienne ? Il s'importe comme l'obligeant mode d'emploi d'une machinerie qui a fait ses preuves. Ses arguments de vente ne s'adressent pas aux penseurs, mais aux hommes d'action ; ils ne misent pas sur la conviction, mais sur le pragmatisme d'une clientèle qui achète parce que ça marche. Quel est le problème d'une élite au pouvoir ? C'est d'y rester. On lui garantit une technologie politique de pointe, elle est alléchée. En fait d'autorités stables, connaissez-vous mieux que les régimes communistes ? Aussitôt interrogé, aussitôt répondu.

Tandis que dans les métropoles industrielles, le marxisme théorique fatigue ses derniers zélateurs, sur le reste de la planète le communisme pratique avance. Il prend, mais pas comme une croyance, plutôt comme méthode de gestion. Il ne passe plus pour révéler l'alpha et l'oméga de l'histoire humaine, il fournit quelques règles prosaïques pour régir les flux démographiques et gouverner les conflits sociaux. Libre à chacun d'imaginer Fidel Castro et Mengistu Hailé Mariam usant leurs yeux à commenter, plume à la main, les commentaires cavaliers dont Lénine ponctuait sa lecture de Hegel. Il n'est pas interdit non plus de supposer qu'à l'évocation des joutes doctrinales, ils se poussent du coude et se tapent sur les cuisses. Sont-ils crédules comme de bons élèves, le nez encore chatouillé par les fumées spéculatives des cafés berlinois ? Ou tartuffes ? Ou machiavéliques comme des adjudants en fin de carrière ? Balancent-ils, mi-habiles, mi-dévots, au gré de leurs intérêts bien compris ? Ces questions importent au courtisan et au nécrologue, elles visent le rapport confidentiel qu'un chef d'Etat noue avec son oreiller, elles manquent le rapport effectif de la transformation du monde, la manière « scientifique » dont un pays est plongé dans le désarroi.

Le marxisme diffuse parce que utile aux chefs ; ils ne le phantasment pas comme Lénine « tout-puissant parce que vrai », mais ils l'expérimentent efficace, s'espèrent omnipotents et, par conséquent, le tiennent à la rigueur pour vrai, au minimum pour commode. Il est temps d'abandonner les débats théoriques pour s'initier aux considérations pratiques et terre à terre où se décide le destin du monde dit « tiers » et, probablement, par voie de conséquence, celui des deux autres.

Hommage soit rendu à un précurseur : Malaparte fut un des premiers à révéler dans l'histoire du XXe siècle l'émergence d'une nouvelle technologie politique. D'avoir su distinguer l'apport le plus étonnant de la révolution d'Octobre dans sa « technique du coup d'Etat » l'a rendu capable, dix ans plus tard, de devenir le témoin cruellement subtil de l'atroce nazification de l'Europe. Les pages qui vont suivre sont dédiées aux futurs reporters qui exploreront les « Kapput » des tiers mondes, en même temps qu'aux gradés qui les préméditent.

1

L'IMMUNITÉ RÉVOLUTIONNAIRE

La tenue des grands soirs est de rigueur

Soignez votre style. Evitez le débraillé de la soldatesque qui campe dans les palais présidentiels. Tout militaire appelé par le destin doit revêtir un habit d'idées, une tenue-camouflage de gala. Il ne suffit pas de prendre le pouvoir, il faut savoir ne pas le perdre. Les gardes prétoriennes qui conquirent quelques magistratures suprêmes en Afrique, ces dix dernières années, échouèrent faute d'avoir médité attentivement la parabole tragique de Bokassa premier, leur collègue empereur de Centrafrique. Des fastes de son napoléonien couronnement il avait ébloui les badauds, il cultivait l'amitié officielle de la République française et celle personnelle de son président, il crut tenir les atouts et s'aperçut, revers de fortune aidant, qu'il lui manquait le joker. Deux jours seulement avant sa déposition (opération Barracuda), découvrant, mais un peu tard, l'erreur qui lui fut fatale, il se proclama urbi et orbi anti-impérialiste, socialiste et révolutionnaire. Ce calcul in extremis n'était pas absurde : n'avait-il pas suffi aux généraux argentins de débarquer anti-impérialistement sur les rochers des Malouines pour bénéficier aussitôt du soutien louangeur de Fidel Castro et de l'extrême gauche latino-américaine ? Oublié, le fascisme de ces galonnés dénoncés année après année, effacés, les vingt-cinq mille suspects que la police politique avait fait disparaître. Les casernes qu'on savait transformées en salles de tortures devenaient les hauts lieux d'où l'Amérique latine lançait fièrement sa guerre d'indépendance. L'état-major argentin et l'empereur Bokassa ont perdu parce qu'ils comprirent trop tard. Le chef de la Corée du Nord est président à vie et son fils se prépare à lui succéder, le président de la Roumanie « populaire » passe pour fou, mais sa compagne et lui-même se présentent chaque soir à la télévision, dont ils constituent depuis plusieurs décennies la principale information. Croyez-vous que Bokassa soit l'unique chef d'Etat massacreur de petits enfants ? Imaginez-vous qu'il tomba pour si peu ? Ses victimes émurent l'opinion mondiale, non par leur quantité, somme toute modeste au regard des mœurs du siècle, mais par leur qualité, elles parurent gratuitement immolées à une passion singulière. La maladresse de Bokassa fut de paraître satisfaire un intérêt privé, et pour ainsi dire domestique. Evoquant en catastrophe le salut public, il ne parvint plus à convaincre. Il était trop visiblement réduit à quia lorsque lui vint l'idée, qu'il eût fallu première, de se réclamer des Bonnes Causes.

Militaires à la gloire éphémère, qui paradez et défilez, ne vous endormez point innocemment dans vos palais. Vous avez découvert le pouvoir au bout du fusil, c'est le *b a ba*, la suite vous échappe encore. Derrière votre coup d'Etat, combien d'autres se profilent ? Ce qu'un revolver donne, un autre le retire. En chacun de vos subordonnés un concurrent sommeille. Fuyez, désormais, le négligé culotte de peau, habillez votre neuve majesté, sans quoi, demeuré homme des casernes, vous vous affichez amovible et trop aisément remplaçable par n'importe quel uniforme semblable au vôtre.

Dans les zones contrôlées par les Etats-Unis d'Amérique, l'anticommunisme pomponne les pitres sanglants de Marcos à Duvalier. Mais la tenue martiale du croisé partant pour la croisade à domicile a épuisé ses vertus magiques ; pour un général Pinochet qui s'accroche, combien d'autres, dont le règne paraissait éternel, chutèrent brutalement. L'anticommunisme contemporain ne semble plus inconditionnellement favorable aux dictateurs de droite, il faut improviser d'autres camouflages. Un militaire sérieux, soucieux de sa réputation, de son image, de son avenir, se présentera désormais en dictateur de gauche. Il ne sera pas pour autant dispensé du nécessaire sens de l'à-propos, voire du talent personnel et de la faveur du sort que réclame le port d'un habit neuf, même confectionné par d'excellents couturiers. Il advient que certains abusent des avantages que procure la prestance socialiste, ainsi le népotisme et la corruption, s'ajoutant à la terreur policière, au gâchis et à l'incompétence, eurent raison de Sékou Touré, lequel n'en gouverna pas moins la Guinée vingt-cinq années durant avec l'aide des grandes puissances, l'estime de beaucoup et le silence de tous.

A la pointe du revolver, vous arrachez le pouvoir. A la tête d'une révolution, vous le conservez. L'exemple des militaires éthiopiens parle de lui-même. Ils proclamèrent la déchéance du Négus au nom de la famine « secrète » de 1972-74 : deux cent mille morts abandonnés et ignorés, tandis que le roi des rois, lion de Judée, commémorait avec faste le deux millième anniversaire de la monarchie « issue de la reine de Saba » et nourrissait au cours du grand Guebe ses chiens de quintaux de bifteck. La presse internationale fêta la chute d'un régime scandaleusement rétrograde. Le temps passa. Quelques années et les banquets revinrent. Les militaires socialistes célébrèrent, éloquents, grandiloquents et festoyeurs, un événement d'envergure internationale, le dixième anniversaire de leur accession au pouvoir. La famine cerne Addis-Abeba, tenue dans l'ignorance. Bilan officiel postérieur : la faim tue cinq fois plus en 1984 qu'en 1974. Les faits et les fêtes sont identiques. Avec une différence : le Négus, incarnation du passé, était réactionnaire ; les militaires, révolutionnaires, sont progressistes. Le second scandale n'a pas eu lieu et, deux ans plus tard, le gouvernement, bâfreur mais moderne, est sorti renforcé de l'épreuve.

Dès 1981, bien avant que la famine ne se déclarât, un Allemand, K. H. Böhm, s'acharnait à mobiliser les bonnes volontés contre la misère éthiopienne. Le dévouement et la persévérance triomphèrent, son organisation (Menschen für Menschen), très renommée en RFA, réussit à rendre terres et espoir à deux mille cinq cents paysans qui avaient tout perdu dans la guerre de l'Ogaden (1978). La communauté de Nagaya, qu'il installa dans le Hararge, est autosuffisante. K. H. Böhm, acteur connu, fils d'un chef d'orchestre davantage célèbre encore, ne peut être suspecté d'insensibilité. Il n'est ni doctrinaire, ni idéologiquement engagé. Il connaît bien la situation intérieure de l'Ethiopie où il séjourne six mois par an. A l'occasion, il glisse quelques remarques acerbes sur la bureaucratie locale, mais se refuse, par principe, à tout jugement d'ensemble : « Je trouve la prétention que nous avons de prescrire ce qu'ils doivent faire tout à fait hors de propos et typique d'une incroyable arrogance européenne (...). Je n'ai pas la vanité de décider si ce gouvernement est la forme d'Etat qui convienne à l'Ethiopie d'aujourd'hui. Cela sera décidé par les Ethiopiens eux-mêmes dans une ou deux générations. Maintenant l'Ethiopie traverse une époque de révolution, après deux millénaires de féodalisme. Si l'on compare avec les révolutions européennes (...) on voit que les sacrifices de cette révolution, si tragique soit-elle, sont incroyablement plus réduits que les sacrifices qu'ont entraînés les révolutions européennes[1]... » En identifiant brutalement deux mille ans d'histoire éthiopienne avec l'époque féodale en Europe, et la révolution de Mengistu avec celle de Robespierre ou de Cromwell, K. H. Böhm se rend évidemment coupable du péché d'eurocentrisme dont il charge les autres. Reconnaissez cependant que sa manière de penser est universellement partagée : sous le Négus, la famine condamnait le régime féodal, sous le gouvernement révolutionnaire, la famine multiplie ses victimes par cinq mais le régime tient bon et son image pâlit à peine. Les poids et les mesures changent, il y a famine et famine : l'une témoigne contre Hailé Sélassié sur l'heure et sur-le-champ, l'autre jugera Mengistu dans deux générations. Militaires, si vous voulez bénéficier d'un préjugé favorable et d'un crédit sentimental internationalement reconnu, attifez-vous révolutionnaires.

Réservés, parfois ironiques, souvent concurrents, les citoyens ordinaires des pays ordinaires accordent au jeune Etat révolutionnaire un capital confiance. Pour les modernistes il paraît moderne et progressiste, au conservateur il semble fort et se promet plus stable qu'une junte de colonels sans étiquette. A l'occasion, le réaliste appréciera des révolutionnaires à qui l'armée donne le sens des réalités, l'idéaliste fêtera des officiers capables d'utopies et de slogans généreux. Même les banquiers apprennent qu'une dictature améliore son espérance de vie en prêchant les lendemains qui chantent. Enfin, les simples gens ne marchandent pas leur sympathie, vous n'êtes pas un étranger pour eux, ils vous ont rencontré dans leurs livres d'Histoire.

A peine avez-vous prononcé les mots magiques que le destin se déploie sous vos pieds comme un tapis roulant ; vous quittez l'ancien monde, et déjà devant vous se profile la terre promise ; vous franchissez la mer Rouge et les flots, fussent-ils de sang, vous

1. Karl Heinz Böhm, *Ein Mensch für Menschen*, Bastei Lübbe, 1985, p. 195.

protègent comme deux murailles disciplinées par les leçons d'Histoire (européenne). Un seul vocable vous affranchit de deux millénaires : c'était le féodalisme, vous êtes le XXe siècle ; vous larguez les amarres, qui vous reprochera d'utiliser la hache ? Il y a des chercheurs qui hésitent, ils trouvent absurde de détacher le concept de féodalité de son lieu d'origine, l'Europe occidentale. Marx, déjà, ne l'appliquait qu'avec d'immenses réserves à la Sainte Russie. Comment tenir la Chine, l'Inde, ou l'Ethiopie pour pareillement « féodales », sauf à nommer ainsi toute société ni bourgeoise, ni strictement esclavagiste ? Tous les peuples du monde suivraient-ils la même route, passant par les mêmes immuables étapes, pour disputer la dernière épreuve de rattrapage, la course contre la montre nommée révolution ?

TOUT CE QUI N'EST PAS RÉVOLUTIONNAIRE EST FÉODAL

N'écoutez pas ces chercheurs tatillons. Oyez plutôt K. H. Böhm et tant d'autres : « féodalité », « révolution », voilà qui est clair, deux coups de tampon sur votre passeport idéologique, deux coups de canon dans les consciences, et toutes les cervelles vous sont ouvertes. Sauf celles, scrupuleuses, des anthropologues qui, à force d'enquêtes sur le terrain, suggèrent que l'Ethiopie ancienne n'est pas la même du nord au sud et qu'elle n'est féodale, au sens européen, ni dans une direction, ni dans l'autre. Au nord, la stratification sociale demeurait fluide, « il ne fut pas permis à la noblesse de devenir un "Etat" fermé et héréditaire et pas plus de sécréter un esprit de corps qui lui permît d'affronter la volonté impériale[1] ». La mobilité de la société amhara, manifestée dans le pouvoir conféré au Négus d'anoblir à sa guise ses guerriers et ses serviteurs, semble liée au système traditionnel de répartition des terres et à l'extrême mobilité verticale qu'il entraînait localement. Au sud nouvellement conquis, à la fin du XIXe siècle, coexistaient difficilement des propriétaires conquérants et les populations locales parlant une langue différente, conservant leurs coutumes ; la relation parfois sanguinaire de ces deux sociétés ne se résume pas

1. Donald N. Levine, *Wax and Gold, Tradition and Innovation in Ethiopian Culture* The Univ. of Chicago Press, 1972, p. 62.

non plus au rapport seigneur/serf. Le surplus arraché par l'élite urbaine à la masse paysanne provenait moins d'une « rente féodale » que d'autres types d'extraction : taxes sur les sucres, l'alcool, le sel, sur les exportations (café), les propriétés modernisées, sans oublier l'aide étrangère — après 1953, elle compte autant que les revenus domestiques dans l'entretien du secteur urbain[1].

Mais que vous importe. Ce qui n'est pas tout nouveau comme la révolution est ancien et « féodal ». Tout ce qui n'est point vers est prose, tout ce qui n'est point prose est vers. Le choix est clair, il suffit de deux doigts pour compter, camarades, amis et cher monsieur Jourdain. Tout ce qui n'est point révolutionnaire est féodal.

L'art du règlement de compte

Avantageuse à l'extérieur, la proclamation révolutionnaire s'avère décisive à l'intérieur. Pas besoin de longues études pour repérer le pire ennemi du militaire parvenu aux sommets. Entre l'homme d'épée et l'homme de plume, traîne un contentieux vieux de quelques millénaires. Une fois passée la griserie d'avoir renversé l'ancien régime, les intellectuels ont tôt fait de dénoncer la caste bottée et galonnée qui prétend confisquer les fruits de la victoire. Le ton monte alors rapidement, les conflits intimes d'une petite élite sont impitoyables, plus elle est réduite et isolée, plus chacune de ses factions élève la voix pour donner et se donner le sentiment d'être la bouche du peuple. Ainsi l'Ethiopie à la chute du Négus : quarante mille hommes dans l'armée, quelques milliers d'étudiants et de lycéens prompts à manifester et discourir, cent mille employés, un peu moins d'ouvriers, des chômeurs, des bidonvilles, mais surtout 90 % de paysans politiquement muets. Les deux premières années se passent en règlements de comptes — entre intellectuels, entre militaires, entre militaires et intellectuels, à charge pour les citadins restant sur la touche d'intervenir en faveur des uns ou des autres. A perdu d'avance celui qui ne dispose pas d'un discours apte à mobiliser, rassembler, susceptible de faire passer les intérêts particuliers de quelques-uns pour

1. Etat de la discussion et bibliographie in Gene Ellis, « Feodalism in Ethiopia... » *Northcast African Studies*, 1, 3 (1979-80), pp. 91-97.

les intérêts généraux et suprêmes de la population entière. Rassemblés au sein du DERG, les chefs militaires empruntèrent vocabulaire et syntaxe aux organisations étudiantes, s'adjoignirent quelques conseillers, apprirent rapidement à déchiffrer la partition et entonnèrent les luttes finales pour leur propre compte. Ils avaient écouté les sirènes de l'extrême chambardement, d'abord bouche bée et les yeux écarquillés. Mais la ruse d'Ulysse leur fut interdite, ils ne purent boucher à la cire les oreilles de leurs subordonnés, ils avaient beau se cramponner au gouvernail, la lame des ambitions extrêmes, des espoirs ultimes et des haines à trancher au couteau aurait tôt fait de les submerger. Observez alors le coup de génie qui élève un banal coup de force plus ou moins involontaire et tâtonnant à la hauteur d'un événement historico-mondial. Rien ne les avait préparés, sinon des années de vie en garnison, gâchées entre les querelles de bistrot et les plans de carrière à courte vue ; ils n'avaient jamais proféré de grands discours, mais leur sang-froid transforma ce handicap initial en avantage décisif. N'ayant perdu ni temps, ni énergie à sacrifier aux idéologies, ils surent mieux que quiconque sacrifier les idéologues. Ulysse est un enfant et le DERG est son maître, qui sut assourdir les sirènes elles-mêmes au son de slogans tapageurs. Un peu de subtilité, que diable ! Dans la jungle des passions, il faut certes hurler avec les loups, mais plus fort.

Revolver + Révolution. La formule magique offre réponse à tout. Plusieurs factions se disputent-elles le privilège de parler au nom de la seule vraie grande Révolution ? Fourbissez P 38 et kalachnikovs, et bientôt le débat cessera faute de combattants. Les survivants risqueraient-ils de se retourner contre vous ? Sortez vos arguments, ouvrez l'éventail des options, sachez dans chaque différence faire apparaître la contradiction, dans toute contradiction l'antagonisme inconciliable, les lignes de partage redeviendront dès lors fractures, failles, fossés, abîmes infranchissables : l'ancien allié se retrouve dans la peau d'une immonde crapule. Divisez révolutionnairement et votre revolver régnera, fixez les divisions dans le sang et votre règne révolutionnaire arrive.

Les militaires ne doivent plus se laisser snober par les intellectuels. Les cinquante-six volumes des œuvres de Lénine impressionnent car l'histoire des révolutions passées et à venir paraît réserver ses mystères aux érudits pâlis sous la lampe, et la science du bouleversement glorieux semble l'apanage du savant. Ne vous découragez pas avant d'entreprendre, le parcours du combattant vaut toutes les bibliothèques du monde. Remarquez combien les civils, à peine le palais présidentiel investi, changent de pantalon, bouclent un ceinturon et affectent un air martial avant de s'adresser à la foule. Le maréchal Staline, le président Mao, Fidel Castro, Kim Il-Song, Ortega : tous en uniforme. Les plus malins font paraître le moine sans l'habit, Lénine est un grand stratège, Robespierre et Saint-Just commandent aux généraux ; la guerre fait leur carrière, elle transforme leurs partisans en patriotes, leurs concurrents en ennemis publics, elle organise la surenchère radicale, puis rétablit l'unité nationale, elle constitue le ressort secret de l'énergie révolutionnaire. Liquidez vos complexes, le viol d'une femme, le vol d'un territoire, la prise d'une société requièrent d'analogues capacités manœuvrières ; il faut apprendre à jauger le rapport de forces, isoler l'adversaire, couper ses voies de communication, viser son centre de gravité, le pousser dans ses derniers retranchements, ruser, lui offrir le choix entre une bataille qu'il se sent perdre et une reddition qu'il peut croire retourner à son profit, puis, finalement, signer la paix définitive pour mieux préparer la prochaine der des der. Un tacticien soucieux d'exercer sa subtilité tire également avantage des rixes de comptoir, des congrès de parti ou des disputes d'écoliers ; les terrains d'entraînement ne manquent pas.

Reconnaissez à Don Juan l'esprit de César, comprenez qu'il applique les règles de la guerre des Gaules à la conquête des vierges paysannes. Repérez en Lénine, séduisant, délaissant, raccommodant les multiples factions pour enfin les briser, le véritable Don Juan de la politique.

De l'art de la guerre à la science de la révolution, le saut est aisé. En se jetant à l'eau, le militaire de profession devient révolutionnaire professionnel, sans coup férir, à l'éthiopienne.

L'ART DE RÉVOLUTIONNER UN PEUPLE

Le « Comité de coordination des forces armées », ou « Derg » un mot vieil-éthiopien tiré de la langue morte sacrée, le geez, qui signifie « conseil », « junte » —, fut composé de soldats et d'officiers inférieurs (jusqu'au grade de major), délégués par les principales garnisons du pays (juin 1974). La composition du Derg, longtemps tenue secrète, le demeure partiellement. Les principaux témoins consultés, anciens membres du Derg, lui attribuent cent huit membres. Mengistu, dix ans après, en compte davantage. « Il y avait à peu près cent soixante-douze officiers et soldats élus par l'armée, la police et les forces territoriales, rassemblés dans une petite salle ronde, dans la caserne de la quatrième division. La plupart ne se connaissaient pas. Nous ne savions pas qui était chacun d'entre nous, quelles étaient les visées de tel ou tel et dans quelle intention nous étions réunis là[1]... »

Le capitaine Michael Ghebrenegus, qui en sortit en 1975 pour rejoindre la résistance érythréenne, aligne des souvenirs plus libres : « La méfiance régnait, qui sait, le voisin que nous ne connaissions pas pouvait être un agent secret du Négus, un indicateur au service de la cour. Aussi nous ne délaissions jamais notre pistolet. Très vite, nous découvrîmes qu'un pouvoir quasi illimité nous tombait sur la tête, nous étions comme cent huit petits rois, quelque peu miraculés, car nous avions été élus pour améliorer l'ordinaire, la soupe, la paie, et seulement ça. Les garnisons avaient expédié à la capitale ceux qui parlaient bien, ou trop fort, souvent aussi ceux qui dérangeaient les autorités locales ou qui paraissaient eux-mêmes dérangés ; cette assemblée, parfaitement hétéroclite, cultivait dans l'ensemble des sentiments loyalistes à l'égard du régime ; nous nous en prenions à la corruption, pas à la monarchie. Entre nous, les tensions étaient fortes : les soldats présents contestaient les officiers, les anciens de l'Ecole de Holeta (Mengistu, Atnafu, les deux premiers dirigeants du Derg) se sentaient méprisés par les anciens de l'Académie militaire de Harar, plus sélecte ; de surcroît, les aviateurs et les techniciens se distinguaient par leur allure libérale et décontractée, ils suscitaient pas mal de jalousie[2]... »

« Cette assemblée composite, continue le capitaine, tranchait les affaires de l'Etat à la majorité des voix, dans le tohu-bohu. Très vite, des petits groupes d'affinités se constituèrent, on travailla en commission et la guerre des clans commença, qui dure probablement à ce jour. Même la déposition du Négus, le 12 septembre 1974, fut obtenue par surprise, par un mini-coup d'Etat à l'intérieur du Derg. Une première fois, l'assemblée générale avait

1. *Ethiopian Herald*, 11 septembre 1984, et Helmut Falkenstörfer, *Äthiopien, Tragik und chancen einer Revolution*, Radius Verlag, Stuttgart, 1986.

2. Entretien personnel. La revue *Adulis* publie actuellement une traduction anglaise des Mémoires du capitaine Michael Ghebrenegus.

refusé de sauter le pas. Un petit groupe plus décidé passa outre et proposa à l'ensemble de se mettre en vacances pour le Nouvel An copte. Tandis que la plupart des cent huit rejoignaient leurs familles et regagnaient leurs provinces, une dizaine d'initiés préparaient la soirée du réveillon (11 septembre 1974) : une émission choc à la télévision. » Elle commençait par un reportage accablant sur la famine qui ravageait depuis deux ans les campagnes (tourné par la BBC, *The Hidden Hunger*, la faim dissimulée, de Richard Dimbleby). L'écran, pour la première fois, révéla l'existence du mal infernal. Plusieurs fois la projection fut interrompue par l'annonce que le Négus refusait de rapatrier sa fortune : les coffres dans les banques suisses sont pleins, mais l'estomac du paysan est vide. Par ce coup télévisuel, le Derg officialisait et rééditait à son compte les affiches des étudiants « peintures naïves, didactiques, qui reprennent tous les signes de l'iconographie populaire. Sur la partie droite, un enfant cadavérique pleure. Sur la partie gauche, le Négus jette de la viande à ses chiens. Ou la cour qui verse des larmes sur la tombe de Lulu, le chien préféré de l'empereur, s'oppose à la cour qui festoie dans les éclats de rire devant les tombes où sont ensevelis les affamés du Wollo[1] ».

L'électrochoc agit. La télé, la voix de l'autorité a parlé. Le roi des rois est désacralisé. Le Tout-Addis-Abeba déposa symboliquement le souverain et, au petit matin, une humble Volkswagen emporta l'ex-Négus, après que quelques hommes de troupes lui eurent signifié la fin de son règne. Ce matin-là, également, le Derg, retour de vacances, se réunit, il enregistra le changement de régime (ses deux chefs, Atnafu et Mengistu, avaient été mis dans la confidence une fois les préparatifs achevés). Depuis ce temps-là, le Derg dirige les affaires éthiopiennes, décide du destin de quarante millions d'hommes. Non sans s'être autopurgé, en dix ans il a perdu la moitié de ses membres, pour la plupart « exécutés » ou « disparus ». Ainsi révolutionne-t-on un peuple.

On jugera l'anecdote étrange, extraordinaire peut-être, incroyable même. Pourquoi trouve-t-on davantage normal qu'un agitateur de rue, un tribun ou un essayiste doué, Danton ou

1. René Lefort, *la Révolution hérétique*, Maspero 1981, p. 101.

Trotski, se mêle de diriger des corps d'armée, de dissoudre les états-majors et d'organiser les batailles ? Entre le ministère de la Révolution et l'académie militaire, la circulation est ouverte dans les deux sens ; un officier qui se révolutionnarise n'est pas dépaysé, son vocabulaire convient, il cultive son goût du commandement et perfectionne son aptitude à frapper la table du poing, martelant fièrement « offensive générale », « lutte à mort », « ennemi irréductible », « compagnons d'armes » et « stratégie d'avant-garde ». Puisque depuis toujours les concepts révolutionnaires jouent du tambour et battent le rappel des « grandes mobilisations de masse », l'initiation d'un officier pas trop borné ne soulève aucune difficulté insurmontable, même si, sous le poids des circonstances, une formation accélérée s'impose en deux temps trois mouvements. Lorsque les événements se précipitent, quand les ruptures atteignent leur maximum d'intensité dramatique, « la guerre gouverne la révolution beaucoup plus que la révolution ne gouverne la guerre », souligne l'historien F. Furet (*Penser la Révolution*). La remarque vaut généralement ; lorsqu'une révolution se veut immense, elle invente au besoin une grande guerre, ou la déclenche. Il nous faut de « grandes trahisons », avouait Brissot, qui, loin de tempérer l'humeur belliqueuse des sans-culottes, rêvait d'en découdre avec l'Europe coalisée. Le devenir-révolutionnaire, qui saisit aujourd'hui tant de gradés sur la planète, n'est que la réponse du berger à la bergère, un hommage tardif rendu au devenir-guerre, cours habituel des révolutions traditionnelles.

A la guerre comme à la révolution, le baptême du sang vaut baptême du feu, il tranche entre l'avant et l'après, l'ami et l'ennemi, il élimine les hésitants et les dissidents. Rien ne bétonne mieux les complicités qu'un crime commis en commun.

C'EST AUJOURD'HUI QU'ON LES DESCEND

Dans la nuit du 22 au 23 novembre 1974, une villa est cernée par la troupe, puis détruite au canon de char. C'est celle du chef du gouvernement nommé par le DERG, le général Aman Andom, le plus prestigieux des chefs militaires, surnommé le « Lion du désert » depuis ses victoires contre les Somaliens dans l'Ogaden (1964). Il est enseveli dans les décombres. Dans la foulée, quarante-sept notables sont exécutés, qui étaient détenus dans les caves du vieux Guebbi, le palais, où la quatrième division et le DERG tenaient leurs quartiers. Durant les semaines précédentes, tous chantaient « Yale minmin dem, Ethiopia ti kkedem » : sans verser le sang, Ethiopie d'abord ! Une double tension précipita le drame. La guerre d'Erythrée divise le Derg, dont la majorité, menée par Mengistu, décrète l'envoi d'un renfort de cinq mille hommes, tandis qu'une minorité, soutenue par le général Andom, préconise une négociation avec les révolutionnaires érythréens. Un tel débat ne se déroule pas à tête reposée ; la caserne de la quatrième division bruit de multiples rumeurs : les proches du Négus s'insurgent dans les provinces, le général Andom prépare un coup, certaines divisions se mettent en mouvement, murmure-t-on. D'ailleurs, les notables que le Derg garde sous la main, mi-prisonniers, mi-otages, sont nourris par leurs familles et les militaires voient défiler les petits plats qui tranchent sur l'ordinaire du mess.

« Chaque matin, se souvient le capitaine Gebrenegus[1], les membres du Derg lançaient, mi-goguenards, mi-sérieux : "Alors, c'est aujourd'hui qu'on les descend ?" Le 23 novembre, l'assemblée surexcitée par des échos de complots — certains croyaient que la caserne allait être investie d'un moment à l'autre — décide à la majorité l'exécution des prisonniers. Mengistu, qui préside, me prend à part pendant une suspension de séance : "Combien de temps pour un procès ?" J'étais procureur, sorti de la faculté de droit, à ses yeux un expert : "Deux, trois semaines minimum en cas de procédure d'exception. Mais il faut préparer avec soin les dossiers ; les prévarications, la corruption, rien ne doit rester dissimulé. Si l'on veut étaler la pourriture de la cour, il faut une enquête de plusieurs mois. — Impossible, ils ne peuvent pas attendre", répond le major. Il rouvre la discussion, lit une liste de soixante prisonniers, après avoir biffé le nom de quelques-uns de ses amis. L'exécution eut lieu séance tenante. L'étude minutieuse des dossiers ne souriait à personne : les membres du Derg n'étaient pas tous blancs comme neige ! »

Des soldats ivres de bière et de ressentiment exécutent sans

1. Entretien avec les auteurs.

jugement des prisonniers sélectionnés à la va-vite. On peut expliquer prosaïquement la montée de leur fièvre : marinant depuis plusieurs mois dans les locaux de la quatrième division, ces terroristes sont eux-mêmes terrorisés, ils palabrent sur les chances d'un contre-coup d'Etat, ils craignent que la situation ne se renverse et que leurs otages d'aujourd'hui ne soient les maîtres de demain. Entre eux la suspicion règne, ils ne se connaissent pour la plupart que depuis quelques mois et leurs professions de foi, en métamorphose accélérée, semblent favoriser celui qui changera le plus vite. En quatre-vingt-dix jours, le fidèle monarchiste tourne à l'ardent républicain ; chacun ne se reconnaît plus lui-même, comment s'entendrait-il avec ses collègues ? Le père vient d'être évacué, la horde des frères implose d'hostilités réciproques, rien ici n'outrepasse le psychodrame freudien banal.

Sauf qu'il s'agit d'une révolution. Quelques proclamations tonitruantes plantent le décor clinquant qui transfigure en image d'Epinal un règlement de compte crapuleux. Des malheureux, croupissant dans leurs cellules sont entraînés dans une arrière-cour et expédiés de quelques balles ; s'ils sont trop vieux ou grabataires, ils sont liquidés sur les galetas. Lorsque le parrain fait défaut et que les mafiosi quelque peu désemparés défouraillent à contretemps, leurs mésaventures alimentent les faits divers. Ici, par contre, le journaliste commente un fait historique, il médite l'initiation sanglante du grand processus révolutionnaire. N'allez pas reconnaître en cette Saint-Valentin macabre les procédés ordinaires d'une truanderie en quête de chef, abandonnez toute référence aux films de série B, offrez-vous par-delà les apparences la légende des siècles en cinémascope stéréo-temporel, écoutez de célèbres voix, laissez passer les ombres illustres. Il semble qu'Aman Andom défendait une ligne modérée, préconisait la fin de la guerre contre l'Erythrée et plus de démocratie. Haro sur le modérantisme ! « La mort d'Aman Andom trace la ligne de démarcation tragique de la révolution éthiopienne. Lui aurait-on abandonné le pouvoir, il en eût probablement usé de façon plus humaine. L'histoire des révolutions enseigne que les modérés servent de marchepieds, Mirabeau à Robespierre, Kerenski à Lenine, Aman Andom et Tafari Benti (exécuté en février 1977) à Mengistu... Une révolution n'est pas la scène où fleurissent les droits de l'homme, l'expérience autant que la logique montrent qu'en définitive le pouvoir échoit au plus fort.[1] » L'histoire des

1. H. Falkenstörfer, *op. cit.*, p. 18.

révolutions enseigne... Et la logique. Et l'expérience. Que nous voilà savants devant le sang qui coule.

Eût-elle négligé d'éveiller de glorieux souvenirs, la junte d'Addis-Abeba eût essuyé quelques comparaisons moins glorieuses. Lefort, journaliste bien informé[1], tire la leçon pratique de l'événement : un « pacte de sang » vient d'être signé. « Mengistu embarquait de gré ou de fait tout le Derg sur le même bateau, dont il coupait les amarres et prenait la barre pour fixer le cap. Son coup de force initiait aussi la loi du sang qui allait régir tous les conflits majeurs de la révolution : nous ne sommes pas d'accord, je te tuerai pour empêcher que tu me tires dessus. » Cet aperçu lucide incline peut-être le lecteur à identifier les méthodes de gouvernement d'un Mengistu à celles d'Al Capone ; mais René Lefort, pour qui une révolution, fût-elle « hérétique », n'en demeure pas moins une cérémonie grandiose, révère dans la brutalité insondable du numéro un le signe indiscutable de son élection. « (...) la mission que Mengistu propose à ses compagnons du Derg, il peut en tracer les grandes lignes parce qu'il pressent la profondeur de cette lame qui va balayer l'Ethiopie. Mengistu Hailé Mariam a de l'Histoire une perception immédiate, instinctive, presque sensuelle, parce que encore une fois elle ne se coule pas dans un moule théorique : il s'est toujours méfié, il se méfie des idéologues. Et son vécu et cette perception se conjuguent dans quelques certitudes premières, où se mélangent la vision d'une utopie lointaine et les voies rectilignes, immédiates, prédialectiques, pour la réaliser. Pas ou peu de moyen terme[2]. » Les reporters allemands ou français ne sont pas seuls éblouis par la « sensualité » du numéro un ; les responsables soviétiques retrouvent des souvenirs d'adolescence ; Fidel Castro, au nom de tous les révolutionnaires passés, donne l'accolade à tous les massacreurs futurs.

LA CONFIDENCE DU LIDER MAXIMO

« Il y a, en Ethiopie, affirme le commandant en chef cubain, une profonde révolution, un mouvement de masses puissant, une

1. René Lefort, *op. cit.*, p. 117.
2. René Lefort, *op. cit.*, p. 382.

réforme agraire profonde dans un pays féodal où les paysans étaient pratiquement des esclaves. Des réformes urbaines ont été réalisées et les principales industries du pays nationalisées. Je crois qu'il y a dans la révolution éthiopienne des caractéristiques à la fois de la révolution française et de la révolution bolchevique, parce que les dirigeants éthiopiens ont fait une révolution antiféodale, tout en travaillant en même temps pour le socialisme. Si cela me rappelle les révolutions française et bolchevique, c'est à cause de l'intense lutte de classes qui s'est déclenchée entre les ouvriers et les paysans, d'une part, et les propriétaires et les bourgeois, d'autre part, et parce que ce pays est aujourd'hui criminellement agressé de l'extérieur par la réaction arabe en complicité avec l'impérialisme.

« Je peux dire que je connais bien Mengistu. C'est un homme serein, intelligent, audacieux et courageux et je considère qu'il possède d'exceptionnelles qualités de dirigeant révolutionnaire. Quoique la révolution éthiopienne doive faire face à des ennemis puissants, le peuple est décidé à lutter et, dans ces conditions, une révolution ne peut être facilement vaincue.

« C'est dire que nous croyons que le succès et la consolidation de la révolution éthiopienne revêtent une énorme importance pour l'Afrique. Laisse-moi te répéter, une fois de plus, que je considère Mengistu comme un vrai révolutionnaire et que la révolution qui se déroule à l'heure actuelle dans ce pays est une vraie révolution[1]. »

Baptisés socialistes et populaires, les complots fratricides passent comme lettres à la poste ; militaires, vos tueries urbaines, vos massacres campagnards et vos guerres coloniales ininterrompues sont inscrits dès lors dans le budget de fonctionnement d'une Histoire en marche. Chacun s'astreint à reconnaître une vraie révolution à la désinvolture qu'elle affiche en dévorant ses propres enfants. Et tous parsèmeront d'opprobres les cercueils de vos victimes et de lauriers vos augustes fronts. Une fable ancienne conte l'anneau de Gygès ; cette bague magique rendait invisible qui la passait au doigt. Les philosophes grecs, manquant d'optimisme, estimaient que l'existence d'un tel anneau ruinerait toute possibilité d'honnêteté et de morale : son possesseur, assuré de

1. Simon Malley, « 20 heures d'entretien avec Fidel Castro », *Afrique-Asie*, 16 mai 1977.

l'impunité des invisibles, se permettrait tous les forfaits. La référence révolutionnaire est la version moderne de l'anneau de Gygès, celui qui s'en prévaut ne sera pas jugé avant deux générations, il campe à l'abri de toute critique sans que l'optimiste opinion publique mondiale s'émeuve d'une aussi exorbitante prétention.

La tenue camouflée

Hésitez-vous encore ? L'usage du mot « révolution » vous intimide. S'il voile avantageusement les appétits ignobles et les convulsions grotesques, ne suscite-t-il pas à son tour de nouvelles et impitoyables contestations ? Il est vrai. Songez, cependant, que vous n'avez guère le choix. Si vous ne sautez pas sur l'anneau, un concurrent plus intrépide ne vous accordera que le temps d'un repentir. Grimpez sur les tréteaux de la fête, quitte à garder la tête froide et étourdir les autres de flonflons et de cymbales. La confusion des idées modernes en matière de « révolution » est à double tranchant, elle fourvoie naïfs et dévots, mais l'habile l'utilise.

Apprenez à distinguer deux façons d'en appeler à elle, selon que vous visez autrui ou parlez à vous-même. La révolution, la seule, l'unique, que l'on s'acharne à découvrir dans toutes les révolutions et qui ne ressemble à aucune d'elles, vous semble un concept touffu et confus. Ce vocable glorieux évoque la guerre d'indépendance pour le citoyen américain, des rêves d'aristocrates à la lanterne pour le Français moyen, et le calendrier bolchevique des saints pour le Soviétique orthodoxe. Un tel embrouillamini fait la force du concept dans son usage externe et grand public : déclarez la révolution, et chaque peuple, de peur d'entrer en contradiciton avec son propre passé, vous accorde d'avance, quoi qu'il advienne, toutes les circonstances atténuantes. En revanche, dès que vous considérez l'événement en lui-même et pour vous-même, triez les acceptions diverses et les stratégies contradictoires que le mot fourre-tout recouvre.

La bouffée d'émotions entrecroisées, mêlées et quasi inextricables qu'une proclamation révolutionnaire diffuse chez ceux-là mêmes qu'elle ne concerne pas directement projette le mirage d'un événement unique, global, insécable. Il faut tout à trac prendre ou laisser. Il paraît mesquin, et quelque peu absurde, de disputer des détails d'exécution devant un projet d'ensemble radical et grandiose. La révolution doit s'accepter « en bloc », énonça, péremptoire, Clemenceau, souvent cité par les théoriciens soviétiques prompts à oublier qu'il professa, à l'occasion, l'opinion exactement contraire[1]. Clemenceau distinguait lui aussi la poudre aux yeux unanimiste de l'idéal révolutionnaire et sa vérité silencieuse, qui implique qu'on démêle et distingue. Révolution industrielle, sexuelle, picturale, révolution dans la machine à laver, l'automobile ou l'art de réparer une toiture, le mot annonce communément et ésotériquement l'inédit, le jamais vu. Il connote l'apparition du nouveau, la rupture, fictive à l'occasion, avec le passé, l'instant prestigieux où l'avènement se fait événement et l'événement avènement. Il en va d'un général comme des poudres à laver ou des couches-culottes, tenu pour révolutionnaire il paraît tout nouveau, tout beau. L'auréole du commencement absolu couronne le héros du jour dont l'avenir devient le seul bagage.

Tout progrès est révolutionnaire par définition, puisque nous nommons révolution l'apparition du neuf. Est-ce à dire que toute révolution soit progrès ? Il faudrait pour cela que le neuf soit toujours bon et que rien n'arrive de mal. En matière de couche-culotte, tel peut être le cas : conquise par un modèle récent, la fidèle clientèle délaisse le précédent, s'installe dans le nouveau régime de l'absorption douce et hygiénique, et après coup seulement perçoit l'ancien régime comme vétuste et démodé. Il n'y a donc qu'une seule révolution dans la couche-culotte, elle s'approfondit sans cesse, lavable, jetable, sans élastiques, avec fronces, elle se remet interminablement en question et progresse nécessairement d'amélioration en amélioration. Apparemment, le militant révolutionnaire procède différemment, il commence par renverser l'ancien pour tenter par la suite d'installer le nouveau : il ne choisit pas comme le consommateur entre deux produits, il parie contre l'un ou contre l'autre, étant exclu qu'il les compare avant d'opter. En histoire, pas de libre marché. L'ancien régime interdit le nouveau, qui n'admet pas le retour de l'ancien. Il faudrait supposer follement que les acteurs sachent ce qu'ils font et prévoient ce qui les attend, sinon rien n'assure que leur histoire les mène de mieux à mieux plutôt que de mal en pis.

1. La révolution est un « bloc » : Clemenceau, à l'Assemblée nationale le 29 janvier 1891. En 1910, il affirme l'inverse. Cf. G. Michon, *Clemenceau*, éd. M. Rivière, 1931, pp. 51, 138, 161, etc.

La préférence du consommateur gouverne en grande partie l'évolution des articles ménagers. Croire qu'elle dirige le progrès technique global paraît moins assuré ; seuls les économistes ultra-libéraux s'aventurent à soutenir pareille hypothèse. Du détail à l'ensemble, la conséquence est douteuse. On ne choisit pas le feu avant qu'il soit inventé. Une fois découvert, l'usage du feu (et la civilisation nouvelle qui l'accompagne) ne se refuse pas, même si l'on déplore qu'il introduise la sale guerre incendiaire en complément du progrès gastronomique. La découverte elle-même, puisque découverte, ne peut être l'objet d'un choix préalable, les grandes mutations techniques brisent les habitudes des consommateurs bien plus qu'elles n'en procèdent. Le changement d'échelle implique un saut, l'addition de micro-progrès ne compose pas automatiquement un macro-progrès. L'évolution de la couche-culotte ne préfigure pas en modèle réduit l'évolution de l'univers. L'âge du feu comme l'ère nucléaire plongent leurs « consommateurs » dans le temps, ils s'affrontent à son imprévisibilité (qui sait ce que l'avenir réserve ?) et à son irréversibilité (le révolu ne revient pas). Une invention décisive, qui marque son temps et fait changer d'époque, ne saurait être l'objet d'une sélection opérée en connaissance de cause, sa diffusion détermine les préférences loin d'être déterminée par elles. Rabelais ne se prive jamais de rappeler que la Renaissance est indissociablement l'imprimerie et la poudre, non sans suggérer aussitôt que la découverte de Gutenberg introduit le livre pour tous et le livre à portée de tous les fanatismes, la possibilité donc des guerres de religion modernes. Personne ne choisit l'ensemble des conséquences et personne n'a à choisir, le temps s'en charge par les deux dimensions dont Aristote souligne l'originalité indépassable : l'imprévisibilité essentielle du futur et l'irréversibilité irréductible du passé.

L'homme, être inévitablement temporel, entre nécessairement dans l'avenir à reculons, tourné vers le passé qu'à la fois il connaît et détruit. A la différence du consommateur de couches-culottes qui juge l'ancien à la lumière du nouveau, c'est seulement à voir le passé disparaître que d'ordinaire on subodore qu'un nouveau apparaît, lequel se manifeste autre avant de s'avérer meilleur ou pire. Il appartint à l'optimiste du XIXe siècle de cultiver le mythe du Progrès irrésistible et automatique. Une dame à la poitrine plantureuse symbolisait les lumières des arts et lettres maternant la croissance du commerce et de l'industrie et perfectionnant les rapports des hommes à la nature. La même, coiffée d'un bonnet phrygien, améliorait, glaive en main, les rapports des hommes aux hommes. La victoire guidait les pas du siècle passé dans les voies sûres du progrès technique et de l'ascension révolutionnaire. Le secret de l'euphorie unique qui permet d'avancer les yeux fermés en économie comme en politique n'a pas échappé aux maîtres d'Addis-Abeba. Détruisant les anciens hameaux avec leurs mosquées et leurs maisons individuelles pour « villagiser » les masses paysannes dans de grands ensembles quadrillés et fortifiés, Mengistu joue habilement sur un double registre. A ses amis de l'Est il explique qu'il collectivise les campagnes, pour les bailleurs de fonds occidentaux il technologise et modernise.

LE PROGRÈS, MODÈLE ÉTHIOPIEN

« Les pays en voie de développement sont en retard dans la mesure où ils se montrent incapables de tirer profit de la science et de la technologie modernes. La population éthiopienne est dispersée. Des gens vivent isolés au sommet de hautes collines et sur les versants inaccessibles des montagnes. Ce qui comporte beaucoup de désavantages et expose la population à des calamités d'origine naturelle ou humaine. Le sol et le climat varient énormément d'un point à l'autre. Seulement lorsque les paysans se trouvent rassemblés dans des villages, il leur devient possible de bénéficier des secours de la science et de la technologie pour combattre la difficulté des conditions objectives.

« Pourquoi certains milieux des pays occidentaux voient-ils d'un mauvais œil cette stratégie bien intentionnée ? Il est faux de prétendre que le but de la villagisation est de construire le socialisme, cela, c'est une affaire qui prendra beaucoup de temps. Notre objectif principal est d'abord et avant tout de nous sortir du sous-développement ». (*Time*, 4 août 1986, interview de Mengistu).

Un militaire en uniforme est politiquement nu, mais n'allez point illico quérir un déguisement quelconque, évitez les couronnes et les plumes, orchestres typiques, colliers de fleurs ou manteaux d'hermine. Les costumes folkloriques ont fait leur temps, sauf un. Personne n'a ri quand Trotski se haussa de quelques centimètres grâce aux talonnettes compensées de ses bottes de cuir faites sur mesures. Eût-il été général du tsar, la Russie entière se fût esclaffée. Père de l'Armée Rouge, il portait l'anneau de Gygès, le respect dû aux missions historiques couvrait ses ridicules, comme il inscrit la famine de Mengistu dans la colonne des faux frais d'une épopée européenne devenue mondiale. De même que l'amélioration de la couche-culotte constitue un processus continu, de même que la progression régulière des sciences et des techniques passait pour tirer la civilisation vers le haut, de même toutes les révolutions éblouissent comme les multiples facettes d'une fête prolongée de siècle en siècle, où l'humanité une et indivisible sable le champagne de sa propre infinité. Cette aura transcontinentale, œcuménique et bientôt planétaire dont la révolution pare ses fidèles connaît d'illustres et enthousiastes zélateurs :

« Les révolutions de 1648 et de 1789 n'étaient pas des révolutions *anglaise* et *française*, c'étaient des révolutions de style européen. Elles n'étaient pas la victoire d'une classe *déterminée* de la société sur l'*ancien système politique, mais la proclamation d'un système politique pour la nouvelle société européenne.* (...) La révolution de 1648 était le triomphe du XVIIe siècle sur le XVIe, la révolution de 1789, la victoire du XVIIIe siècle sur le XVIIe. Ces révolutions exprimaient encore plus les besoins du monde d'alors que ceux des régions du monde où elles se produisaient, la France et l'Angleterre[1]. »

Suivez le guide plus loin qu'il n'eût aimé se perdre, et concluez allègrement que la famine révolutionnaire de 1984 est la victoire du XXIe siècle sur le XXe. L'innocent K. H. Böhm, conseillant d'attendre deux générations pour en juger, caresse implicitement cette hypothèse.

S'ils avaient omis de signaler leur conviction révolutionnaire, de quoi auraient l'air ces galonnés qui tirèrent par cent et par mille étudiants et intellectuels dans les rues d'Addis-Abeba, massacrèrent les Erythréens, brutalisèrent physiquement et moralement les paysans, gagnèrent le trophée du meilleur tortionnaire africain pour laisser tranquillement s'étendre la pire famine qui ait jamais

1. Karl Marx, *Nouvelle Gazette rhénane*, décembre 1848, Editions Sociales, t. II, pp. 249-50. Souligné par les auteurs.

affligé l'Ethiopie depuis que son histoire s'écrit ? Pourquoi hésiter à évoquer les mœurs du milieu et les coutumes chères aux soldatesques sans foi ni loi ? Sonnez, trompettes, battez, tambours, l'erreur n'a pas été commise : la révolution chaque année fête son anniversaire. Et les doctes s'interrogent, débattent sa définition. René Lefort la pense « hérétique », elle se passe du prolétariat et même de son « parti », Mengistu incarne mystiquement la volonté secrète de la base, il est la chair de l'histoire devenue Verbe. Pas du tout, théorise le marxiste anglais, structuraliste et philosoviétique Halliday, aucun des acteurs, même le numéro un, ne sait ce qu'il fait, mais la « structure sociale » sait et fait la révolution pour tous derrière le dos de chacun. Mais non ! Il s'agit d'un socialisme de caserne, d'une révolution confisquée, bureaucratisée, trahie, avancent les déçus et les contestataires. Un coup d'Etat qui tourna à la contre-révolution et au fascisme, renchérissent ceux des divers fronts de libération qui prennent le maquis. Des sociologues pondérés comparent et étiquettent, ils évoquent Ataturk, les militaires nationalistes et « progressistes » du Pérou, d'Egypte, du Portugal ; ils proposent de distinguer dans la famille « révolution » la carte « révolution par en haut ». D'autres rétorquent qu'à l'exceptionnelle exception près, toutes les révolutions se font par le haut, Lénine dirigeait au maximum vingt mille bolcheviks, en 1917 la Russie comptait trente millions d'âmes... La Convention, qui, en 1793, représentait vingt millions de citoyens français, n'avait été élue que par une poignée de votants. Ne tombez pas dans le travers prétentieux des ministres distributeurs de médailles. Au lieu de disputer s'il faut accorder ou retirer le glorieux titre révolutionnaire au militaire qui bombe le torse et se proclame tel, apprenez plutôt de lui ce que sont les révolutions du XXe siècle et pourquoi elles lui deviennent si profitables.

LE RECORD AFRICAIN DE LA TORTURE[1]

« Deux méthodes de torture semblent avoir été appliquées très fréquemment dans les Centres d'investigation spéciale, le Centre d'investigation spéciale du CMAP et les Centres d'investigation de

1. Extrait du rapport d'Amnesty International sur l'Ethiopie, 1986.

la Sécurité publique : coups répétés sur les plantes de pieds, suspension à une corde dans une position de contorsion. Auparavant, les prisonniers sont souvent en sous-vêtements, les yeux bandés et bâillonnés. Ils ont les chevilles attachées, et les poignets liés sous les genoux. Un bâton, placé horizontalement sous les genoux ou sur les poignets, est ensuite suspendu entre deux tables ou à un poteau ; le prisonnier se retrouve alors la tête en bas, et ses plantes de pieds sont battues par le tortionnaire à coups de bâton ou de fouet. Cela peut durer une demi-heure ou plus, jusqu'à ce que la victime lève le doigt pour dire qu'elle est prête à "parler". De l'eau ou de l'huile chaude sont parfois versées sur les blessures pour rendre les plantes de pieds à nouveau sensibles avant de reprendre les coups. La victime peut encore rester dans cette position pendant une heure ou jusqu'à ce qu'elle perde connaissance.

« En ce qui concerne la seconde méthode, la victime est bâillonnée et a les yeux bandés, les poignets liés derrière le dos. Ceux-ci sont alors attachés à une corde pendue à un crochet ou à une poulie et le prisonnier est ainsi suspendu la tête en bas pendant un certain temps. Dans cette position, la victime est parfois frappée aux bras, aux épaules ou au dos avec un fouet ou un câble électrique.

« Certains prisonniers soumis à un interrogatoire auraient également été jetés sur le sol d'une cellule obscure, battus et frappés de coups de pied sur la tête, les oreilles, les articulations ou les organes sexuels, ou ont fait l'objet de menaces de mort ou de simulacres d'exécution. Dans certains cas, ils auraient subi des décharges électriques. Un grand nombre de femmes détenues auraient été violées, elles auraient eu des bâtons ou des barres de métal introduites dans le vagin. Plusieurs prisonniers ont affirmé avoir dû se lever brusquement, un litre d'eau suspendu à leurs testicules ; leurs mains étaient attachées à une corde pendue au plafond et ils étaient battus, ce qui faisait balancer violemment la bouteille d'eau.

« Des prisonniers ont également affirmé avoir eu plusieurs fois la tête plongée dans de l'eau sale, jusqu'à ce qu'ils perdent pratiquement connaissance, certains ont eu les doigts cassés, les ongles des mains ou des pieds arrachés ou les poignets brisés par les menottes. Certains ont dû ramper ou marcher sur des pierres acérées ou sur des clous ; d'autres ont été détenus pendant une période prolongée dans une petite cellule, sans eau ni nourriture. »

La trivialité de la révolution

Le cinéma de la grande révolution fascine. Sachez l'utiliser. N'en soyez point prisonniers. Passez de l'écorce extérieure du concept à la vérité interne, pratique et difficile. Le militaire soucieux d'efficacité politique doit entreprendre un second apprentissage, s'il piège les autres dans la fausse unité du phénomène révolution, il doit, quant à lui, se prémunir contre la confusion et soigneusement distinguer.

Les révolutions se ressemblent par les grands problèmes communs qu'elles affrontent et se différencient par les issues spécifiques qu'elles en proposent. Dès le départ, le militaire éthiopien se collette avec trois types de conflits : 1) idéologique, chacun se réclamant promptement de la révolution condamne rapidement adversaires et concurrents comme contre-révolutionnaires ; 2) social, la révolution est urbaine mais la misère à 90 % rurale ; 3) guerrier, la liberté est contagieuse, les provinces colonisées ou asservies entendent s'affranchir. Ces trois embarras sont classiques, en quelque sorte éternels. S'il n'est guère de révolution qui les évite, les méthodes pour passer outre divergent, elles, singulièrement.

Les Anglo-Saxons s'installent d'emblée dans la solution. Leur *Glorious Revolution* (1688) nomme, non point le temps des troubles (Niveleurs, dictature de Cromwell, etc.), mais son achèvement par l'accession de Guillaume d'Orange sur le trône d'Angleterre. La révolution américaine vaut semblablement par le nouvel ordre qu'elle instaure et non par l'anecdote des conflits qu'elle traverse. Au contraire, la Révolution française introduit une autre famille d'événements qui « ébranlent le monde » plus par l'énergie de leur dynamisme interne que par leur terme. (Quand s'arrête la première révolution ? Avec la Terreur, Bonaparte consul, Napoléon ou le retour de Louis XVIII ? Les historiens en discutent encore, ce qui ne leur interdit pas de parler d'une seule et même révolution...)

Cette différence est si impressionnante qu'elle parut suffisante à Hannah Arendt pour distinguer deux grandes catégories (et selon elle, à tort, deux seulement) de révolutions : celles qui savent faire une fin et celles qui, tendant à franchir bornes et limites, portent en elles le totalitarisme comme la nuée l'orage. La révolution modèle anglo-américain est strictement délimitée dans le temps et l'espace. A terme, le débat idéologique se clôt sur l'institution d'une règle constitutionnelle (qui fonde le monde : *Novus Ordo saeculorum*). Guerre étrangère et guerre civile ne s'interpénètrent pas en permanence comme dans les révolutions du continent ; l'Angleterre est une île et nul voisin des Etats-Unis ne met « la patrie en danger ». A la clôture de l'espace géographique correspond celle de l'espace politique : ni la révolution anglaise, ni l'américaine n'énoncent l'ambition de poser et résoudre la question sociale. En Grande-Bretagne, les formidables mutations agricoles et industrielles capitalistes eurent lieu après la *Glorious Revolution*. Aux Etats-Unis, bien qu'il y eût lors de la déclaration d'indépendance quatre cent mille esclaves noirs pour un million huit cent cinquante mille Blancs, un siècle s'écoula avant que la question n'enclenchât la guerre de Sécession[1].

Une révolution continentale, la française est le modèle du genre, se révèle de part en part violente. La question sociale ne peut être évitée, « les malheureux sont la puissance de la terre » (Saint-Just) ; toute révolution tourne à la guerre civile dès lors que sur les vingt millions de sujets du beau royaume de France, l'Américain Jefferson peut compter dix-neuf millions de « pauvres ». Le conflit aux frontières joue en permanence, à la fois menace et exutoire, il tend à transformer le soulèvement en guerre nationale. Enfin, la conjonction des conflits du dedans et du dehors, l'interférence de deux périls mortels et leur fusion, mi-feinte, mi-réelle, permet d'élever le Salut public et l'Union sacrée au-dessus des lois. Tout naturellement, Hannah Arendt conclut que la révolution française est : 1) le type même du mauvais exemple, sa dérive terroriste étant fatale : « Toutes les révolutions, à l'exception de la révolution hongroise de 1956, ont suivi l'exemple de la révolution française, ont usé et abusé des terribles forces de la misère et de l'indigence dans leur lutte contre la tyrannie ou l'oppression. Bien que l'histoire des révolutions passées démontre sans aucun doute possible que toute tentative pour résoudre la question sociale par des voies politiques mène à la terreur, et que c'est la terreur qui conduit les révolutions à leur

1. Hannah Arendt, *Essai sur la révolution*, Gallimard, 1957, p. 30.

perte, on peut difficilement nier qu'éviter cette terreur soit presque impossible quand une révolution éclate dans un pays où les masses sont misérables[1] » ; 2) un exemple mondial illustrant une règle qui ne souffre que deux exceptions : « La triste vérité est que la Révolution française, qui devait se terminer en désastre, c'est l'Histoire mondiale, cependant que la révolution américaine, si triomphalement réussie, reste un événement d'importance locale et pas beaucoup plus. »

De multiples nuances sont imaginables, mais l'opposition reste fondamentale. La révolution style anglo-américain est limitée dans son parcours et dans ses résultats, les bornes de son action demeurent indéplaçables et externes : la dissension idéologique ne met pas en cause le consensus déiste, Dieu garantit la Constitution. Les questions brûlantes qui font s'entre-massacrer les révolutionnaires continentaux sont tenues hors jeu par la faveur des circonstances (géographiques) et d'une apaisante myopie historique : la libération des esclaves est une question pour plus tard. La révolution française, par contre, débat en permanence, ses limites ne sont pas fixées par avance ; si elle s'achève en dictature militaire, ce n'est ni à l'aveuglette, ni à son insu ; dès leur entrée en scène, les acteurs angoissés prévoyaient une telle issue. La révolution anglo-saxonne est tenue de l'extérieur par une règle du jeu intangible ; les bornes et les frontières sont les enjeux de la révolution française qui invente ses limites et ses règles, chemin faisant, en quelque sorte de l'intérieur. Quand, où et devant quoi stoppe le processus révolutionnaire, sous peine de fatal dérapage ? L'interrogation, devenue plus tard pomme de discorde des historiens, divisait déjà les auteurs du drame, des modérantistes feuillantins aux rédacteurs du Code civil, chaque faction se définissant par la réponse spécifique qu'elle apportait à cette question des questions.

Au contraire, la différence échappe à Hannah Arendt, les révolutions du XXe siècle de type soviétique excluent par principe cette interrogation sur les limites de la violence. Pratiquement, elles rencontrent le problème, elles le règlent empiriquement, au gré des « circonstances objectives », censées définir le juste milieu entre une déviation opportuniste « de droite » et aventuriste « de gauche ». En droit, le problème n'existe pas. Le chef doit aller jusqu'au bout et sa violence est illimitée dans son

1. Hannah Arendt, *op. cit.*, p. 161.

principe. Les jacobins témoignèrent de coupables hésitations « petites-bourgeoises ». Si Lénine danse quand « sa » révolution dépasse en durée la Commune de Paris, il ne fête pas seulement un jour de gagné, mais bien davantage la victoire de son principe ; sa volonté d'illimitation l'emporte désormais sur le souci des limites. Les communards respectèrent l'or de la Banque de France, lui entend ne se laisser entraver par aucun préjugé.

« Nous avons, comme personne, mené *jusqu'au bout* la révolution démocratique bourgeoise. C'est en toute conscience, d'un pas ferme et sans dévier que nous marchons *en avant*, vers la révolution socialiste, sachant qu'elle n'est pas séparée de la révolution démocratique bourgeoise par une muraille de Chine, sachant que *seule la lutte* décidera de l'avance que nous réussirons à prendre (en fin de compte), de la portion de notre tâche infiniment grande que nous exécuterons, de la partie de nos victoires que nous consoliderons. Qui vivra verra[1]. »

La différence est cristalline. La Convention décrète, le 10 octobre 1793 que le gouvernement sera « révolutionnaire jusqu'à la paix », autrement dit qu'il est autorisé à prendre dans le silence de la loi des mesures extraordinaires. Quand Lénine s'annonce « révolutionnaire jusqu'au bout », il décrète que l'extraordinaire est devenu définitivement ordinaire.

Au regard des nouvelles révolutions communistes, la grande première française semble trois fois limitée. Par son contenu, « révolution partielle, simplement politique », elle ne bouleverse pas de fond en comble la société, n'abolit pas les classes et « laisse debout les piliers de la maison » (Marx). Par son ampleur, « tous les mouvements jusqu'ici ont été accomplis par des minorités ou dans l'intérêt de minorités » (Marx). Par sa pratique ; toute dictatoriale et terroriste qu'elle parût à ses contemporains, le léniniste conséquent mesure rétrospectivement son philistinisme légaliste : « Nous sommes en droit d'être fiers d'avoir opéré ce nettoyage beaucoup plus résolument, plus vite, plus hardiment, avec beaucoup plus de succès, d'ampleur et de profondeur (...) que ne l'avait fait la grande Révolution française il y a plus de cent vingt-cinq ans » (Lénine). Quel est ce « plus » qu'introduit le soviétisme ? Les nouvelles révolutions dépassent-elles les anciennes quantitativement ? Se contentent-elles de développer et de

1. Lénine, *Pour le quatrième anniversaire de la révolution d'Octobre*, O.C., éd. de Moscou, t. 33, p. 44. Souligné par les auteurs.

moderniser un mécanisme terroriste déjà en œuvre voilà deux siècles ? Ou bien se produit-il une rupture qualitative qui oblige à compter jusqu'à trois, en distinguant les soviétiques des françaises, et ces dernières des anglo-saxonnes ? Tel semble être le cas.

En minorité à la Convention, Robespierre et Saint-Just ne mènent pas la lutte « jusqu'au bout », ils ne lèvent pas les sections fidèles de Paris, ils se laissent guillotiner. Ne voyez point là l'effet malheureux d'une faiblesse de caractère, lisez plutôt l'exigence d'une conviction théorique constante. De 1789 à 1793, le pouvoir révolutionnaire est « extraordinaire », sa violence, bien que non liée par des lois préexistantes, n'est jamais acceptée omnipotente et absolue. Sa limite est flottante, mais elle est. Les acteurs disputent de son tracé, non de son existence. Robespierre la rencontre le 8 thermidor. D'autres avant. Chacun reconnaît la nécessité d'assigner une borne infranchissable à l'action gouvernementale, les terroristes pas moins que les modérés : « La liberté du peuple est dans sa vie privée, ne la troublez pas. Que le gouvernement ne soit une force seulement que pour la protection de cet état de simplicité contre la force même[1]. » Pour les révolutionnaires français, l'illimitation d'un pouvoir, aussi juste soit-il, est dangereuse par nature, le despotisme est leur ennemi numéro un. A l'inverse, la radicalisation conquérante de la révolution soviétique passe par l'illimitation de sa bonne dictature, « la dictature, dans sa conception scientifique, ne signifie rien d'autre qu'un pouvoir qui n'est limité par rien, par aucune loi, qui n'est gêné absolument par aucune règle et s'appuie directement sur la violence[2]. » Entrevu par des yeux scientifiquement soviétiques, le jacobin n'est qu'un petit-bourgeois dérisoire : il travaille dans le silence des lois, mais s'invente des règles pour auto-limiter une intimidante omnipotence. Ubu Roi qui se refuse roi, n'est-ce point une farce ? Les conventionnels se refusaient Ubu, cela interdit toute confusion avec leurs confrères soviétiques.

Trois espèces donc de révolutions : celles qui se reconnaissent des limites extérieures, objectives ou transcendantes, celles qui se recherchent des limites intérieures et, pour ainsi dire, subjectives, celles qui n'en admettent que provisoires pour rapidement les

1. Saint-Just, *Fragment sur les institutions républicaines.*

2. Lénine, *Contribution à l'histoire de la question de la dictature du prolétariat*, O.C., t. 25, Cité avec l'enthousiasme que l'on devine par Joseph Staline, *les Questions du léninisme*, éd. de Moscou, 1949, p. 157.

transgresser avec l'énergie d'un ébranlement sans fin. Les révolutions du deuxième type peuvent se terminer en catastrophe ou en beauté, elles sont vécues dans les catégories de la stratégie : chaque acteur conduit, sciemment ou inconsciemment, sa partie, ses choix codéterminent une issue qui n'est pas jouée d'avance. Autrement dit, les révolutions à la française ne sont pas d'emblée toutes bonnes ou intrinsèquement mauvaises, leurs protagonistes pensent comme les philosophes des Lumières que le vocable désigne simultanément des anéantissements et des renaissances. La révolution numéro trois, de type soviétique, devient, aux yeux de ses fidèles, mauvaise seulement lorsque interrompue ; tant que le cours de son illimitation triomphe des obstacles, elle transforme le monde « en bien ». Les soviétiques comme les françaises échappent souvent au contrôle de ceux qui prétendent les mener, mais une analogue perte de maîtrise appelle des attitudes opposées : le conventionnel s'efforce, inquiet, d'entraver le cours d'une histoire qui délire, le bolchevik tente de libérer un dynamisme intrinsèquement sain des entraves qui le paralysent. Pour Vergniaud, qui invente, à titre d'avertissement, la formule, il faut contrer l'histoire qui à l'occasion s'égare et dévore, tel Saturne, ses propres enfants. Pour celui qui raisonne dans l'imaginaire soviétique, cette dévoration, même pénible, prouve que l'histoire avance.

NE PAS CONFONDRE LES ÉPOQUES

Pourquoi la révolution marxiste règle-t-elle mieux, c'est-à-dire plus définitivement que l'américaine ou la française, les conflits intellectuels, sociaux et militaires que toute prise de pouvoir trouve, peu ou prou, dans sa corbeille de baptême ? Parce qu'elle va jusqu'au bout dans l'utilisation froide et déterminée de la violence. Parce qu'elle fait sauter le seul frein qu'une société en crise oppose à l'escalade des brutalités : la question morale. Parce qu'elle substitue aux problèmes éthiques des problèmes de tactique et à la question morale une question militaire.

Les révolutions américaine et française utilisent, malgré leurs amples différences, une référence commune : la république qu'elles entendent instaurer est fondée sur la capacité civique de distinguer son bien et son mal. Les Américains comme les Français se réclamaient de Montesquieu : le principe des républiques réside dans la « vertu » du citoyen, c'est-à-dire dans la liberté morale de l'individu.

Qui dit liberté dit puissance positive de bien ou de mal en user. Fondées sur la liberté, les révolutions occidentales n'ont pas de cours forcé, elles peuvent indépassablement bien ou mal tourner, le citoyen ne saurait s'abandonner en toute confiance à la force des choses, il doit veiller aux dérapages possibles à toute heure et sous tous les drapeaux, il juge la révolution plus qu'elle ne le juge, aucun pouvoir ne saurait républicainement distinguer à sa place ce qui est vertueux et ce qui ne l'est pas.

L'enchaînement des événements pour un homme de 1789, loin d'incarner la loi, manifeste l'inquiétante étrangeté que Socrate dévoilait dans les folies de l'opinion (*doxa*) : « S'il faut que je dissimule les vérités, qu'on m'apporte la ciguë », écrivait Robespierre dans le texte du discours que la Convention, le 8 thermidor, ne lui laissa pas prononcer. Retour à soi d'un peuple — anglais, américain — qui retrouve ses valeurs fondamentales et son pacte originel. Retour sur soi de l'individu capable de bien et de mal, de tromper, de se tromper et de voir qu'il se trompe. Dans les deux cas, par le biais d'une intériorité épique et religieuse ou d'une ironie socratique et laïque, la révolution échappe à la révolution, elle ne juge plus, elle est jugée.

Une tour de contrôle installée dans le passé ou dans l'intimité de chacun superviserait le mouvement, hors d'atteinte ? Voilà qui ne saurait séduire le charbonnier qui entend être maître sur son tender quand il conduit la locomotive de l'Histoire.

Cette référence religieuse, morale ou philosophique au « for intérieur » d'un individu libre, la révolution marxiste l'évacue d'entrée : « la ruse de l'Histoire » veut que sa violence radicale dépasse les objectifs que s'assignent les acteurs officiels, chacun se trouvant de la sorte emporté au-delà de lui-même par un mouvement dont la vérité essentielle échappe au vulgaire, sensible seulement à la cruauté superficielle des événements. L'évacuation de la question éthique émancipe le révolutionnaire, il n'hésitera pas sur le choix des moyens, il ne les exige ni bons ni honnêtes, mais adéquats et opportuns. A l'occasion, il recrutera dans le « milieu local » ; en Géorgie comme au Vietnam, des mafiosi célèbres participèrent à la fondation des partis d'avant-garde. Si les masses marquent quelque réprobation quand le sang coule à flots, on décrète qu'elles demeurent sous l'emprise d'idées charitables mais réactionnaires. Si les masses deviennent furieuses, lyncheuses, et excèdent les limites du tolérable d'antan, on les gratifie d'un sens inné de la juste violence plébéienne. Diverses factions se disputent le privilège d'exercer l'exacte violence que la situation exige et l'extrême brutalité de ces débats internes marque assez que, le sentiment intérieur du bien et du mal éliminé, seule la force tranche.

L'erreur généreuse de Malraux, Sartre et bien d'autres aura été de confondre les époques et de confier à des révolutionnaires français costumés à la soviétique le soin de débattre d'une réalité qui leur était étrangère ; ils agitèrent des problèmes moraux au sein d'un mouvement qui accumule son énergie en éliminant soigneusement de telles problématiques. Fin des passions inutiles et des illusions américaines ou françaises, victoire de la technopolitique des temps nouveaux, l'homme du rang n'a plus de « vertu », il rentre dans le rang.

Par une erreur d'optique facile à comprendre, les Français ont fantasmé, La Fayette en tête, qu'ils recommençaient la révolution américaine. Les Allemands, Marx entre autres, crurent programmer la française, qui, vue de l'extérieur, paraissait dérouler ses étapes comme une fatalité infra ou super-humaine. Loin de décrire le passé, ils écrivaient l'avenir ; de pieux lecteurs mirent en scène leur scénario au prix de force coupures et simplifications. La locomotive de l'Histoire atteignit Addis-Abeba. Elle dégageait force fumée.

De nombreux gouvernements africains s'affichent révolutionnaires et empruntent à divers marxismes des vocables savants et des formules exaltantes. Ces régimes, dits « afro-socialistes », n'ont pas totalement rompu avec la tradition française, ils se demandent jusqu'où aller trop loin, ils avancent, ils reculent et leur cruauté présente, parfois terrible, n'engage pas l'avenir. Les militaires éthiopiens, en revanche, mettent le cap sur les révolutions du troisième type et progressent depuis une décennie sur la voie de l'afro-bolchevisme. Leur pratique quotidienne prouve la parfaite assimilation des critiques que Lénine adressait aux révolutionnaires d'antan.

Militaires, une fois pris, le pouvoir ne doit plus échapper. Calculez votre plan de carrière. Optez. L'illusion d'une révolution partout-et-toujours identique doit séduire les badauds, mais non vous abuser. Laissez les professeurs œcuméniques — ô Mathiez — se prendre au piège des identités fallacieuses. Que pour vous Robespierre ne soit jamais Lénine, ne confondez pas le perdant et le gagnant, les mains débiles de celui qui demeure un intellectuel et la poigne de celui qui sut jusqu'au bout rester chef d'Etat. Dites-vous que la guillotine, le 9 thermidor, ne dut rien au hasard. De nombreux historiens avancent que, désavoué le 8 à la Convention, Robespierre tenta de se supprimer. En fait son dernier discours était déjà un suicide. Ne se permit-il pas d'apostropher, non sans panache, une majorité soupçonnée hostile aux épurations qu'il préconisait : « S'il est impossible de les réclamer sans passer pour un ambitieux, j'en conclurai que les principes sont proscrits et que la tyrannie règne parmi nous, mais non que je doive me taire, car que peut-on objecter à un homme qui a raison et qui sait mourir pour son pays ? » Que peut-on objecter à un homme qui a raison et qui, néanmoins, se laisse mettre en minorité puis porter sur l'échafaud ? Tout Lénine ici s'esclaffe, lui n'a pas hésité à dissoudre l'Assemblée constituante — elle lui était peu favorable. Ce fut la première et dernière assemblée librement élue en Russie jusqu'à ce jour. Lénine s'accroche, rien ne lui est plus étranger que les délicatesses d'un Robespierre déclarant : « Je suis fait pour combattre le crime, non pour le gouverner. » Et ces derniers mots prononcés presque sous le couperet, ne sonnent-ils pas comme une démission à une oreille bolcheviquement ourlée ? « Le temps n'est point arrivé où les hommes de bien peuvent impunément servir la patrie : les défenseurs de la liberté ne seront que des proscrits, tant que la horde des fripons dominera. » Lénine ne fait pas tant la fine bouche : « Qui n'est pas avec moi est contre moi ». Traduisez : ou le crime gouverne, ou je gouverne le crime.

Messieurs les militaires, ne vous arrêtez pas sur ces tristes exemples anglo-français, passez directement en quatrième vitesse, n'admettez ni censure intérieure, ni censure extérieure, suivez la loi de votre élan sans rien qui le retienne. Ne vous inquiétez pas des révolutions rétro, la présente les reconstruit marxistement pour les besoins de la cause, elle s'y replonge elle-même et projette sur le passé la simplicité linéaire qui programme, « à gauche toute », le déploiement futur de ses violences. « Dans la première révolution française, la domination des *constitutionnels* fait place à la domination des *girondins*, et celle-ci à celle des *jacobins*. Chacun de ces partis s'appuie sur le plus avancé. Dès que chacun d'eux a poussé la révolution suffisamment loin pour ne plus pouvoir la suivre et à plus forte raison la précéder, il est mis à l'écart par l'allié le plus hardi qui le suit, et envoyé à la guillotine. La révolution se développe ainsi sur une ligne ascendante[1]. »

C'est aussi simple qu'un jeu de quilles. Tout obstacle en travers de l'irrésistible progression sera balayé ; la violence révolutionnaire est une force élémentaire dont la direction est fixe, il suffit d'autogérer les accélérations et les décélérations pour conférer à une énergie maximale son maximum d'effet. Les révolutionnaires de 1789 et 1793, tous, chaque faction à sa manière, luttaient sur deux fronts, menacés par le double chaos du passé vomi et d'un futur redouté ; ils naviguaient à vue entre Charybde et Scylla, le despotisme et l'anarchie. Erreur ! clame le prophète, ils allaient tous dans le même sens, ils stoppèrent à la queue leu leu et leurs dépouilles jalonnent les haltes successives d'un parcours unique, celui de leur propre dépassement. Comprenez, messieurs, le passé n'a point de leçon à donner, si ce n'est celle-ci : qu'il n'abrite pas de leçon. Finis donc les tergiversations pénibles, les interrogations, les retournements sur soi, le respect et les « superstitions ». « Les révolutions antérieures avaient besoin de réminiscences historiques pour se dissimuler à elles-mêmes leur propre contenu. La révolution du XIXe siècle doit laisser les morts enterrer les morts pour réaliser son propre objet. » Il était pressé, Marx ; quasiment en avance d'un siècle, mais quelle prescience ! Les lendemains trompettent et la troupe marche au pas, aux abords du défilé les civils n'ont que le droit d'applaudir et de suivre. Le moral est assuré. Les prétoriens peuvent foncer. Les morts enterrent les morts.

1. Karl Marx, *le 18 Brumaire de Louis Bonaparte*, éd. J.-J. Pauvert, chap. 3, p. 250. Souligné par les auteurs.

2

MILITAIRES DE TOUS LES PAYS... UNISSEZ-VOUS

Un futur grand homme d'Etat moderne brique sa déclaration de révolution avec la passion d'un jeune lieutenant partant en campagne. Il ne lui reste qu'à distancer ses amis et battre ses ennemis avant de décrocher le bâton de Camarade Président. La tâche est rude, le concurrent rusé, l'adversaire légion. Pour tenir le bout d'une révolution jusqu'au-boutiste, il faut du talent et une méthode. Le marxisme, certes. Mais lequel ? La référence révolutionnaire et la révérence à Marx ne suffisent pas à distinguer le Bon parmi la foule des parleurs qui ne lésinent jamais sur les citations.

La dynamique de la dynamite

Beaux militaires, prompts à diriger les transformations du monde, attention aux lectures imprudentes. Croiriez-vous, par hasard, que grâce à sa culture livresque, un simple major sans opinion connue (fût-ce de ses collègues de mess ou de bistrot) puisse passer président, du DERG et du COPWE, commandant en chef des forces armées révolutionnaires de l'Ethiopie socialiste, président de l'OUA à la dixième session ministérielle de l'OUA, secrétaire général du PTE, médaillé de « l'Amitié entre les peuples » et de la Paix Joliot-Curie[1] ?

De plus versés ès débats idéologiques et lectures subversives

1. Médaille décernée en février 1980 par le Conseil mondial de la paix alors que le président faisait la guerre à neuf ethnies.

que Mengistu Hailé Mariam, Addis-Abeba en comptait à la pelle — lycéens, étudiants et anciens étudiants se faisaient fort d'en remontrer au Derg tout entier en matière de socialisme et de science de la révolution. Justement. Ne pas idéologiser avec les idéologues trempa la force des officiers éthiopiens. Ayant à rédiger des programmes, ils appointèrent des spécialistes en porte-plume. Quand ces écrivains publics s'avérèrent encombrants, ils furent liquidés, parfois avec leurs programmes. Marxistes, les prétoriens ne l'étaient pas moins, mais autrement, que les intelligences qui désertèrent les bibliothèques pour finir par peupler les cimetières. Au printemps 1977, ce fut la première terreur rouge. La voirie locale travailla à plein temps. Le DERG, aidé d'un groupe d'intellectuels marxistes (le MEISON), nettoya l'autre « parti » marxiste, le EPRP : mille cinq cents jeunes militants jonchèrent le pavé d'Addis-Abeba. Chaque aube éclairait sa nouvelle récolte de cadavres. En décembre de la même année ce fut au MEISON de connaître semblable traitement. Selon Amnesty International, le nettoyage fit trois mille morts urbains en deux mois. Dix mille assassinats politiques pour l'an de grâce 1977. Le Congrès américain n'en retient que trois mille. Les journalistes pencheraient, eux, pour le premier chiffre. A bien y réfléchir, l'imprécision est plus révélatrice que l'une ou l'autre des estimations. Le DERG massacre sans compter et sans que personne puisse mesurer les dégâts. Le marxisme des hommes d'action l'emporta ainsi sur celui des hommes de plume.

De l'idéologie à la technopolitique

Le militaire a besoin d'un guide pour sa pratique plus que d'une idéologie, fût-elle scientifique. Avec lui, le marxisme devient, comme pour les « conquérants » de Malraux, « un art, une méthode beaucoup plus qu'une science ». Côté doctrine, il a tôt fait de percevoir dans la fameuse science un « fatras doctrinal » qui camoufle les analyses les plus contradictoires : le DERG « représente » les forces populaires, ou il en est l'allié petit-bourgeois et national, il manifeste une déviation bonapartiste, il confisque bureaucratiquement le mouvement des larges masses, il trahit la révolution pour finir par incarner la contre-révolution triomphante ; ou il ne constitue dès l'origine qu'une petite clique fasciste brandissant le drapeau du communisme pour mieux assassiner les vrais communistes. Le Derg mena-t-il une révolution ou un simple coup d'Etat ? Une révolution de palais ? Continue-t-il la politique du Négus par d'autres moyens, davantage sanglants ? Reprend-il, en grand, la guerre coloniale contre l'Erythrée (la plus longue guerre de l'Afrique contemporaine) ? Se réapproprie-t-il les méthodes traditionnelles de centralisation abusive, de déplacements de population ? En reproduit-il les mêmes échecs, la même dépendance vis-à-vis de l'aide étrangère et, finalement, la famine ? Mengistu est-il Hailé Sélassié à la puissance dix ? Peut-être. Mais reconnaissez dans cette élévation le pouvoir décuplant de la révolution. Le Négus est tombé. Mengistu tient.

Le militaire avisé ne perdra pas un temps trop précieux à quêter une toujours incertaine consécration doctrinale. Napoléon a saisi la couronne des mains tremblantes d'un pape quelconque, il la déposa de son propre chef sur son propre chef. Lénine, négociant ses virages en épingle à cheveux, amait à citer le mot de l'empereur : « On fonce et puis on voit. » Celui dont l'action devient légende se soucie peu d'authentifier par un « c'est écrit » ce qui de toute façon sera. On fait avec ce qu'on a. Tocqueville, comme Marx, nota que la révolution de 1789 s'inscrivait dans la continuité de l'Etat français, dont elle poussa au paroxysme les défauts et les qualités. Eisenstein, comme Soljenitsyne, comme Staline probablement, détecta combien le bolchevik poursuivait, à son insu, la route tracée par Ivan le Terrible et Pierre le Grand.

Pour ne pas introduire d'aussi radicales ruptures que les naïfs imaginent, les révolutions n'en sont pas moins d'incommensurables événements, comparées aux innombrables révoltes, jacqueries, insurrections et intrigues de palais qui fatiguent les histoires anciennes, comme les faits divers nos actualités. Plaisantes ou déplaisantes, les révolutions développent un énorme pouvoir prédateur. Si le marxisme constitue une méthode utile aux militaires, c'est dans la très précise mesure où il permet de canaliser et de maîtriser à leur profit une telle puissance de destruction.

Une fois établie l'existence d'un gisement inépuisable d'énergie violente, reste à l'exploiter. Sur ce point, le marxisme n'est pas dépourvu d'arguments de vente. A condition toutefois d'être mis en valeur, non comme une idéologie passée de mode mais comme une technologie politique — de plus en plus mise en pratique sur les terrains expérimentaux du « tiers monde ». Parmi les transferts de technologie qui bouleversent la planète, on omet de mentionner l'art et la manière de la lutte des classes. Mieux que les usines, les révolutions livrées clés en main ! Certes, les conflits et les divisions entre couches, classes et fractions de classe ne manquent dans aucune société. Ce n'est pas la découverte de leur existence et de leur importance qui anoblit Marx, d'autres surent avant lui repérer de tels « moteurs de l'Histoire ». Il trouve son originalité à élaborer un mode d'emploi limpide et universel. « En ce qui me concerne, écrit-il, ce n'est pas à moi que revient le mérite d'avoir découvert ni l'existence des classes dans la société moderne, ni leur lutte entre elles. Longtemps avant moi des historiens bourgeois avaient décrit le développement historique de cette lutte des classes et des économistes bourgeois en avaient exprimé l'anatomie économique. Ce que je fis de nouveau, ce fut : 1) de démontrer que l'existence des classes n'est liée qu'à des phases de développement historique déterminé de la production ; 2) que la lutte des classes conduit nécessairement à la dictature du prolétariat ; 3) que cette dictature elle-même ne constitue que la transition à l'abolition de toutes les classes et à une société sans classes[1]. »

Le marxisme n'invente pas la lutte des classes, mais il apporte l'espoir d'en finir en la menant à son terme. Cet art du combat jusqu'au bout fait son prix aux yeux d'un putschiste condamné à livrer de front trois guerres. La bataille des idées l'oppose à l'élite civile urbaine. Les luttes sociales l'affrontent radicalement à une masse paysanne, majoritaire et « océanique » (Lénine), qui menace à tout moment de le submerger. Les conflits armés sapent son pouvoir dans les provinces et aux frontières. C'est sur ces trois terrains, et non dans les bibliothèques, que le marxisme est appelé à faire la preuve de son efficace. Ou bien il se révèle opérationnel. Ou bien c'est un gadget inutile et encombrant.

Les politiques occidentaux — et, probablement, dans le secret de leurs conciliabules, quelques apparatchiks soviétiques — s'interrogent sur la sincérité ou la roublardise de ces militaires « tiers-mondistes » saisis soudain par le léninisme comme Le Trouadec par la débauche. Les conversions subites étonnent. On se demande : croient-ils ? Font-ils l'âne pour avoir le foin, récitant en chœur le credo soviétique contre de sonnantes et trébuchantes livraisons d'armes ? Sont-ils saisis par la grâce ? Crédules, donc fixés ? Ou, sceptiques et machiavéliques, tirent-ils avantage d'une situation qu'ils n'hésiteraient pas à renverser si besoin

1. Karl Marx, *Lettre à Joseph Wedemeyer*, 1852.

était ? Les chancelleries évoquent des pays proches — Egypte, Somalie — qui, verbeusement prosoviétiques, virèrent occidentales en moins de temps qu'il ne faut pour l'expliquer. D'autres spécialistes objectent : les militaires éthiopiens suivent une trajectoire autonome, ils se marxisèrent pour des raisons internes avant de se soviétiser pour des motifs externes, ce qui affaiblit l'hypothèse d'un pur double jeu prenant Moscou au piège de son internationalisme prolétarien.

Les termes de ce débat sont souvent vieillots et dépassés. Une idéologie, on y croit ou pas. Le marxisme n'est pas pour un militaire conscient une idéologie. Mais une technologie. Elle est vraie parce que opérationnelle. La croyance implique une vision du monde, le militaire n'a ni le goût ni le loisir de s'y adonner. Confronté à l'urgence et au danger, il interroge l'efficacité des méthodes proposées, si la recette fonctionne il est preneur ; la question de son intime conviction est superfétatoire. Il croira si ça marche, mais qu'on ne compte pas sur ses états d'âme pour pallier les déficiences de procédures rêveuses et impuissantes. Les exaltations idéalistes et transcendantes ne figurent pas à l'ordinaire de la garnison.

LE NOUVEAU BIO-POUVOIR

Une société moderne ne trouve pas sa cohésion dans l'idéologie. La vision collective et extasiée d'un Souverain Bien se raréfie. Les moralistes français, ne se souciant point tant de la morale que des mœurs, ont très tôt signalé que le Bon Dieu des modernes est pour le moins « caché ». Ils attirèrent l'attention sur les disciplines fines et dissimulées régulant les rapports entre individus que l'idéal divise. L'éducation, les coutumes civiles et militaires, le divertissement, les conversations de salon leur parurent plus décisifs que les grandes idées et les religions fanatiques. Rabelais et Montaigne annonçaient les maximes et les pensées du Grand Siècle. Ils dévoilaient, ce faisant, la face cachée de la technique européenne. Derrière le projet avéré d'une domination mathématique et exotérique de la nature, des techniques politiques et sociales proliféraient ésotériquement, sécrétées par des institutions concurrentes mais concourantes (famille, armée, administration, médecine, police, instruction...). Santé, manières de table, habitat, conditions de vie entrent alors « dans le champ de contrôle du savoir et d'intervention du pouvoir[1] ».

Ce nouveau « bio-pouvoir », qui convoque les puissances naissantes de la démographie, de l'économie politique, des stratégies physiques et des disciplines spirituelles, s'exerce à la charnière des corps individuels et du corps social, il induit une mutation générale du partage entre la vie privée et l'activité publique ; la responsabilité gouvernementale change brusquement de caractère : « Au vieux droit de *faire* mourir ou de *laisser* vivre s'est substitué un pouvoir de *faire* vivre ou de *rejeter* dans la mort[2]. » La gestion distributive du flux des populations, des richesses et des activités devient un enjeu pour les Etats et s'éparpille en mini-enjeux dans une multitude de centres de décision (ateliers, casernes, écoles...). Officiellement, la technique occidentale totalise sa puissance dans la maîtrise de la nature extérieure. Officieusement, elle transforme non moins radicalement les relations que l'individu moderne entretient avec ses semblables et les types de gouvernement qu'il revendique ou subit.

Le « retard » du « tiers monde » en général, et de l'Afrique en particulier, en matière de technologie politique l'emportait de loin, bien qu'inaperçu, sur les difficultés du décollage industriel ou commercial. L'incapacité de gérer les flux démographiques et sociologiques, les proliférants problèmes de la santé, le développement d'économies parallèles qui échappaient aux statistiques, aux taxations, aux contrôles, autant d'indices d'un sous-développement techno-politique devant lequel les us et les coutumes traditionnels se révélaient inaptes et les discours technocratiques ineptes. C'est alors que le marxisme vint et proposa sa techno-politique de pointe.

« Ayant parcouru les confins afghano-pakistanais deux mois avant de séjourner en Ethiopie, l'auteur s'est convaincu du bien-fondé de la comparaison (imposition d'une modernisation accélérée et autoritaire ; rôle des Soviétiques ; contradictions ethniques internes, exode des réfugiés...). Ces deux Etats ont en commun de n'avoir pas été colonisés ; le "rattrapage" qui leur est imposé

1. Michel Foucault, *la Volonté de savoir*, Gallimard, 1976, p. 187.
2. *Ibid.*, p. 181. Souligné par les auteurs.

n'en est que plus brutal », remarque le géographe Michel Foucher[1].

Comment devenir occidental quand on ne l'est pas ? Autrement dit, comment « rattraper et dépasser le capitalisme » ? Superficiellement l'ambition peut se limiter à copier en mieux, en plus rapide, et l'on parsème de combinats gigantesques et de barrages démesurés la partie socialiste de la planète. Cette platitude imitative concerne la seule domination de la nature. Derrière sa nullité technique et industrielle, le marxisme développe une techno-politique de rattrapage parfaitement élaborée, elle assure aux peuples soviétisés un décollage sans retour vers une destination qu'on ignore encore, tant elle diverge du cours ordinaire du développement occidental. Ce n'est donc ni par son bout, ni par son but que la nouvelle technologie politique intéresse les dictateurs potentiels, indifférents aux réflexions éthérées sur le royaume des fins. C'est par les moyens et les méthodes de gestion sociale qu'elle leur enseigne.

Le militaire marxiste entre au pays des merveilles, il a saisi combien oiseuse et superflue peut s'avérer la gestion de l'industrie et de l'agriculture en regard de celle préalable des corps et des collectifs. A l'intérieur de la ville résoudre correctement — c'est-à-dire en faveur de l'état-major — la contradiction entre le militaire et le citadin, tant dans la bataille des idées que dans les conflits de rues. A l'intérieur du pays, maîtriser pareillement l'opposition ville-campagne. Pousser, enfin, les guerres jusqu'à la victoire sans se perdre en fastidieuses tentatives de conciliation. Tels sont les trois types d'épreuves qu'une adéquate technologie politique permet de surmonter de front. Le marxisme s'en révèle la nécessaire boîte à outils. L'instinct de conservation dicte au militaire sa conduite léniniste.

Ni recueil ingénu de recettes terre à terre, collectées au hasard, ni application tatillonne d'un système de pensée préétabli, une technologie politique s'autorise d'elle-même, invente ses conditions d'application et légitime, chemin faisant, les coups de serpe qui taillent le chemin. Sa rationalité originale ne se plie pas à un ordre des raisons préinscrit en quelque ciel d'idées, pas plus qu'elle ne se borne à enregistrer le produit confus d'un tâtonnement éperdu. Une technologie politique prétend sans cesse

1. *Hérodote*, nº 39, p. 112. Sur l'Afghanistan, cf. Michael Barry, *le Royaume de l'insolence*, Flammarion, 1984.

accoupler, réconcilier, unifier la théorie et la pratique, mais dissimule soigneusement la double transformation qu'elle impose aux théories et aux pratiques en se les soumettant. La théorie est censée montrer le juste, la pratique manifeste la force, une bonne politique combine : « La justice sans force est contredite, parce qu'il y a toujours des méchants ; la force sans justice est accusée. Il faut donc mettre ensemble la justice et la force ; et pour cela faire que ce qui est juste soit fort, ou que ce qui est fort soit juste[1]. » Voilà, beau militaire, le secret de la pratique révolutionnaire du XXe siècle, elle unifie bouleversement dans la pensée et dynamitage du corps social en faisant « que ce qui est fort soit juste » ; elle opère selon trois lignes d'attaque.

A. La gestion critique des oppositions

Diviser pour régner. Insensiblement, l'antique devise, rajeunie, affinée, démultipliée, a glissé du stratagème à la stratégie. Il ne suffit pas d'exploiter les divisions existantes, il faut les faire exister, les réveiller, les creuser, les monter en oppositions, exacerber les contestations et attiser les différends jusqu'au point d'incandescence où les armes de la critique triomphent dans la critique par les armes. Lénine mit un talent inégalé à susciter et ressusciter d'impitoyables conflits de faction aux congrès sociaux-démocrates. Le DERG, sous l'inflexible conduite de son maître Mengistu, manifeste un génie d'une trempe semblable, il pousse l'élite éclairée à vider sa querelle dans la rue et conclure ses règlements de comptes dans des bains de sang. Rien n'est en fait plus aisé que de chauffer la rivalité d'équipes, d'autant plus agressives qu'elles se disputent les mêmes textes au nom de valeurs similaires, mues par d'analogues principes et se réclamant de méthodes indistingables. Il reste à tirer le premier pour faire, enfin, paraître la différence.

Toutes les querelles latentes qui tendent une société ne manifestent pas pareille fratricide symétrie. Qu'à cela ne tienne. Agitez, mélangez, battez. Envoyez les étudiants révolutionner les campagnes, mobilisez les paysans pauvres contre ceux que vous désignez comme « koulaks » (le terme passe sans traduction du russe en amharic...). Armez le tout. Laissez se dénoncer, s'entre-massacrer. Puis faites intervenir l'armée quand le désordre est à

1. Blaise Pascal, *Pensées*, éd. Brunschvicg, pensée 298.

son comble. Variante à ce brillant scénario des Zematcha (1975-1977), la « transplantation » (1985-1986) : vous mélangez les Tigréens affamés du Nord aux Oromos du Sud, que vous délogez de leurs maisons, vous pressurez. Il y a bon espoir que l'incompréhension, l'hostilité et très vite la haine reproduisent l'édifiante dramatique qui pacifia par le fer et le feu étudiants et lycéens. Le brassage des populations par transfert et « villagisation » détruit à son tour les communautés traditionnelles au profit de grands ensembles artificiels où les anciens hameaux rassemblés et mélangés se surveillent mutuellement. Autant de factions déracinées et décervelées, sans foyers, sans églises, sans mosquées, qu'il suffit de frotter les unes aux autres pour enflammer la plaine. Tout le pouvoir aux maîtres artificiers du DERG.

La prise en main de la société s'opère par sa mise en mouvement. Elle suppose une « dialectisation » des contradictions sociales, qui les aiguise et les porte à la rupture. Une condition cependant : un appareil solide doit garder la main haute sur ce jeu dangereux.

B. Les organisateurs de l'Apocalypse

Pour jouer avec l'étincelle révolutionnaire, il faut parvenir à contrôler les incendies. Donc demeurer supérieur, comme extérieur, aux contradictions qu'on déchaîne. Le marxisme classique répond à ce problème par l'intervention d'un parti de type léniniste. Le militaire new look ne doit pas hésiter. S'il ne chausse pas les lorgnons du décabriste d'antan, si son éloquence matérialiste dialectique laisse à désirer, s'il manie le stylo-feutre avec plus de ratés que le revolver, l'officier éthiopien se montre néanmoins digne des révolutionnaires professionnels fusilleurs de Cronstadt et affameurs d'Ukraine. Les temps ont changé. La techno-politique d'octobre 1917 demeure ; l'armée relaie l'inexistant parti au poste de commandement.

Comprenez, messieurs les militaires, le marxisme est vivant. En vous. A votre insu, vous incarnez le corps des révolutionnaires professionnels chargé d'introduire le socialisme « de l'extérieur », en l'imposant d'en haut à une société en ébullition. En l'injectant de force aux mouvements spontanés qu'on use les uns contre les autres. Ne vous laissez pas abasourdir par les récriminations des bureaucrates soviétiques vieillis qui consentent en définitive à tirer leurs chapeaux devant vos casquettes. S'ils se montrent fiers de leurs costumes fripés mais civils, s'ils vous pressent de la nécessité de constituer un parti, en dissimulant les uniformes trop voyants, rétorquez que ce qui vit évolue et que vous brandissez le bras armé d'un quatrième âge de la révolution marxiste.

Karl Marx (premier âge) comme Mao Tsé-toung (troisième âge) affichaient les défauts de leur génie. Ils repérèrent à merveille les conflits qui devaient embraser l'époque. Ils parièrent sur la propagation spontanée des flammes et sur l'issue quasi automatiquement favorable des accouchements révolutionnaires. Tant de candide optimisme fourvoie. Marx et Mao n'ont pas mené à bien la révolution de leurs rêves. L'un versa beaucoup d'encre. L'autre beaucoup de sang. Tous deux sont morts déçus et certainement désabusés. Il fallut Lénine et Staline (deuxième âge) pour forger les instruments du forceps. Parti et Police accoucheront une société en gestation difficile.

Vous êtes, messieurs, les Lénine collectifs des temps nouveaux. Vous héritez du travail intellectuel accompli à l'époque précédente et vous passez à l'acte. Aujourd'hui, Moscou, mieux vaut tard que jamais, avalise l'essentiel déplacement (repéré par les Chinois) de la zone des tempêtes. Rome n'est plus dans Rome, la révolution n'est plus l'Europe, comme elle le fut pour Marx et Lénine. A la fin de notre siècle, la paix sociale endort les métropoles industrielles ; les grands bouleversements ébranlent une périphérie baptisée globalement « tiers monde ». La seule stratégie possible et plausible de la révolution universelle table sur l'encerclement des villes par les campagnes planétaires. Témoins lucides de ce changement d'époque, les maoïstes s'avérèrent parfaitement incapables de tirer des conclusions pratiques. Il fallut que Moscou lentement s'imprègne de ces nouvelles analyses pour que s'élabore un nouveau léninisme, une techno-politique de la tempête en des régions jusqu'alors marxistement vierges.

LA NAISSANCE DU « TIERS MONDE »

L'expression « tiers monde » apparut le 14 août 1952 sous la plume d'Alfred Sauvy, à la fois savant, démographe et observateur attentif des bouleversements planétaires qui suivirent la Seconde Guerre mondiale. En dix ans, le terme conquit son droit de cité dans les péroraisons-fleuves des sommets internationaux, il se greva de multiples connotations hypocrites, sans perdre la pluralité de sens qui assura son lancement. Sauvy désigne d'un nouveau nom l'ensemble étiqueté, en style Nations unies, « pays sous-développés » pour trois raisons : 1) les pays sous-développés sont animés de mouvements autochtones répondant à des problèmes spécifiques sans qu'il y ait lieu de réduire leurs soulèvements à la main de Moscou ou l'influence de Washington ; 2) ces pays pauvres sont porteurs d'intérêts généraux, cette majorité de l'humanité, jusqu'alors défavorisée, est appelée à abolir les privilèges des nations nanties, industrialisées et riches ; 3) ces peuples humiliés incarnent l'avenir, « car enfin ce tiers monde ignoré, exploité, méprisé, comme le Tiers Etat, veut lui aussi être quelque chose ».

Le premier point porte encore aujourd'hui la vérité du concept. Le tiers monde occupe une position tierce, il échappa aux partages manichéens de la guerre froide, il affronta ses propres tensions. Le colonialisme anticommuniste n'est pas salvateur. La colonisation de l'Afghanistan, menée sous la houlette de l'internationalisme prolétarien, n'est pas moins sale que la plus sale des guerres impérialistes. Le deuxième point s'est avéré pure illusion : les « pays non alignés » n'ouvrent pas une troisième voie, ils ne forment pas de tiers bloc et les puissances qui prétendent parler au nom de deux milliards d'hommes (conférences de New Delhi, 1947, Bandung, 1955, Belgrade, 1961) s'entre-déchirent sans déroger aux lois de la jungle planétaire.

Le troisième point introduit les débats qui dominent la fin de ce siècle. On constate l'extrême prudence d'Alfred Sauvy faisant référence à l'annonce révolutionnaire de Sieyès en 1789 : « Qu'est-ce que le Tiers Etat ? Tout. Qu'a-t-il été jusqu'à présent dans l'ordre politique ? Rien. Que demande-t-il ? A y devenir quelque chose. » Comme Sieyès, Sauvy avançait avec précaution : le tiers monde veut devenir « quelque chose ». D'autres, Fanon, Sartre, identifieront radicalement tiers monde et damnés de la terre, et retrouveront l'accent sacré de *l'Internationale* : « Nous ne sommes rien, soyons tout. » Les « nations prolétaires » viennent alors remplacer les classes ouvrières occidentales qui visiblement faillirent à la mission christique et eschatologique que le siècle précédent leur avait assignée.

L'analogie tiers monde-Tiers Etat-damnés de la terre a le mérite de désigner la grandeur de la question et le défaut de la donner pour une réponse. Un destin du monde se joue dans les mouvements de libération qui bouleversent l'Afrique, l'Asie et l'Amérique latine, auxquels il faut joindre les mouvements démocratiques de l'Europe de l'Est. Mais les prophéties optimistes, qui fêtent les libérations promises, font bon marché de la responsabilité et de l'autonomie de ces mouvements qui doivent, pour leur propre compte, dans des conditions toujours pénibles, choisir entre les facilités d'une nouvelle oppression et les difficultés de la démocratie à l'état naissant.

Les préjugés résistent aux évidences les plus évidentes. Pékin commença à vouloir forger de toutes pièces d'artificiels partis léninistes dogmatiques et absurdes. Moscou cultiva pour sa part l'amitié de quelques dirigeants prestigieux — Nasser, Sékou Touré, Nkrumah, etc. —, comme si d'aussi volages personnalités allaient servir d'honnêtes leviers pour soulever le monde. La solution coulait de source, le parti ne pouvait recruter d'inexistants prolétaires, il ne pouvait non plus rassembler une élite civile trop clairsemée et tendue par de permanentes concurrences ; restait, face à l'infinie masse paysanne, le seul appareil qui pût insuffler le socialisme de l'extérieur : l'armée.

Devinette : dans ces pays sans industrie, quelle est la machine-outil la plus utilisée ? Réponse : la kalachnikov. En l'absence du travailleur industriel, le soldat est le vrai prolétaire. Il s'initie à la technique contemporaine, il manipule, monte, démonte des chefs-d'œuvre de précision et de préciosité. L'officier, initié par l'Ouest aux techniques sophistiquées et par l'Est aux technopolitiques de pointe, prend la place de l'intellectuel véritable. Une caserne du tiers monde incarne une double chance, celle interne de la rencontre entre intellectuels et prolétaires, celle externe d'un rendez-vous avec l'histoire scientifique et sociale des puissances avancées. En apprenant à faire la guerre moderne, l'homme du tiers monde fait l'apprentissage de l'Occident. L'école de la modernité, il ne la rencontre pas dans d'inexistantes manufactures, ni dans les bibliothèques rarissimes, mais au régiment. Le socialisme sera de caserne ou ne sera pas.

L'armée révolutionnarisée est l'instrument par excellence du rattrapage marxiste, elle prend la succession difficile du vieux parti léniniste. En dix ans, la moitié du DERG a déjà exécuté l'autre moitié (le rythme fut au début plus lent dans l'ancien

Comité central de Lénine, mais, en définitive, les méthodes de renouvellement et d'élimination des cadres restent identiques).

TOUT EST PERMIS EN AFRIQUE[1]

Etudiant à Harvard, élu en 1966 président du Comité de coordination des étudiants non violents (SNCC), la grande organisation étudiante portée par la fièvre des révoltes noires dans les années soixante aux USA, Stokeley Carmichael lança, à la suite de Malcolm X, le mot d'ordre du Black Power et fut un des fondateurs du parti des Panthères noires. Il quitta les Etats-Unis au début des années soixante-dix pour une longue pérégrination qui le conduisit à La Havane, Hanoi, Alger. Depuis quinze ans à Conakry, où il devient dignitaire du régime et conseiller personnel du dictateur Sékou Touré. Il change de nom et se baptise Kwamé Touré, en hommage à ses deux pères spirituels, Sékou (Touré) et Kwamé (Nkrumah, président ghanéen décédé en exil à Conakry). Après la mort de Sékou Touré et le massacre de son entourage, il est épargné et conserve son logement « face à l'océan, à deux pas du sinistre camp de Boiro », note Jean-Jacques Mandel, qui recueillit l'interview. On sait que le camp de Boiro fut un haut lieu de torture en Guinée socialiste. L'ancien président des étudiants non violents explique fort clairement pourquoi les cris des suppliciés ne l'empêchent pas de dormir :

KWAMÉ TOURÉ — A la fin des années soixante, les idées étaient claires sur ce qu'il y avait à faire : organiser internationalement le pan-africanisme. Entre 1968 et 1970, tout le monde est venu à Conakry : Samora Machel, Amilcar Cabral, Nyéréré, Fidel Castro, tous les mouvements de libération africains, toutes les forces progressistes du monde. Nous pouvions faire un vrai travail de prise de conscience.

LIBERATION — *Vous dites nous ? C'est qui ?*

KWAME TOURE — Les militants pan-africanistes. Sékou Touré en était un, il travaillait à la stabilité politique de la Guinée. Il avait compris que notre génération n'est pas là pour développer l'Afrique économique. Ce sont les générations futures qui feront

1. *Libération*, 21 août 1986.

cela grâce à la stabilité politique que nous aurons mise en place. Regardez l'URSS après Staline, la Chine après Mao.

LIBERATION — *La stabilité politique, c'est la construction de l'Etat ?*

KWAME TOURE — Oui, par le biais du parti. On sacrifie tout au parti. On fait le sacrifice des choses matérielles pour ce travail idéologique. Comme Sékou Touré l'a dit : « On choisit la pauvreté dans la liberté plutôt que l'esclavage dans l'opulence. »

LIBERATION — *Ce genre d'éducation politique a coûté un peu cher aux Guinéens. Les assassinats, les tortures au camp Boiro...*

KWAME TOURE — Je suis un révolutionnaire, je suis allé en prison aux USA quand j'avais dix-neuf ans, j'ai été torturé à l'électricité. Je connais la torture, je sais pourquoi on m'a torturé. Il n'y a pas de sentimentalité dans la révolution. Je ne connais aucun mouvement social pour le progrès dans le monde où il n'y a pas de tués. On ne peut pas juger sur le sang versé. Si la cause est juste, il n'y a pas de discussion sur le sang versé. Quand on me dit que Sékou Touré a versé le sang, je réponds : moi je sais pourquoi. Et je le dis : nous, les révolutionnaires africains, nous n'avons pas fini de faire verser le sang. C'est clair et net en Afrique.

C. Le contrôle de la vie

Les coups d'Etat ordinaires s'accomplissent sur un coup de tête. L'accession des militaires à la mission historique que le quatrième âge du marxisme leur assigne implique une radicale conversion. Les Ethiopiens, modèles à ce jour, ont osé la transformation interne que leur jeune responsabilité exige. Pas un simple changement de carrière, la mutation de la carrière même. Traditionnellement, l'armée, en ses heures glorieuses, tirait pour défendre, elle faisait mourir (en guerre) pour laisser vivre (en paix). Désormais, initiée à la techno-politique moderne, elle entreprend de faire vivre (et laisser mourir). Les nationalisations des banques, du commerce, de l'industrie, du logement urbain et de la terre, très vite décrétées, annoncent que le régime prend en charge les populations dans la totalité de leur existence. Le gouvernement militaire ne s'occupe pas de survie, il gère la subsistance permanente, non plus la crise ultime des derniers instants.

Les mauvaises langues, les détracteurs du DERG insinuent que, face à la famine qui ravagea le pays en 1983-1986, celui-ci fut aussi démuni et incapable que le Négus dix ans auparavant. C'est voir court. Il n'en est rien. La différence de comportement permet de mesurer combien l'Histoire avance. A pas de géant. Le roi des rois, lion de Judée, cacochyme héritier de la reine de Saba, se conduisit comme il est normal de se comporter dans des sociétés qui n'ont pas franchi le « seuil de modernité » biopolitique. La famine « échappa » à son gouvernement, le gouvernement échappa à la famine. Incontrôlable, elle ne relevait pas de sa gestion. Il invoqua le ciel et, parce qu'en voie de laïcisation douce, il ignora la terre. Jadis événement sacré, avertissement ou punition du Très Haut, la famine glissait au non-événement. Son statut n'ayant pas changé, elle appartint, sous le Négus, à la sphère des phénomènes extraordinaires devant lesquels on ne pouvait que se voiler la face. Au contraire, le DERG calcule, manipule, distille l'information, programme l'assistance, en coordonne les effets et les intègre en sous-main à ses projets. Loin de surgir dans un *no man's land*, au-delà de la gouvernementalité, en marge de l'Histoire officielle, la famine devient l'objet d'une stratégie, participant de l'économie du pays elle contribue, météorologie aidant et désertification poussant, à en redessiner les extensions sociales, spatiales et temporelles. Loin d'être un événement étranger manifestant un autre monde qui échappe aux humbles procédures d'ici-bas, la famine est conditionnée pas les soins constants et attentifs du gouvernement.

Le DERG ne produit pas la famine. Il la module. Les conditions atmosphériques, climatiques, démographiques agissent sans distinction de croyance et d'opinion. Le régime des vents est indépendant des régimes politiques. Seule la réponse, qu'apportent les diverses sociétés humaines à des calamités « naturelles », est différenciée. Le Négus, semi-occidentalisé, réagit à l'ancienne, mais désespérément. D'autres pays tentent d'acclimater les biopolitiques des démocraties occidentales en laissant plus ou moins librement circuler argent, aide, information, avec, aussi, de lourdes probabilités de scandales et de corruption, donc avec la possibilité de s'en scandaliser pour y mettre un terme. Le DERG, pour sa part, réinvente la biopolitique léniniste ; la faim, loin de la dissimuler, il l'expose comme une maladie de l'Histoire et se proclame seul médecin.

La famine, communistement traitée, devient alors le cas limite, mais exemplaire, d'une technique de mise en ordre alimentaire de la société. Les pénuries qui sévissent dans tous les pays du socialisme réel sont généralement présentées comme des phénomènes « négatifs », des effets involontaires, des « retards » dus au sous-développement initial, aux destructions, aux guerres. En fait, les maladies sociales accusent des « bénéfices secondaires » ; ils expliquent l'affection qui les entoure et les attentions qui les entretiennent. Derrière les lamentations officielles évoquant les mauvaises récoltes et le gâchis industriel, se profilent des modes d'emploi positifs, savants et raisonnés, de ces apparents cafouillages. Ils permettent : 1) le contrôle économique des populations tenues en état de dépendance chronique ; 2) une pression psycho-policière exercée en permanence sur un citoyen perpétuellement « en faute » : la pénurie le condamne à se fournir sur un marché parallèle, parfois toléré mais toujours illégal, en marchandises qu'il ne peut payer qu'en dérobant modestement sur son lieu de travail : vols et corruption assurent la matérielle, mais déstabilisent l'existence intime ; 3) la destruction implacable des communautés anciennes et des solidarités spontanées, car une situation de rareté engendre une prolifération de « jeux à somme nulle » où chacun ne gagne que ce que l'autre perd ; les collectivités alors se désagrègent, s'atomisent et tombent dans la « sérialité » admirablement décrite par Sartre (qui croyait cependant, à tort, la trouver dans les sociétés primitives alors qu'elle flambait neuf sous son nez dans le monde « progressiste » où la file d'attente devient la plus courue des activités économiques).

Mère nourricière et père fouettard, l'autocrate classique —tsar ou négus — passait pour dispenser, lui aussi, la manne gratifiante à ses humbles sujets. Il la répartissait en gros, pas en détail ; sa religion et sa politique établissaient les conditions générales des bonnes récoltes et de la paix sociale ; traditions, hiérarchies, intendances suivaient ; il laissait manger, il ne faisait pas manger. Les politiques modernes de la pénurie réquisitionnent, rationnent, répartissent, instaurent, entre l'estomac de chacun et l'Etat central, un rapport de dépendance individualisé et circonstancié. A l'occasion d'anniversaires importants, lors de l'intronisation d'un nouveau numéro un, les boutiques pavoisent et les rayonnages soudain regorgent. En cas de crise grave, les files s'allongent dans les rues, les livraisons tarissent. Le gouvernement manifeste ainsi ses humeurs, le degré d'angoisse ou d'espoir qu'il est en droit d'exiger de son fidèle sujet et les sentiments collectifs que doit inspirer l'avenir décrété appétissant ou inquiétant. D'un simple coup d'œil sur les devantures, le citoyen « socialiste » peut jauger l'état d'esprit de son gouvernement. Un arrivage imprévu vaut promesse d'amour, un étalage vide rend méfiant et circonspect. Parfois bien approvisionnés, habituellement austères, les magasins socialistes parlent, ils sont la vitrine du régime, les moins trompeurs de ses écrans d'information.

Moyen de contrôle, de pression, d'individualisation et de communication, l'alimentation communiste remplit cette multifonction et se trouve en permanence érogénéisée. Dans les pays traditionnellement soumis aux disettes récurrentes, la nourriture est spontanément érotisée, les puissants et les riches sont gros, la bonne cuisine grasse. En régime socialiste de privation consciente et organisée, l'acte de se nourrir ne manifeste pas seulement la présence (ou l'absence) matérielle des aliments, il témoigne du rapport qu'on entretient à soi-même, aux autres et à l'autorité, la corpulence est surdéterminée et la maigreur polysémique ; celle exigible du relégué diffère de celle qui inquiète chez l'intellectuel ou de celle qui triomphe chez l'artiste émérite occidentalement photogénique.

Condensant le rapport communiste au monde, l'alimentation se vit dramatiquement entre le zéro et l'infini. Il existe un en-deçà de la misère alimentaire ordinaire, c'est la famine. Et un au-delà, dont l'extase élève loin au-dessus des goinfreries et festivités. Ce pur moment de jouissance où le socialiste coïncide avec le socialisme, communion sans avant ni après, est, on le sait, l'ivrognerie, dont Zinoviev montre qu'elle constitue l'acte social par excellence de l'*Homo sovieticus*. Le riche vieux style absorbait du solide et sustentait sans réticence un corps débordant dont le gavage tranquille répondait d'un statut social stable et paisible. Le camarade ivrogne jouit d'entretenir sa propre pénurie, il est le communisme réalisé.

Entre la petite mort alcoolique et subjective cultivée au mess et la grande inanition collective ravageant des provinces entières, le génie communiste gère les oppositions, organise les apocalypses et contrôle la vie en reculant la frontière au-delà de laquelle le pouvoir abandonne l'individu à la seule activité qui lui appartienne en propre, et le laisse mourir ou pourrir.

La révolution-clone

La révolution éthiopienne suit *allegro vivace* une partition connue. Sans fausse note. Sans inutile fioriture. Ouverte, en février, par une série de mouvements populaires porteurs de revendications démocratiques et limitées — grève des taxis, manifestations étudiantes pour la libre expression et contre la famine, mouvements corporatistes des soldats et des officiers subalternes pour une meilleure paye et une bonne soupe. Plus de cent mille musulmans pour l'égalité religieuse, autant de syndiqués pour la liberté syndicale. Le Négus hésite, change le gouvernement, la cour complote et contre-complote, l'élite s'agite, la capitale s'inquiéte, les provinces interrogent. Des garnisons, mi-revendicantes, mi-mutinées mais toujours loyalistes, envoient des délégués à Addis-Abeba. Le Derg s'institue progressivement deuxième pouvoir. Juillet : le DERG démet le Premier ministre. Septembre : se surprenant lui-même à l'occasion du Nouvel An copte, il dépose le Négus. Novembre : baptême du sang, le DERG massacre des prisonniers et exécute son propre président, le général Aman Andom. Dimanche rouge. Déclaration du socialisme, nationalisations, réforme agraire, luttes de factions, etc. En toile de fond : la guerre coloniale contre l'Erythrée. En avant-scène : tous les partisans d'une négociation sont liquidés pour haute trahison. Suite normale du programme : disette, collectivisation, déplacement de population, et, comme par hasard, une énorme famine.

La révolution d'Octobre accouche, soixante ans plus tard, de sa première révolution-clone. D'où vient cet aussi rigoureux mimétisme dans les dates et les étapes ? Excluons l'explication simplette par la main du KGB. Comme celle d'une influence prestigieuse de la littérature soviétique. Ces charmants organismes n'interviennent en force qu'à mi-parcours, en 1976-77 ; la révolution les appelle à la rescousse, elle choisit seule, avec ses propres forces et pour son propre compte, la voie soviétique. Des raisons internes, antérieures, expliquent l'influence du KGB externe, postérieure. Lesquelles ?

Les analystes font souvent émerger la parenté de situation : un état bureaucratique et autocratique, qualifié à la va-vite de féodal, à la tête un empereur affaibli ou débile, une société déchirée par les tensions d'une modernisation à l'occidentale, une masse paysanne secouée et politiquement marginale, une religion dominante chrétienne mais insulaire, des peuples allogènes peu ou mal intégrés, des provinces musulmanes. Des parentés dans la situation « objective » aux similarités dans le processus « subjectif », le pas est vite sauté. L'ambassadeur soviétique Anatoli Ratanov, en poste à Addis-Abeba, confia à J. Kraft, qui le rapporte dans le

New Yorker : « L'Ethiopie est différente de la plupart des pays africains. S'il y avait une révolution au Niger, tout serait changé en une nuit. Là, la vie politique se réduit à une élite d'une centaine de personnes. On pourrait changer de gouvernement, et les gens ne s'en apercevraient même pas. Mais en Ethiopie il existait une société de classes et des frontières bien établies entre les classes. C'était un Etat indépendant. Il y avait une noblesse, qui possédait la terre. Il y avait un monarque et une vieille Eglise dépassée. En d'autres termes, il y avait une société organique — un corps avec une tête, un tronc, des bras et des jambes. Ici il était impossible de changer la tête sans changer le corps. Ce n'était pas tellement différent de la Russie en 1917. A l'origine de la révolution était un mouvement populaire contre l'injustice[1]. »

Anatoli Ratanov, qui exerça ses fonctions au pays de Sékou Touré, est un expert. Il met en lumière l'originalité de l'Ethiopie, cas unique en Afrique, usant d'une comparaison que l'ethnologue violemment anti-soviétique Simone Roussan développait cinquante ans auparavant : « La construction de la société éthiopienne m'a paru évoquer la très ancienne Russie : serfs et féaux, moujiks et boyards. Le prénom paternel, employé comme nom de famille pour les fils, le respect des enfants pour leurs parents, des serviteurs pour les maîtres, des sujets pour la famille impériale, respect inné, racique, sincère, ni vénal ni commandé, l'hospitalité, les nombreuses superstitions, la religion même, en combien de points les mœurs abyssines rappellent-elles les mœurs slaves ! Par leur commune non-soumission à Rome, par le nombre de leurs rites et par la dévotion toute particulière à saint Michel et à saint Georges, les églises copte et orthodoxe sont très voisines. Fût-ce dans les plus insignifiants usages, les rapports sont fréquents entre les deux nations, jusqu'au très normal baiser sur les lèvres d'homme à homme et en manière d'affectueux salut[2]... »

Ces analogies structurelles, sociales et politiques, valent... après coup. Aucun analyste, si marxiste ou gauchiste fût-il, ne se risqua, voilà seulement quinze ans, à prédire aux promotions de capitaines éthiopiens un avenir d'avant-garde léniniste. Les portraits des chefs illustres du prolétariat mondial ont beau dominer en rang d'oignons les carrefours d'Addis-Abeba, leurs yeux ne se posent sur aucune cité industrielle. Les bolcheviks de 1917 pou-

1. *New Yorker*, 3 juillet 1978.
2. Simone Roussan, *Seule en Ethiopie*, Société française d'éditions, 1936, p. 62.

vaient caresser en pensée la périphérie ouvrière de Petersbourg, le prolétariat de Vyborg confirmait des prédications que l'immense Russie démentait. La dictature du prolétariat dans un pays qui compte, au monde, le moins de prolétaires au kilomètre carré élève à des hauteurs insoupconnées les paradoxes de Lénine. Si le « retard » politique et économique de la Russie confère un atout majeur à celui qui prétend y conduire une révolution sociale exemplaire et radicale, à quel avenir radieux ne se trouve pas promis les 90 % de paysans éthiopiens marchant d'un même pas vers le socialisme, sous la conduite éclairée et vigilante d'un prolétariat d'autant plus soudé qu'inexistant ?

Le procès de modernisation dans une société fermée sur elle-même — Ménélik (qui régna de 1889 à 1913) fut le Pierre le Grand de l'Ethiopie — déstabilise les structures mentales et sociales. Le conflit croissant entre l'ancien et le nouveau expose le pouvoir traditionnel à divers coups de main : le Japon de l'ère Meiji, l'Iran de la révolution chiite suivent, à partir de situations initiales parentes, des cheminements différents, mais également douloureux. Si l'Ethiopie du DERG écope d'un destin jumelé à la grande aventure d'Octobre, repérez plus qu'une filiation de départ. Pour produire une révolution-clone, il faut mettre en commun non seulement les problèmes mais les solutions. Une identique technologie politique appliquée à des champs d'expérience pas trop hétérogènes promet forcément des résultats proches.

Militaires modernes, le tiers monde vous appartient ! Vous n'y représentez pas seulement les vrais prolétaires, tels que les statufie le *Manifeste communiste* de Marx et Engels, vous héritez également des tâches, du prestige et des lourdes responsabilités de l'intellectuel de type nouveau promu par Lénine et Staline. Vous ne vous contentez pas de parler, vous agissez. Ouvrez les armureries ! Et les controverses passeront vendetta, et le verbe flinguera la chair. Vous ne vous contentez pas de critiquer et de détruire, vous imposez vos décombres comme les promesses du monde nouveau, vous vous forgez une âme de gagnant, vous coupez court aux longues tergiversations des pères fondateurs bolcheviks, vous vous retrouvez de plain-pied avec les cadres soviétiques d'aujourd'hui. Finies, les tempêtes sous les crânes, dans votre poitrine bombée bat martialement depuis toujours le cœur simple des maîtres du monde. Vous n'avez pas à subir la dramatique métamorphose du visage et de l'âme russe que décrivit jadis Nicolas Berdiaeff :

« Une métamorphose psychologique s'accomplit ; l'expression des visages russes se modifie, et l'on assiste à la naissance d'un nouveau type anthropologique qui s'est formé à la guerre et qui triomphe dans la révolution. C'est l'athée vainqueur et organisateur qui surgit. La structure psychique douloureuse des anciens révolutionnaires s'est montrée inefficace, n'a pas su s'adapter aux nouvelles conditions, à la nouvelle époque. Quant aux anciens communistes qui s'étaient formés aux temps des persécutions, leur structure psychique subit une profonde transformation. Le communisme opéra le triage d'hommes d'un type spécial, et la jeune génération entra dans la vie avec une âme déjà façonnée sur un mode nouveau, une âme marquée de l'esprit de conquérant. Cet esprit de conquérant d'une classe à l'égard d'une autre classe rappelle l'ancien esprit des peuples et des nationalités ayant vaincu d'autres peuples et d'autres nationalités. L'homme qui a triomphé, qui est conscient de sa force, possède une tout autre structure psychique que l'homme opprimé et asservi, faible et compatissant ; la base psychique de ceux qui cherchent la Vérité, qui se sont soulevés contre l'injustice triomphante, est toute différente de la base psychique de ceux qui se considèrent comme les porteurs de la Vérité triomphante[1]. »

Reste à discipliner les amis conquérants et les camarades concurrents. Une seule solution : mobilisez les chers collègues. Le premier qui bronche sera poursuivi pour haute trahison. Mengistu s'est débarrassé de ses supérieurs et de ses pairs en les accusant de négocier avec l'ennemi héréditaire, définitif, de la révolution socialiste éthiopienne : la révolution socialiste érythréenne. Ayez toujours un petit satan à portée de fusil ; au premier embarras, entonnez le grand air de la patrie en danger. Les Soviétiques découvrirent, dès 1920, les multiples ressources du communisme de guerre, en son nom les uns militarisaient les syndicats et les autres affamaient les campagnes. Ils découvrirent en chemin qu'aucun « communisme de paix » ne naissait de ce « communisme de guerre » sans cesse reconduit, ils décidèrent de le gérer sous une forme plus calme et de ne pas brûler d'un coup les réserves de cruauté dans la fièvre sans souci des états d'exception. Le communisme de crise devint la règle. Il l'est encore à ce jour. Si la situation tourne à l'aigre, on revient à l'état de guerre, on fait appel à l'armée. En Pologne, l'épine dorsale du régime est

1. Nicolas Berdiaeff, *Problème du communisme*, Desclée de Brouwer, 1933, p. 85.

le parti armé. Bien entendu, les guerres coûtent cher, en armes et en hommes. Mais la techno-politique marxiste vous enseigne qu'elles rapportent plus qu'elles ne consomment.

HARO SUR LE KOULAK

La révolution jusqu'au bout, c'est la guerre entretenue interminablement à l'intérieur comme à l'extérieur. La révolution naît de la guerre, historiquement souvent, intellectuellement toujours. Les villes s'émancipent de leurs greniers à blé en envoyant la troupe réquisitionner au nom des intérêts supérieurs de la nation en armes. Le communisme « de guerre », selon Lénine et Trotski, continua, amplifia et acheva paroxystiquement les prédations inaugurées par le tsarisme à l'occasion de la Première Guerre mondiale (1916). Sous prétexte de lutte contre la vie chère, il laissa les prix industriels flamber et contrôla la vente des céréales, taxée et tarifée par décret. Ces mesures du gouvernement « réactionnaires » furent soutenues par le parlement centriste, la Douma, et applaudies par la gauche. Résultat : « Avant la fixation des prix, le commerce marchait encore sur la lancée des prix libres et, sur les marchés régionaux, les meuniers pouvaient encore constituer des réserves et nourrir la population. Mais dès que le barème fut connu, les paysans, en jurant, quittèrent les marchés et rapatrièrent chez eux leurs charrettes pleines... La récolte de 1916 avait été ramassée intégralement (par les femmes des soldats, les vieillards et les gosses). Mais elle ne put parvenir là où on en avait besoin : elle resta à languir dans les contrées les plus reculées de Russie, engrangée ou en gerbiers, inaccessible au moulins, aux fournils et aux boulangeries des villes. La Russie avait du blé, mais c'était comme si elle n'en avait pas. La Russie ignorait la famine, mais la voilà qui s'annonçait, menaçante, pour le printemps 1917. Dès l'automne, à Kharkov ou Tostov-sur-le-Don, villes pourtant méridionales, on notait des à-coups dans l'approvisionnement. Moscou et Petrograd, elles, qui n'avaient pas constitué de stocks, étaient nourries au jour le jour par des convois du gouvernement[1]. »

Le gouvernement tsariste avait commencé, le nouveau régime

1. Alexandre Soljenitsyne, *la Roue rouge, novembre 1916,* Fayard, 1984, pp. 792-793.

soviétique continua, développa, acheva. Il sut percevoir la voix haineuse du « koulak » et la main criminelle de la contre-révolution derrière toutes les protestations qu'une laborieuse extraction de nourriture suscite. Le paysan tire son blé de la nature, le révolutionnaire récolte le grain dans les greniers du paysan. Cette tâche incommensurablement plus pénible lui vaut parfois le soutien et toujours la compréhension des civilisations citadines. Certes, des désaccords de détail peuvent surgir. Des concurrents ès dictature réactualisent les vieilles calomnies trotskistes de la « théorie des ciseaux », ils soulignent l'écart croissant entre les prix agricoles (maintenus artificiellement bas, par la manière forte ou par la concurrence extérieure) et les prix « industriels » des produits livrés par la ville à la campagne (dont l'augmentation est ininterrompue). D'autres entonnent l'antienne maoïste de l'accumulation primitive socialiste et l'industrialisation à marche forcée, qui se fonde sur l'exploitation redoublée des ruraux. Laissez dire. Toutes ces déviations s'unissent malgré tout pour médire sans pitié du « koulak ».

La règle du jeu n'a guère subi de modifications. Pour alimenter les casernes et maintenir l'ordre dans les villes, le DERG doit « tenir » le prix des produits de première nécessité, donc les arracher aux campagnes. Tant que les stocks à usage urbain demeurent à disposition, tout est censé se passer le mieux du monde, car le monde, c'est la ville. La commission de la FAO qui visita l'Ethiopie au printemps 1984 ne pressent pas vraiment la famine d'octobre, pourtant déjà avancée : on lui a présenté les réserves des citadins et les tarifs artificiels qui les favorisent, pas une ombre d'inanition de ce côté-là (même en octobre, du reste).

Le nettoyage par le vide paraît en Afrique contre-indiqué ; le nombre joue contre le militaire, qui de surcroît tire des bénéfices fiscaux et alimentaires d'une terre travaillée. Il suffit de retourner la situation. Les culs-terreux se croiraient-ils les pères nourriciers de la nation ? La nation, par la voix du DERG, leur annonce qu'elle possède le sol, fixe les prix, loge et déloge qui bon lui semble. Elle détermine les horaires, le lieu et le mode de travail, bref, elle nourrit le paysan. Si ce dernier demeure sceptique, on applique la méthode qui réussit chez les intellectuels : on dresse ethnies et tribus les unes contre les autres, on mélange, on malaxe, et chacun devient le flic du voisin. Côté désagrégation active de la société, l'armée achèvera les poches de résistance. Côté atomisation passive, la pénurie et la disette maintiendront tensions, méfiances et blocages. Il en va de l'horizon de la famine pour l'Ethiopien comme du Goulag pour l'homme soviétique. Du moment que la menace qui pèse sur tous se vérifie sur quelques-uns, l'effet paralysant est garanti. « Il est heureux que ça ne nous arrive pas, plutôt rouges que morts... »

Si les bonnes âmes cherchent noise, contre-attaquez. Plantez leurs nez dans la boue de l'Histoire. Les révolutions « bourgeoises » n'achoppèrent-elles pas sur cette éternelle paysannerie ? La Vendée, les Bleus contre les Blancs, la lumière contre l'obscurantisme, Nantes contre le bocage et ses fourches. La révolution mexicaine triompha grâce aux *campesinos* de Zapatta, elle se retourna contre ses paysans *cristeros*, « réactionnaires » et « fanatiques ». Le militaire révolutionnaire lance à ce point du raisonnement sa question massue : et les bidonvilles ? Il n'a aucune peine à faire toucher du doigt la tare de toutes les indépendances et des révolutions restées en chemin sur un compromis peu ou prou démocratique : elles affichent timidement les droits de l'homme, elles ont planqué leurs campements miséreux. Reine des Jeux olympiques en 1984, Mexico fit sa toilette, elle éleva une gigantesque palissade derrière laquelle croupissaient des millions de déshérités. A Calcutta, à Alger, à São Paulo... d'analogues cache-misère manifestent l'hypocrisie qui règle le problème des campagnes par l'exode rural. Allons-y pour l'estocade finale. Êtes-vous partisans des bidonvilles ? Encensez-vous les favellas ? Non ? Alors que la révolution déplace, collectivise par le fer et la faim, règle jusqu'au bout la question des questions : comment contrôler, discipliner et rentabiliser 90 % d'une population ? Passés anges gardiens, les militaires révolutionnaires se doivent par profession et par vocation anges exterminateurs. Et vive la solution finale du problème paysan !

Les bâtisseurs d'avenir

Il faut savoir ce que l'on veut. Les famines affligent les cœurs sensibles, mais le souvenir pénible s'évapore et elles contribuent au bon renom final d'une bureaucratie qui démontre la nécessité de son existence par l'urgence qu'elle crée pour mieux y répondre. Les bidonvilles, par contre, durent. Ils heurtent les regards, ils désespèrent Auteuil et Billancourt : pour un de résorbé, deux jaillissent de terre, deux pays s'en débarrassent, dix autres inaugurent leur spirale infernale. Certes, le revenu global croît dans les pays en voie d'industrialisation, tels l'Inde ou le Brésil ; leurs capacités de lutter contre les désastres naturels et les calamités sociales se renforcent. Mais si la situation s'est améliorée en un demi-siècle, le sort du paysan du Nordeste demeure peu enviable. Le cycle du crabe décrit en 1930 par Josué de Castro règle encore à Recife la vie des Mocambos, huttes de terre battue aux toits de paille ou de tôle ondulée. « Le crabe naît de la boue, vit d'elle. Il grandit en avalant de la boue, il s'engraisse avec des saletés de la boue. Avec la boue il fabrique la blanche et tendre chair de ses pattes et la gelée verdâtre de ses viscères gluants. D'autre part, les hommes qui vivent des crabes sucent leurs pattes et lèchent leur carapace jusqu'à ce qu'elle devienne propre comme du verre. Avec la chair des crabes, nés de la boue, ils fabriquent la chair du corps de leurs enfants : les corps de cent mille individus, de cent mille citoyens faits de chair de crabe. Tout ce que l'organisme rejette retourne à la boue du mangle pour redevenir crabe[1]. »

Le DERG est un crabe, moderne et scientifique. Il saute sur l'échine du paysan qu'il guide et tond, émancipe et tue. Injection-déjection-réinjection ou répression-famine-répression ? Entre le cycle du crabe et le cycle du DERG, entre l'atrocité sans fard et les images d'Epinal, les élites éclairées n'hésitent guère, le cœur du show-business est conquis par avance.

Les humiliés et les offensés de ce monde supportent de moins en moins, information universelle, radio, télé aidant, un sort ignoble que perpétuent les puissances traditionnelles. Deux voies s'ouvrent devant eux, celle du jusqu'au-boutisme révolutionnaire qui peupla dans les années soixante-dix les rêves des guérilleros latino-américains et la réalité des camps de la mort cambodgiens et vietnamiens résolument communistes. Et l'autre — le long et sinueux chemin de l'émancipation par plus de démocratie politique et sociale —, l'Amérique latine des années quatre-vingts l'explore difficilement, églises, syndicalistes, libéraux et libertaires mêlés.

L'alternative n'est pas neuve. Elle domine de bout en bout

1. Josue de Castro, *Géographie de la faim*, Seuil-point, p. 304.

l'histoire spirituelle du siècle, dès ce jour de janvier 1905 où l'Europe occidentale tendit l'oreille aux premiers échos des manifestations ouvrières et religieuses dirigées par le pope Gapone, à Pétersbourg. Tels sont les prodromes des événements qui bouleverseront tour à tour quatre continents. Février 1917 à Pétersbourg et février 1974 à Addis-Abeba sont de la même eau. Ils prêtent semblablement à deux interprétations concurrentes. Ou bien c'est la prise de pouvoir mythique que couvait l'Europe du XIXe siècle, la révolution radicale aux portes de l'Asie puis de l'Afrique, qui ne s'arrêtera plus, fantasme allemand d'un 1789 sans limites, c'est-à-dire d'un anti-1789. Ou bien, loin d'une tapageuse prise de pouvoir, loin d'une folie de table rase, c'est le déferlement immense des sans-pouvoir en quête de dignité plutôt que de puissance, de liberté et non de nouveaux maîtres. C'est ainsi que Péguy interpréta sur-le-champ les soulèvements de Pétersbourg, très proche en ce sens des responsables de Solidarité ou des mouvements de « conscientisation » dans les favellas brésiliennes. « Le mouvement de soulèvement russe actuel est un mouvement de supplication... Dans Homère, dans les Tragiques, le suppliant n'est point un candidat ; il n'est point un demandeur ; il n'est point un homme qui s'abaisse, qui s'humilie même chrétiennement ; à peine ai-je besoin de dire qu'il n'est pas un moderne qui s'aplatit... C'est lui le suppliant, l'homme plié aux pieds de l'autre, qui domine la supplication[1]... » Imputer à cette vision une perception misérabiliste de l'Histoire serait manquer à l'ironie qui rend Œdipe misérable quand il est roi, et grand quand il s'arrache les yeux : « De sorte que dans cette rencontre, dans ce dialogue du suppliant et du supplié, qui fait toute la supplication antique, c'est le suppliant quel qu'il soit, que ce soit le mendiant errant au long des routes, que ce soit la veuve misérable, que ce soit le proscrit, l'exterminé, le citoyen chassé de la cité, coupable ou non coupable, ceci dans l'ordre politique et dans l'ordre de la paix, ou, dans l'ordre de la guerre, le prisonnier, le vaincu, le vieillard impotent, que ce soit l'orphelin ou au contraire le contre-orphelin, le vieillard dépouillé de sa descendance, toujours c'est le suppliant qui en réalité tient le dessus, qui tient le haut du dialogue, le haut de la situation[2]. » La tragédie antique se dresse contre la superproduction révolutionnaire, de Péguy au Derg, l'enjeu du match séculaire est à ce jour le tiers monde. Et la mappemonde.

1. Charles Péguy, *les Suppliants parallèles*, O.C., Pléiade, t. I, pp. 869-935.
2. *Ibid.*

3

LE RÊVE

On croit que les bons calculs font la grande politique. Erreur. Seul le passé cède exhaustivement à quelque mathématique inexorable. Le présent se constate. Quant au futur, il faut l'imaginer. Celui qui s'avère incapable de rêver n'a pas d'avenir. Encore conviendrait-il de distinguer deux manières de phantasmes, ceux qui fixent, figent et drapent le nouveau dans l'antique, et ceux qui animent, dynamisent et peuplent notre actualité de lendemains visionnaires. Le discours prononcé par Fidel Castro au huitième sommet des pays non alignés (1-5 septembre 1986) tombe évidemment dans cette seconde catégorie : ses troupes, « vingt mille internationalistes » cubains, resteront en Angola « aussi longtemps que l'apartheid demeurera en Afrique du Sud ».

Le musée des colonies

Contemplez la mappemonde. Avec ses frontières taillées au cordeau, l'Afrique des Etats semble née des divagations d'un dieu géomètre devenu fou. Rien là qui tienne compte des imbrications de multiples civilisations orales, de la circulation des éleveurs nomades ou des lentes migrations d'agriculteurs itinérants. La carte n'est pas le territoire ; elle rappelle seulement la page blanche sur laquelle, à la règle et au compas, divers établissements européens du XIXe siècle se partagèrent un continent. Les armées coloniales parties, les frontières sont restées. Les nouveaux Etats indépendants s'en garantirent mutuellement le respect, telle est la règle fondatrice de l'organisation (OUA) qui les regroupe. De fraîches bureaucraties « anticolonialistes » eurent beau succéder aux anciennes « impérialistes », le rêve n'est pas devenu pour autant réalité ; entre la carte décrétée et le territoire habité, l'hiatus bâille, énorme. Et les procédés élus pour le combler rivalisent trop souvent d'atrocité.

D'où l'instabilité chronique qui affecte de jeunes régimes saisis par la tentation de jouer les Etats-nations en adoptant des modèles institutionnels et organisationnels que les métropoles ont élaborés en plusieurs siècles. Les sacro-saints principes parachutés de l'extérieur, « Unité nationale » et « Intérêts supérieurs de l'Etat », deviennent autant de pommes de discorde alimentant les querelles entre clans rivaux, élites en concurrence et ethnies hétérogènes. Le Burundi passé indépendant, la majorité hutu prit sa revanche sur les Tutsis, qui avaient longtemps détenu le pouvoir ; ces seigneurs « féodaux » étant de taille plus élevée que leurs « serfs », ceux-ci scièrent les jambes des « géants » tutsis ; des milliers de tronçons sanglants peuplèrent les campagnes... Les nouvelles autorités hésitèrent rarement devant les grands moyens ; les Biafrais catholiques, éduqués, petits-bourgeois, fonctionnaires, commerçants, représentaient-ils un risque de sécession pour le Nigeria à majorité musulmane ? L'armée régla le problème dans un commencement de génocide. Si tout rêve est la réalisation d'un désir, force est de constater que le désir paranoïaque et barbare des administrations anglaises et françaises d'antan tourne au cauchemar lorsque les jeunes Etats centralisateurs entreprennent de marquer leurs droits par le fer et le feu.

Les grandes puissances, toutes opinions et quelques intérêts confondus, contribuèrent à figer la situation dans une certaine espèce d'éternité, en proclamant intangibles les frontières, imprescriptible le principe de non-intervention dans les affaires des autres pays et sacré le droit des peuples à disposer d'eux-mêmes, qu'elles interprétèrent allègrement comme droit de chaque gouvernement à disposer arbitrairement de son propre peuple. Pendant un quart de siècle, l'Afrique s'auto-momifia, le rêve des bureaucrates de la Belle Epoque minéralisait les réalités mouvantes du XXe siècle finissant. A condition de paralyser ce qui bougeait, de couper tout ce qui dépassait et d'écraser dans l'œuf toute contestation, l'ordre se maintenait. L'Union soviétique misa longtemps sur cette pétrification. Sans préoccupation morale excessive : elle soutint, quand il lui parut profitable, les terrifiants régimes, la Guinée équatoriale de Francisco Macias Nguema, à l'occasion la République centrafricaine de Bokassa, la Guinée de Sékou Touré et, en guise de pompon, Idi Amin Dada, lequel reçut force armement soviétique, bien que dénoncé comme le « Hitler africain » par les leaders de l'Afrique très progressiste (Nyéréré, Kaunda et Kenyatta). Sans succès décisifs ou irréversibles : les belles et bonnes alliances que Moscou cultiva avec des personnalités supposées sympathisantes se soldèrent par des échecs ; soit parce que les grands amis furent déposés en divers coups de force (Ben Bella, Alger, 1965 ; Nkrumah, Ghana, 1966 ; Keita, Mali, 1968 ; tous prix Lénine) ; soit parce qu'eux ou leurs successeurs changèrent d'opinion et d'alliance (Nimeyri, Soudan, 1971 ; Sadate, Egypte, 1972).

Un grain de sable, apparemment anodin, bouleversa le savant échafaudage d'équilibres et de contrepoids hérité du passé. La révolution des Œillets (avril 1974) balaya les restes du vieux fascisme portugais et, dans la foulée, émancipa les dernières colonies européennes, outre la Guinée-Bissau, le Mozambique et l'Angola. La république d'Afrique du Sud perdait son glacis protecteur. Son isolement fut accentué par la fin du pouvoir minoritaire blanc en Rhodésie, devenue Zimbabwe (1978-1980). Cramponnée à l'apartheid, incapable d'imaginer son salut sans la prolongation d'une ségrégation raciale, qu'elle devine historiquement et moralement condamnée, la minorité afrikaner se retrouve sur la ligne de front, tandis que s'ouvre, à l'intérieur du pays, un second front : en juin 1976, la jeunesse noire explose à Soweto, les émeutes font boule de neige, plus de six cents morts en trois semaines dans l'ensemble du pays, les camps de guérilla du Congrès national africain (ANC) se peuplent d'une nouvelle génération de combattants, à la frontière, au Mozambique et en Angola, justement.

Le rythme afro-cubain

Commence alors un tout autre rêve. Celui du communisme noir panafricain. Plus question de paraître péniblement respecter les règles de non-intervention et de cultiver les indépendances d'Etats incapables de subvenir, seuls, aux nécessités de la Grande Guerre projetée contre l'Afrique du Sud. En Angola, un corps expéditionnaire cubain (quinze mille à vingt mille hommes entre

1976 et 1977) tranchera, entre les trois organisations de résistance, en faveur de la plus pro-soviétique et, à l'intérieur de cette faction (MPLA), il imposera son préféré (Agostinho Neto), en mai 1977, quand ses camarades de combat tentent de le démettre. Dans le même temps, à l'autre bout du continent, six mille Cubains, sous la conduite du général de division Arnaldo Ochoa, supervisés par cinq mille Soviétiques, sauvent Mengistu de la débâcle. Le lieutenant-général Vassily Ivanovitch Petrov dirige les troupes sur place.

Dans un premier temps, la diplomatie soviétique s'évertue à sauver les apparences, expliquant combien elle se montre respectueuse de la fiction momifiée d'une Afrique composée d'une pléiade de pays indépendants, sûrs et fiers d'eux-mêmes. D'ailleurs, les troupes soviéto-cubaines n'interviennent que pour faire respecter le principe de non-intervention. En Angola et au Mozambique, elles tirent prétexte des incursions sud-africaines. En Ethiopie, elles repoussent l'« envahisseur » somalien et les « bandits sécessionnistes » érythréens (et peu importe que l'Union soviétique ait jadis reconnu la légitimité de la lutte de libération érythréenne et cultivé l'amitié de la Somalie...). Quoi qu'il en soit, les diverses conférences des pays non alignés reconnaissent de facto aux Cubains les pouvoirs d'une police intercontinentale ; tandis que le gouvernement américain manifeste quelque temps la naïveté d'espérer le départ des Soviétiques et des Cubains, une fois Mengistu militairement sauvé. Dix ans plus tard, il n'espère plus.

Désormais, Castro, au nom de l'empire socialiste, peut jouer cartes sur table. En 1978, un groupe d'obscurs et anonymes « Communistes africains » se mêla de produire un *Manifeste pour la liberté, l'indépendance, la renaissance nationale et le progrès Social des peuples de l'Afrique tropicale et du Sud.* Publié en URSS, il s'adressait, par-dessus les gouvernements et les frontières, à toute l'Afrique noire pour chauffer les énergies dans le cadre d'un « front unique », regroupant communistes et « nationalistes progressistes ». Seuls quelques africanologues et soviétologues subtils notèrent la nouveauté du ton et de l'analyse[1]. Huit ans plus tard, le nouveau rêve africain est proclamé par Castro, avec des accents de mobilisation générale et apocalyptique.

1. Colin Legum, « African Outlooks toward the USSR », in D. E. Albreght, *Africa and International Communism*, Indiana University Press, 1980, p. 34.

Contre le racisme blanc de l'apartheid, une seule solution : la radicalisation rouge sous la houlette de l'allié « naturel », Moscou.

Inutile de mettre en doute la sincérité des divers acteurs. Comme dans les rêves bien ficelés, les intérêts convergent et les contradictions par enchantement s'évanouissent. Le prêche antiraciste rend une apparence de vertu à des réputations bien défraîchies et confère un soupçon de virginité idéologique aux dictatures les plus sanglantes. La mobilisation militaire éternise la présence cubaine en la légitimant et valorise l'aide du grand frère soviétique en le rendant indispensable et irremplaçable. Au passage, les cent mille jeunes Cubains qui entrent annuellement sur le marché du travail (en crise) se voient accorder quelques débouchés dans les bataillons d'Afrique. Enfin, divers potentats locaux trouvent dans la radicalisation fébrile le ressort d'une fuite en avant qui permet d'occulter les difficultés et échecs dont ils portent la responsabilité.

Il est aisé de dater le moment où, silencieusement, le rêve afro-communiste prend corps. Le panier de l'aide affectée par l'URSS aux régions subsahariennes manifeste une brusque mutation dans les années soixante-quinze. Quantitativement, les divers postes (import, export, biens de consommation, accueil d'étudiants, envoi d'experts) sont au minimum doublés, et souvent décuplés. Qualitativement, le choix se révèle brutal et sans équivoque : l'aide soviétique, désormais, est avant tout militaire. Entre 1975 et 1979, l'Angola reçoit pour huit cent quatre-vingt-dix millions de dollars de produits soviétiques, dont des armes pour cinq cents millions de dollars ; le Mozambique cent soixante-dix millions de dollars en armement sur un ensemble de deux cent quarante millions de dollars ; et l'Ethiopie un milliard et demi sur un milliard huit au total. Auparavant, l'URSS tentait de concurrencer l'aide technique et commerciale de l'Occident (exemple : le barrage d'Assouan) ; soudain elle trouve son créneau et se fait reconnaître pour le plus grand marchand d'armes du monde.

L'intervention soviéto-cubaine, en février 1977, pour sauver Mengistu, affiche un côté vente promotionnelle parfaitement grandiose. Il s'agit, en effet, du plus gigantesque pont aérien de l'Histoire en matière de livraison d'armes. En quelques semaines, au grand ébahissement des experts, Maison-Blanche et CIA confondus, les Soviétiques injectent en Ethiopie pour plus d'un milliard de dollars de matériel militaire (c'est mieux que la totalité de l'aide militaire américaine au Négus depuis 1953 !), ils survolent la Turquie (pro-américaine), l'Iran (du Shah), sans demander une quelconque autorisation, ni présenter d'excuses. Le service après-vente est assuré sur-le-champ par les spécialistes de l'Empire ; Polonais et Tchèques s'occupant des transports et des communications, les Nord-Coréens du bâtiment et des structures en dur, la protection au sol revient aux Cubains, la sécurité et l'informatique tombent dans les mains expertes des services secrets est-allemands. Matériel et hommes, à peine atterris, sont immédiatement opérationnels ; la guerre-éclair qu'ils livrent est la plus importante opération militaire conduite en Afrique depuis les batailles de la Seconde Guerre mondiale, en Lybie et en Egypte. En dix jours, de brillantes manœuvres prennent à revers et contraignent à la débandade l'armée somalienne dans le désert de l'Ogaden ; tanks, paras, hélicos, Mig 21 et 23 font merveille, ils effacent le souvenir du fiasco des Egyptiens pourvus d'un matériel analogue dans le désert du Sinaï. Après l'Angola, l'Ethiopie : la force d'intervention communiste est devenue omniprésente ; à qui le tour ? se demandent les pays modérés. Washington accélère les négociations (1978) en Rhodésie, craignant quelque nouvelle intervention d'un corps expéditionnaire couvert des lauriers récoltés en Ogaden.

Le partage soviétique

Finie l'imitation ! L'URSS ne cherche plus à doubler les Etats-Unis, en les concurrençant sur le terrain de l'aide économique civile. Elle laisse aux Japonais le rayon de la quatre-quatre et s'empare de l'engineering militaire : armes, techniciens, états-majors transportables, planifications ad hoc, les guerres sont livrées clé en main, bain de sang et couverture diplomatique compris. Bon gré, mal gré, les grandes puissances se partagent le marché africain, aux Occidentaux ce qui touche à la pitance quotidienne, aux Soviétiques les activités nobles et traditionnellement « mâles », l'art des guerres civiles, interétatiques et continentales. D'où le problème du DERG, une fois sauvé par les Cubains descendus du ciel : « Si l'Ethiopie s'arme à l'Est, elle mange à l'Ouest », notait en 1979 un journaliste fasciné et quelque peu sympathisant[1]. Nous avons vu quelle élégante solution est

1. R. Lefort, *op. cit.*, p. 377.

apportée à si cruel dilemme ; forte de ses famines convenablement rentabilisées, l'Ethiopie révolutionnaire est désormais nourrie par l'Ouest et demeure militairement encadrée par l'Est. Elle devient un exemple pour tous les dirigeants qui, pour le bien de la cause, cassent, mobilisent et militarisent. Mengistu est aux yeux des Soviétiques le Castro africain, le meilleur marxiste-léniniste du continent. Qu'il le soit réellement ou non importe peu ; sa vérité, c'est ce qu'il fait. Il se trouve couvert de dettes, on évalue à trois ou quatre milliards de dollars l'ardoise d'Addis-Abeba ; Moscou entend bien ne pas investir à fonds perdus et, comme tout bon usurier, ne contrôle son débiteur que s'il demeure demandeur : tant que le pouvoir éthiopien s'embourbe dans des aventures sanglantes, le pourvoyeur d'armes lui tient la dragée haute ; par intérêt économique bien compris, l'URSS et ses amis fidèles doivent favoriser les cris de guerre et jeter l'huile sur le feu. L'éloignement géographique n'intimide pas, le grand frère assurant l'aérofret des opérations, Mengistu suggère de concert avec Khadafi d'intervenir directement dans la lutte contre l'Afrique du Sud, ce ne serait que le dixième conflit sanglant qu'il conduirait de front : « Le président éthiopien Mengistu Hailé Mariam a proposé d'entraîner et d'armer dix mille combattants sud-africains et namibiens » (AFP, 21 juin 1986).

Faut-il croire que les dirigeants soviétiques prennent au pied de la lettre d'aussi tonitruantes déclarations claironnées par leurs seconds couteaux ? Sans l'URSS, aucune opération ne peut être lancée ; elle tient les clés — armes, transports, munitions —, les envolées lyriques antiracistes l'engagent peu et elle ne paraît pas encline à courir les risques d'une guerre continentale contre le pouvoir blanc d'Afrique du Sud. Il n'est pas nécessaire d'être un grand clerc marxiste pour subodorer que le temps travaille contre l'apartheid, l'afrocommunisme peut espérer tirer les marrons du feu s'il pratique la guerre d'usure, une longue patience et l'art d'enchaîner les explosions ponctuelles. La fragilité économique et morale d'une Afrique du Sud isolée n'est un secret pour personne, même si l'effondrement immédiat est exclu. Une longue période de troubles est aisée à pronostiquer, avec des bouffées de panique et des sursauts de durcissement chez les Blancs, tandis que les masses noires, avides de dignité, balancent entre la résignation provisoire et la révolte instantanée ; pressions externes et contradictions internes se conjuguant pour rendre la situation de plus en plus difficilement tenable. Bien entendu, les Soviétiques n'ont pas la naïveté de schématiser l'ensemble du conflit dans l'opposition Noirs/Blancs ; ils n'ignorent nullement que les divisions naturelles et historiques de la population noire sont soigneusement entretenues et exploitées par les « amis » comme par les « ennemis ». Eu égard aux sept cent cinquante mille victimes officiellement recensées pour dix années de pouvoir noir en Ouganda, (quatorze millions d'habitants, sans présence politico-militaire blanche), ils peuvent imaginer le fantastique chaos qui accompagnera les retraites partielles d'un pouvoir raciste, contesté et isolé dans une population divisée de trente-deux millions d'âmes.

Le chaos pour le chaos suffit-il à rembourser l'Union soviétique des fabuleux stocks militaires qu'elle largue depuis dix ans sur l'Afrique subsaharienne ? Quoique la neutralisation d'une citadelle pro-occidentale ne soit pas pour déplaire au camp socialiste, il a mieux à faire. Les richesses minières de l'Afrique du Sud sont proprement gigantesques. La position stratégique qu'elle occupe sur la route fréquentée par 80 % des tankers est incomparable. Enfin, son poids économique et militaire à l'intérieur de l'Afrique l'instaure centre de gravité de la part subsaharienne du continent ; seul le Maghreb échappe à son rayonnement. La grande puissance qui « s'empare » de l'Afrique du Sud, s'affirme, sans contestation possible, le numéro un du troisième millénaire commençant. Quelque durable et profonde qu'ait pu être la victoire communiste du Viêt-nam, incomparablement plus énorme serait la conséquence d'un glissement de l'Afrique du Sud dans la sphère d'influence soviétique. La maîtrise du monde passe par Johannesburg.

Un quart de siècle d'indépendance africaine montre que, s'il est facile de désorganiser, la restauration de l'ordre et le contrôle du territoire suscitent des difficultés autrement compliquées. En cas de troubles prolongés et de multiplication des massacres toute puissance capable de rétablir un semblant de paix en Afrique du Sud, et la cohabitation entre ethnies et communautés, sera la bienvenue. De même que le Viêt-nam a su pacifier et coloniser le Cambodge, sans se voir « punir » par la communauté internationale, de même que la Tanzanie a été approuvée lorsqu'elle renversa manu militari Amin Dada dans l'Ouganda voisin, de même que les Cubains patrouillent sans soulever de protestation aux quatre coins du continent, de même les militaires qui stopperont les tueries à venir en Afrique du Sud seront, quels qu'ils soient, couronnés par la conscience universelle. Aucune armée blanche n'est à même de jouer ce rôle pacificateur. Ni les GI's, vite arrêtés par les vagues de la protestation antiraciste, s'il se trouvait un président assez lunatique pour les parachuter sur le Zoulouland. Ni les Européens. Ni les Soviétiques. Ni même les Cubains. Nulle troupe blanche ne se risquerait en un tel guêpier. Des forces de paix ou d'interposition formées par l'ONU ou l'OUA seraient inopérantes dans une situation plus difficilement contrôlable que le Liban (où elles sont tenues en échec) et l'Ouganda des années quatre-vingts (où elles ne se sont pas risquées). Quant aux brigades internationales recommandées par les Cubains et les Libyens, leur anarchie pittoresque ne se hausserait pas à la hauteur de la tâche. A moins qu'elles ne soient coiffées par une armée solide, soudée, expérimentée. Nécessairement noire et africaine. Il n'en existe qu'une seule de l'envergure requise : l'éthiopienne.

Le rêve afro-communiste de la conquête de Pretoria valorise Addis-Abeba. L'objectif n'est pas d'abattre la puissance blanche, dont à lointaine échéance l'affaiblissement est d'avance acquis, mais d'accaparer les dépouilles. L'Union sud-africaine produit 43 % des métaux du groupe platine, indispensables dans l'industrie de pointe (composants électroniques, procès chimiques et raffinages) ; 31 % des minerais de chrome (éléments clés de la fabrication d'aciers résistants à l'oxydation, à l'abrasion et aux hautes températures) ; 15 % du manganèse. L'or en plus : 51 %, et les diamants, 17 % de la production mondiale. En cas d'embargo ou de boycott temporaires, des solutions substitutives pour pallier le manque de ces matériaux sont préparées. La mainmise soviétique, par contre, signifierait que le bloc socialiste disposerait désormais de 93 % du platine (cinquante plus quarante-trois), de 72 % de chrome et de 68 % de manganèse. Non comprises les ressources des autres contrées de l'Afrique australe, nécessairement dominées par la puisssance qui tient à la fois Captown et Addis-Abeba. Au fond, les stratèges soviétiques ne manifestent pas une imagination débordante ; au siècle dernier, Londres estimait déjà que le contrôle du Cap et du Caire assurait la maîtrise de l'entre-deux, du continent dans son ensemble. Contournant la Méditerranée où s'affrontent, et mutuellement se bloquent, Européens et musulmans, découpant (plus modestement) l'unité stratégique de l'Afrique subsaharienne, les Soviétiques ont compris que deux places fortes dominent le jeu :

l'Ethiopie et l'Afrique du Sud. Ils ont conquis la première et attendent que la seconde tombe comme une poire mûre.

Lorsqu'on demande aux Erythréens, qui combattent au sein du Front de libération (FPLE) pourquoi l'URSS préfère les militaires d'Addis-Abeba aux « socialistes scientifiques » gouvernant la Somalie et aux guérillas érythréennes auparavant amis, la réponse tombe nette, précise : pour faire de l'Ethiopie le Cuba de l'Afrique. Entraînés très souvent à Cuba, en URSS ou en Allemagne de l'Est, les dirigeants du FPLE connaissent de l'intérieur leur nouvel adversaire et analysent sa conduite avec subtilité. En effet, l'Union soviétique cultive l'art de contourner ses concurrents directs avec l'aide de puissances vassales : le Viêt-nam flanque la Chine, Cuba fermente aux portes des Etats-Unis et l'Ethiopie (aux élites et traditions chrétiennes) domine la mer Rouge « arabe ». Cette première fonction géo-politique se double d'une seconde, géo-révolutionnaire ; Cuba, en Afrique même, administre la preuve de l'avantage qu'une grande puissance trouve à disposer d'une force intercontinentale dont la légitimité serait reconnue. L'armée éthiopienne, la plus forte d'Afrique noire et la mieux armée, paraît naturellement désignée pour relayer le corps expéditionnaire cubain.

L'éthiopisme

Seul pays noir à éviter la colonialisation, après avoir défait les envahisseurs italiens à l'étonnante bataille d'Adoua (1896), l'Ethiopie jouit d'un authentique prestige historique auprès des populations noires. Dès 1896, les premières églises protestantes « indigènes » antiracistes d'Afrique du Sud se proclamèrent « Eglises éthiopiennes », en signe d'autonomie. Il s'agissait moins d'une Eglise que d'un « parti », de la constitution d'« une société hostile aux Blancs, aux dominateurs, une société politique[1]. » Né dans le Transvaal, l'« éthiopisme » n'a que de lointains rapports avec l'Ethiopie réelle (bien que l'évêque Dwane ait écrit à Ménélik), il désigne le premier mouvement de libération noir en Afrique, le sursaut d'un peuple « conscient de lui-même, qui se met en grève contre une justice qui l'écrase et contre des bienfaiteurs dont la complaisance pour les tyrans l'énerve[2]. L'« éthio-

1. Maurice Leenhardt, *le Mouvement éthiopien du sud de l'Afrique, de 1896 à 1891, Paris, 1902. Réédité à l'Académie des sciences d'outre-mer, 1976, p. 59.*
2. *Op. cit.*, p. 113.

pisme » ne cessera d'incarner cette auto-affirmation d'une négritude fière d'elle-même. L'image millénariste et prophétique de l'Ethiopie, patrie noire et indépendante depuis toujours, plane derechef sur le mouvement Zoulou des années 1935-36 ; un nouveau bouquet d'Eglises Ethiopiennes surgit à l'autre bout du continent : l'Eglise éthiopienne de Melchidzedek, l'Eglise éthiopienne copte de l'Abyssinie orthodoxe[1]. En 1936, Nkrumah et Kenyatta, les futurs chefs d'Etats indépendants, sont encore étudiants, ils militent contre l'agression italienne et pour le Négus. En 1963, l'Organisation de l'unité africaine choisit une capitale : Addis-Abeba, bastion et symbole de l'indépendance africaine.

L'« éthiopisme » s'inscrit, dès le début du XXe siècle, à la conjonction de deux rêves, l'Afrique opprimée se revendique indépendante en parant d'une magnificence imaginaire la lointaine Ethiopie, qui envers et contre tous a sauvé sa liberté. Et l'Ethiopie se prend à phantasmer un rôle de phare de l'Afrique, bien que ses performances économiques et sociales la précipitent plutôt lanterne rouge. Mengistu a marxisé cette manière très Négus de rêver les yeux ouverts. Lorsque dix années de révolution se couronnent par une famine record et que les amis du régime se révèlent incapables d'apporter une aide céréalière, minimale, lorsque l'Inde se montre alimentairement plus généreuse que la glorieuse Union soviétique, forcément, quelques questions risquent d'émerger dans les cervelles les plus dogmatiquement closes. La première manière de les contourner consiste à ignorer ce qui déroute, les versions anglaises des déclarations officielles font exceptionnellement mention de l'aide occidentale, la version amharique à usage interne systématiquement omet de la mentionner. Lorsque la réalité néanmoins perce, le DERG élabore une deuxième parade, il contre-attaque et convoque le rêve africain devenu afro-communiste, en avant pour la mobilisation générale et finale contre l'Afrique du Sud ! Le reste — un million de victimes officielles — passe aux oubliettes.

« Les Etats africains doivent "cesser de semer les graines de la discorde" entre eux si l'on veut en finir avec le problème des réfugiés sur le continent, a déclaré le chef de l'Etat éthiopien, le lieutenant-colonel Mengistu Hailé Mariam, vendredi à Addis-Abeba. Dans un message rendu public à l'occasion du douzième

1. B. G. Sunkler, *Bantu Prophets in South Afrika,* Int.Afr. Institute, Londres, 1961, chap. 2.

“Jour du réfugié de l’Afrique”, le président Ethiopien a souligné que les “conflits inspirés par l’étranger” et les querelles interafricaines constituaient une cause majeure de l’accroissement du nombre des réfugiés. Il faut y ajouter, a estimé le lieutenant-colonel Mengistu, la répression massive du mouvement anti-apartheid et des luttes de libération nationale, en plein développement, en Afrique du Sud » (AFP, 21 juin 1986). Il parle d’or pour cacher les plaies : plus de la moitié des réfugiés actuels et réels d’Afrique partent de son pays.

Pour rudimentaires qu’ils soient, les mensonges et les silences d’une telle propagande ne sont pas destinés au seul usage externe. A peine plus élaboré, un analogue credo est administré aux cadres militaires et militants. Même eux, en témoignent les retentissantes défections de diplomates et de fonctionnaires du RRC passés à l’Ouest, paraissent ébranlés par la famine et l’aide alimentaire unilatéralement occidentale. Le 12 septembre 1985, sur la place de la Révolution, le Camarade-Président fête le onzième anniversaire de sa prise de pouvoir et s’efforce de réveiller les ardeurs révolutionnaires et technocratiques d’antan. De quoi parle-t-il ? Des succès obtenus sur le front de l’industrie ? De l’agriculture ? De la culture ? De l’alphabétisation ? Que non ! De l’apartheid, encore de l’apartheid.

« L’impérialisme, qui est l’ennemi mortel des ouvriers, de la paix et du progrès des peuples du monde, qui met seul en péril la paix du monde, doit être abattu, doit être abattu, doit être abattu ? (*L’assistance répète et scande : « Doit être abattu ! »*) L’apartheid doit être abattu ! (*L’assistance scande...*) Le racisme, l’exploitation et l’oppression doivent être abattus ! (*L’assistance scande...*) Le peuple armé, conscient et organisé, doit gagner ! Doit gagner ! Doit gagner ! (*L’assistance scande...*) Chers travailleurs de mon pays, invités distingués, chers camarades, je veux exprimer mes félicitations à tous les partisans de la Révolution au seuil de cette nouvelle année, etc., etc. »

Après cette brillante entrée en matière, le numéro un s’emploie dans un discours fleuve à prêcher la confiance en soi — « base nécessaire et devoir indépassable pour fonder l’autosuffisance » du pays. Les compagnons d’armes manifestent quelques tendances dépressives. Mengistu entreprend de les requinquer ; le moment fort de son travail de réarmement moral mérite d’être cité sans coupures.

PAROLE DE CHEF

« En usant de ses très puissants médias qui diffusent la philosophie de “nous savons ce qui est le mieux pour vous”, en abusant d'intrigues et de propagandes, afin de troubler la paix publique, l'Impérialisme consacre tous ses efforts à faire croire que les peuples qui échappent à son contrôle ne peuvent progresser, même pas survivre ; en règle générale, les puissances impérialistes tentent de faire perdre au peuple la confiance en soi.

« Mais ça ne leur suffit pas, elles massacrent le peuple en utilisant leurs mercenaires. On pourrait citer des tas d'exemples, qu'il suffise ici de rappeler qu'elles tuent de sang-froid des innocents en Afrique du Sud, des gens qui tentent de défendre les droits de la majorité noire. Même si le jugement de l'Histoire est retardé, un jour viendra où la sentence sera rendue. Bien qu'elles aient accompli d'abominables actes d'oppression et d'exploitation, des années durant, en faisant peser le joug de l'esclavage sur la majorité noire d'Afrique du Sud, sur sa terre natale, nous n'avons pas besoin d'entrer dans les détails, les informations affluent chaque jour, les partisans de la liberté sont plus forts que jamais, ils déstabilisent le système de l'apartheid, l'attaquent aux racines et plongent les Blancs dans une panique grandissante.

« Bien que le régime d'Afrique du Sud soutenu par les pays impérialistes tente de contrôler les mouvements populaires par la force si possible et sinon par des tentatives de séduction qui n'affectent pas leurs intérêts fondamentaux, ou par d'autres moyens, les gens du peuple ont continué la lutte. Il faut que toutes les forces de paix et de progrès social soutiennent ce mouvement spécifique de libération et l'aident à remporter la victoire. L'Ethiopie révolutionnaire le fera par tous les moyens possibles. L'Ethiopie révolutionnaire saisit l'occasion d'exprimer une fois de plus sa solidarité. (*Applaudissements*.)

« Chers compatriotes, pendant de longues années notre pays fut le symbole et l'exemple de l'indépendance. Cette valeur symbolique n'est pas le fait du hasard, elle est due au combat héroïque et aux nobles sacrifices accomplis par nos pères et nos mères, nos grands-parents et les parents de nos grands-parents. Jamais on n'obtient de victoire sans sacrifices. Et la génération actuelle a payé un lourd tribut aux combats menés et aux sacrifices consentis pour protéger l'unité et la sécurité de la mère patrie.

« Comme notre marche vers l'avenir pour le progrès ne saurait être déviée, l'important est de nous renforcer. L'Histoire confie à cette génération non seulement la sauvegarde de la patrie, mais lui demande de livrer aux générations futures un pays où la survie est garantie par les énormes progrès accomplis. Les sacrifices exigés de notre génération pour remplir son mandat sont immenses... »

Et le Camarade-Président de conclure : « Nous appliquerons les décisions du parti et du gouvernement. Nous construirons la République démocratique et populaire d'Ethiopie. Tout de suite. Nous gagnerons[1]. »

On admirera dans ce court extrait la combinaison de deux rhétoriques. Celle de l'activisme marxiste en général n'étonne que par son côté terriblement convenu et peu inspiré (un révolutionnaire n'hésite pas, tout trouble intérieur est attaque extérieure, plus ça saigne, plus on avance...) ; les incantations marxistes-léninistes sont en l'occurrence plutôt discrètes, dans d'autres discours elles ponctuent chaque couplet. Il s'agit manifestement ici d'un discours de consolation et de rattrapage. D'où la présence d'une autre rhétorique qui vient se plaquer sur la première de manière quasi indépendante, celle de l'éthiopisme séculaire. Au point que n'est même pas mentionnée la ritournelle habituelle sur les horreurs du passé féodal. L'avant-garde révolutionnaire est l'héritière légitime et glorieuse des luttes de l'empire pour établir une Grande Ethiopie (sur le dos des peuples allogènes). Le mariage du changement et de la continuité paraît aller de soi, il coule de source et justifie tous les sacrifices présents et à venir.

Un empire, un peuple, un chef

La conjonction du marxisme et de l'éthiopisme, non seulement Mengistu l'énonce, mais il l'incarne. L'homme du discours double est auréolé d'une double biographie. Officiellement, il figure l'incorruptible révolution, une sorte de Lénine en uniforme qui

1. *East Africa,*, 13 septembre 1985.

aurait comploté dès le berceau ou, plus exactement, depuis l'Ecole des cadets contre le féodalisme, le capitalisme, l'impérialisme et, finalement, contre tous ceux qui s'opposent à lui. Les thuriféraires le créditent abusivement d'une participation au coup d'Etat anti-Négus qui échoua de justesse en 1960. Davantage terre à terre, ses anciens amis le décrivent plutôt comme un pilier de bistrot et une grande gueule. Un universitaire marxiste anglais lui découvre toutes les vertus de la culture et de la lucidité[1] en sus d'une détermination brutale et froide que personne ne conteste. Certes il tua, certes il tue encore, mais un marxiste sait expliquer, donc légitimer, le sang qui coule. Les étudiants dont les corps jonchaient les rues de la capitale ? « Ils étaient les fils et les filles de ceux qui occupaient les positions dominantes avant la révolution (...) Ceux qui, au contraire, représentent la paysannerie et la classe ouvrière ont pris le dessus dans cette bataille qui ébranla l'Ethiopie comme un gigantesque tremblement de terre(...) La lutte illustra la thèse de Mengistu affirmant que les éléments conservateurs et bourgeois qui opprimèrent l'Ethiopie doivent être détruits, la violence des exécutions servant de procédés de clarification et de nettoyage. Comme le formula si bien F. Fanon, la destruction est une "condition préalable pour l'unification du peuple"[2]. »

A côté de l'apologie bâclée de ce Staline africain circule une autre image plus traditionnelle, plus éthiopienne, plus pieuse. On brode dans le Tout-Addis-Abeba sur les détails d'une généalogie fantastique qui pose notre héros pur et dur en rejeton illlégitime mais oint de Salomon et de la reine de Saba. C'est via sa mère, dont l'identité est tenue secrète bien que l'on connaisse son origine Shankala, que Mengistu se rattache à la dynastie salomonide[3]. (Voir arbre généalogique à la page suivante).

Côté pile, l'homme de la rupture révolutionnaire absolue. Côté face, le continuateur du grand œuvre de Ménélik II et de Hailé Sélassié. La double casquette du numéro un éthiopien induit chez maints commentateurs l'idée fausse que ces deux options se contredisent et qu'un jour viendra où les chefs d'Addis-Abeba devront choisir entre leur « nationalisme » et le « marxisme ». La qualification « nationaliste » ne laisse pas d'être trompeuse,

1. Peter Schwab, *Ethiopia*, Frances Pinter, Londres, p. 117.
2. Peter Schwab, *op. cit.*, p. 44.
3. Gunnar Hasselblatt, Leben und Sterben in Oromoland, Radins, 1984, p. 47.

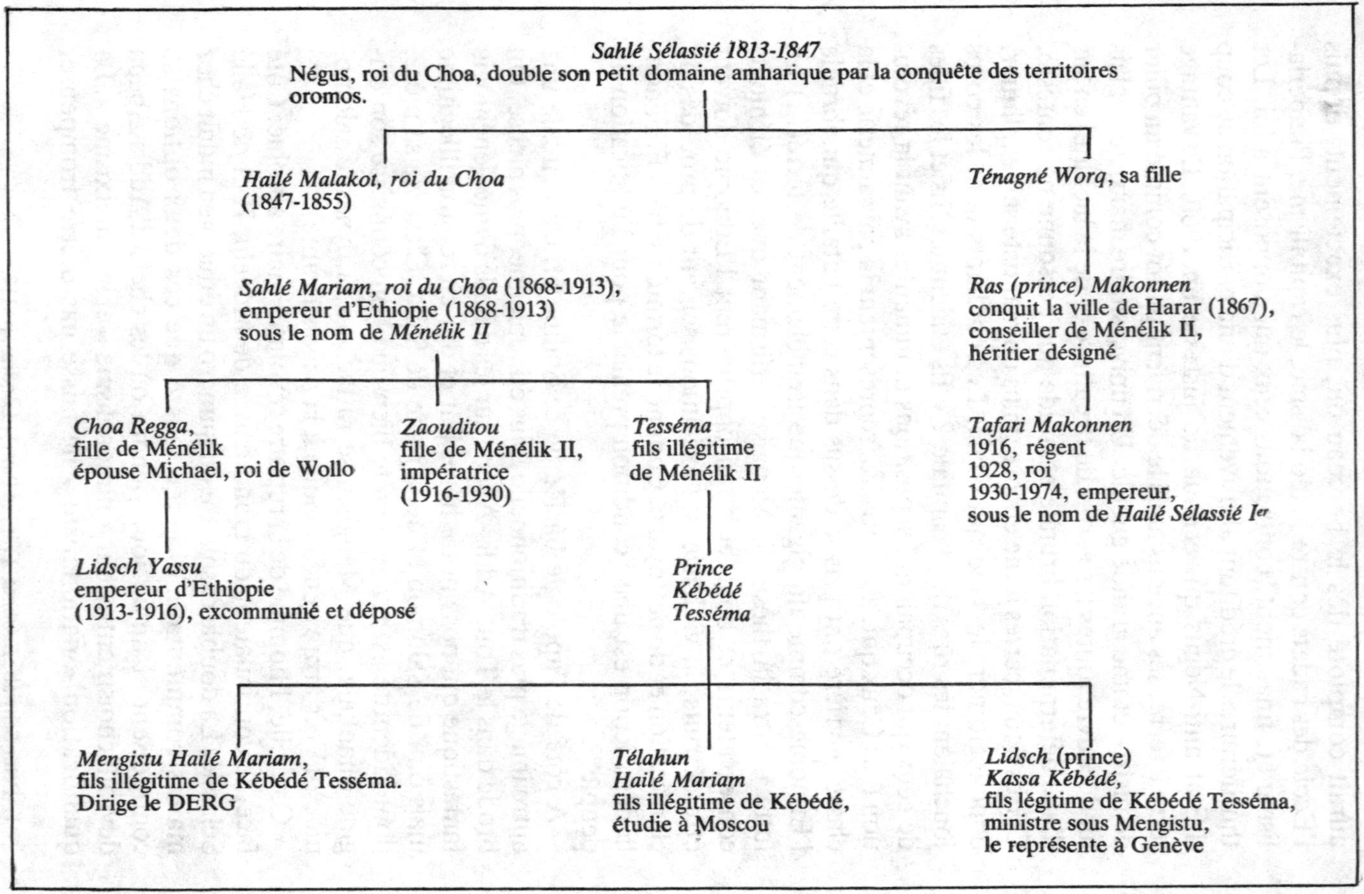
Sahlé Sélassié 1813-1847
Négus, roi du Choa, double son petit domaine amharique par la conquête des territoires oromos.
Hailé Malakot, roi du Choa (1847-1855)
Ténagné Worq, sa fille
Sahlé Mariam, roi du Choa (1868-1913), empereur d'Ethiopie (1868-1913) sous le nom de *Ménélik II*
Ras (prince) Makonnen conquit la ville de Harar (1867), conseiller de Ménélik II, héritier désigné
Choa Regga, fille de Ménélik épouse Michael, roi de Wollo
Zaouditou fille de Ménélik II, impératrice (1916-1930)
Tesséma fils illégitime de Ménélik II
Tafari Makonnen 1916, régent 1928, roi 1930-1974, empereur, sous le nom de *Hailé Sélassié Ier*
Lidsch Yassu empereur d'Ethiopie (1913-1916), excommunié et déposé
Prince Kébédé Tesséma
Mengistu Hailé Mariam, fils illégitime de Kébédé Tesséma. Dirige le DERG
Télahun Hailé Mariam fils illégitime de Kébédé, étudie à Moscou
Lidsch (prince) *Kassa Kébédé,* fils légitime de Kébédé Tesséma, ministre sous Mengistu, le représente à Genève

l'idée de la grande Ethiopie projette un idéal conquérant, impérial, pas seulement national. Ménélik II revendiquait les frontières de l'Ethiopie jusqu'à Khartoum (capitale du Soudan), et, dans le royaume qu'il se tailla à coups de rapines et de dévastations, les Amharas forment une minorité dominante et ombrageuse, qui, jusqu'à ce jour, s'entend à monopoliser brutalement le pouvoir. La tradition de la Grande Ethiopie remonte, dans sa version écrite, au XIVe siècle et dans ses racines orales probablement au VIe siècle. Le Kebra Nagast — « la gloire des rois » — écrit en guèze, raconte la visite rendue par la reine de Saba, souveraine d'Ethiopie, au roi Salomon, fils de David. La beauté de l'une émut l'immense sagesse de l'autre ; il la posséda par ruse ; revenue en son royaume, elle mit au monde Ménélik I, Ibn el-Hakim (« le fils du sage »). Devenu adolescent, Ménélik vint en Israël, il fut fêté par le peuple et reconnu par son père ; il repartit ; les premiers-nés des grandes familles, la fleur d'Israël, l'escortèrent, ils emmenèrent en cachette l'Arche d'alliance — arche de Sion — que Salomon ne put récupérer et dont les morceaux sont depuis exposés dans chaque église d'Ethiopie, assurant l'invincibilité des armées du cru. Ainsi se déplaça le centre du monde. « Car Dieu a accepté les peuples qui avaient été rejetés et a rejeté Israël puisque Sion lui a été retirée et qu'elle est venue dans le pays d'Ethiopie[1]. » La légende affuble la dynastie régnante d'une légitimité messianique : descendant de Salomon, détenteur de la véritable Arche, le souverain amharique dirige un peuple élu. L'Ethiopie n'est pas une nation, c'est la Nouvelle Jérusalem. Telle Moscou, depuis le moine Philothée (XVe siècle), et bien avant l'Europe des nations, s'affirmait Troisième Rome. Telle l'Allemagne hitlérienne inaugurait le règne millénaire du Troisième Reich. L'histoire européenne du XXe siècle a plusieurs fois démontré qu'aucune contradiction insurmontable n'interrompt l'explosive fusion d'une volonté révolutionnaire athée et d'une ancienne mystique missionnaire païenne ou chrétienne. La généalogie salomonique du Camarade-Président ne devrait pas étonner davantage qu'Ivan le Terrible reconnu en Staline, et la SS singeant les chevaliers teutoniques. Messianisme pour messianisme, l'ancien et le nouveau loin de s'opposer se révèlent vite complémentaires ; l'Etat fort, de style militariste et policier, se pare du prestige du royaume prophétique, dont l'annonce est censée cimenter le peu-

1. *Cf.* Jean Doresse, *l'Empire du prêtre Jean,* Plon, 1957, t. 1, pp. 251 *sq.*

ple plus originellement que tout nationalisme. On bâtit des lendemains qui chantent, le paradis sur terre. « Nous serons un exemple d'avant-garde... » ; « nous aurons des stations de tracteurs » ; « les fermes coopératives seront dirigées scientifiquement » ; « nous fabriquerons nos propres armes » ; « tous auront à manger », etc., etc. Demain. L'heure est aux sacrifices.

La Nouvelle Jérusalem ne reconnaît pas le droit de sécession, quiconque refuse l'Alliance (révolutionnaire) est possédé par Satan (impérialiste). La rencontre du marxisme et de la phophétie de la Grande Ethiopie rappelle irrésistiblement le mariage surréaliste mais solide du léninisme et de l'esprit grand-russe. « Dans le royaume de Moscou et dans l'Empire, le peuple était soutenu par l'unité des croyances religieuses. Une nouvelle foi unique destinée aux masses populaires doit s'exprimer par des symboles élémentaires. Le marxisme transformé à la russe sembla remplir complètement ces conditions[1]. »

Il existe des messianismes optimistes, éclairés, unitaires et tranquilles. Tel n'est assurément pas le rêve afro-communiste en son apothéose éthiopiste, il appelle au contraire à plonger de catastrophe en catastrophe jusqu'à la victoire finale, selon le registre d'un prophétisme proprement apocalyptique[2]. La révolution éthiopienne est emportée dans une fuite en avant dévastatrice, de massacres en famines elle étend son carnage en même temps que ses ambitions ; elle rebondit sur ses fiascos et mesure la grandeur de sa tâche à l'énormité de son atrocité. Le maître mot est : sacrifice. Si l'on n'y prend pas garde, la tant biblique famine de 1984-85 n'aura été qu'un prélude africain à de récurrents massacres d'innocents.

Eternelle, messianique, impériale, militaire et bureaucratique, l'Ethiopie est la chance enfin trouvée du soviétisme en Afrique. Les dirigeants d'Addis-Abeba gardent confiance sans jamais céder au pessimisme. Leurs rêves les plus fous alimentent des comptes en banque parfaitement réalistes. Tandis que les nourrissons desséchés se vidaient à Korem et que le Derg prêchait les vertus du sang en Afrique du Sud, sa mission à Genève se livrait à

1. Nicolas Berdiaeff, *les Sources et le sens du communisme russe*, Gallimard, 1938, p. 165.

2. « L'apocalypse n'est pas seulement la révélation de la fin du monde, du jugement dernier — c'est aussi la révélation de l'imminence d'une fin prochaine dans le cadre des temps historiques, d'un jugement porté sur l'Histoire au sein même de l'Histoire, de l'évidence de son échec. » Berdiaeff, *op. cit.*, p. 177.

quelques menus travaux qui témoignent pour la santé et l'optimisme des bâtisseurs d'avenir :

« *La Suisse* l'avait révélé cet hiver : la mission d'Ethiopie auprès des Nations unies à Genève a acquis une propriété pour la somme de 1,3 million de francs (Suisses). L'ambassadeur responsable avait alors expliqué qu'en fait, cet achat était une bonne économie car le loyer des locaux actuels de la mission est élevé.

« Or, dans la villa, selon les plans que *la Suisse* a consultés, il n'y aura qu'un seul bureau. Mais une salle de jeux, une salle de relaxation et un sauna. Quant à la piscine, elle sera agrandie[1]... »

Il est possible qu'à son tour saisi par le démon de midi, Mengistu Hailé Mariam choisisse la liberté et vienne filer des jours heureux dans quelque villégiature helvétique. L'œuvre déjà accomplie manifeste, devant l'Histoire et pour l'éternité, la pureté de son rêve révolutionnaire.

1. Journal *la Suisse*, 22 mai 1985.

IV
LES MIROIRS
DE L'HONNÊTE HOMME

1
TABOU

L'étonnant d'une famine, c'est qu'elle nous étonne. Après coup, les explications pleuvent innombrables, interminables, chacun creusant son filon de vérité et mobilisant ses fidèles, tant et si bien que nul ingénu n'objecte aux rétrospectifs docteurs : « Je vous l'avais bien dit. » Et pourtant, puisque les causes en sont connues, puisqu'un enchaînement prévisible offrait l'occasion, sinon d'éviter, du moins de parer et préparer, pourquoi n'avoir point prévenu ? Les discours savants et émouvants dûment enregistrés, le paradoxe initial demeure : surinformés et sursurveillés que nous sommes, d'où vient que nous soyons encore surpris par d'aussi peu surprenantes famines ?

Il y a presque un demi-siècle, Josué de Castro répondait dans *Géopolitique de la faim*[1] : les sociétés modernes sont mentalement bloquées par le « tabou de la faim », plus impérieux, s'il est possible, que le tabou du sexe. La faim est une maladie honteuse, autour d'elle une conspiration du silence coalise les anciens et les modernes, les sociétés traditionnelles qui rechignent à confesser un échec et les organisations culturelles ou savantes qui reculent devant « la preuve irréfutable de leur incapacité à satisfaire le plus fondamental des besoins humains, le besoin de manger. » Il y eut, au cours du XIXe siècle, de mémorables hécatombes, près de cent millions de Chinois et vingt millions d'Indous périrent, faute d'une poignée de riz. Mille fois moins nombreuses que les études consacrées à la guerre, celles sur la faim demeuraient rarissimes.

1. Éditions ouvrières, coll. « Économie et Humanisme », 1952.

La calamité ravageait trois continents sans attirer sur elle les lumières et les phares scientifiques ou moraux de la « civilisation ». Il fallut, guerres mondiales et révolutions aidant, que l'Europe s'effondre pour que cette réalité mondiale éclate. A la libération du camp d'horreur de Bergen-Belsen, les services médicaux des troupes alliés et de la Croix-Rouge découvrirent des milliers d'individus au dernier degré de l'inanition. Ils ne surent pas comment nourrir les moribonds. Josué de Castro célèbre trois ans après la levée du tabou. Les organisations internationales mobilisent, discours et recherches s'accumulent, l'éradication complète de la plus avilissante des calamités est en vue : « En finir une bonne fois avec la faim. » Quarante ans plus tard, nous sommes loin du compte.

Sous le nom de « tabou », Josué de Castro décrivait une double stratégie d'ignorance bien entretenue : chez les « nantis », une volonté silencieuse de ne pas voir le malheur des autres, et, dans les sociétés atteintes du mal, la volonté de ne pas faire voir. Rien n'a changé sinon que ces stratégies sont amplifiées, de modestes elles deviennent bavardes, elles proposent à bouche-que-veux-tu des remèdes miracles, de toutes-puissantes incantations pour finalement planter leur auditeur abasourdi devant la reproduction des catastrophes d'antan.

Il en va comme des autres tabous modernes, le silence n'est qu'un début — « Il n'y a pas de problème du sexe, de quoi parlez vous ? » — et le bruit continue — « Il y a du sexe sans problèmes, ne parlons que de libération ». Michel Foucault notait combien les fameux tabous victoriens ne produisaient leur vertigineux effets de silence qu'à confesser interminablement et avec faconde des turpitudes chuchotées, réputées inavouables et indicibles.

Un flot de paroles tapageuses peut aussi entretenir et accentuer la misère nutritionnelle. Un rapport officiel, clair et documenté, sur la famine africaine examine pourquoi les systèmes d'alarme n'ont pas permis de déceler l'approche du fléau : si les séismes frappent à l'improviste, la pénurie alimentaire s'approfondit saison après saison, la terre se dessèche et les stocks se vident, de multiples signes annonciateurs rendent la débâcle prévisible. Les pays du Sahel, premiers touchés, ne disposaient pas de système de préalerte. En revanche, quand le nord de l'Éthiopie est à son tour ravagé en 1983-84, l'effet de surprise paraît inexplicable. Non seulement l'épreuve des pays voisins vaut avertissement, mais la région elle-même est depuis longtemps sous surveillance. Avec l'extrême politesse qui pimente leurs sous-entendus, les experts internationaux du « groupe de travail de la Commission sur les catastrophes[1] » exposent ce mystère et en fournissent la clé : « Après la famine de 1972 à 1974, le gouvernement éthiopien a mis sur pied le système de préalerte le plus perfectionné d'Afrique. Ce sytème fonctionne dans le cadre d'une commission gouvernementale (Relief and Rehabilitation Commission, la RRC) qui distribue l'aide alimentaire, organise les secours et aide les sinistrés à retrouver, et si possible améliorer, leurs moyens de production et d'existence. Des fonctionnaires locaux sont chargés de suivre l'évolution des précipitations, l'état des cultures et d'évaluer le volume de la récolte. Ils communiquent régulièrement ces données aux services compétents de la RRC, qui fournit ainsi des estimations de la production tout au long de l'année. Or, depuis onze ans que le système existe, la RRC annonce chaque année qu'une crise alimentaire est imminente. S'il est vrai que la croissance démographique, les erreurs d'investissement dans les exploitations d'État, la dégradation du sol et la guerre civile dans le nord du pays ont provoqué une pénurie alimentaire chronique en Éthiopie, il est dangereux de crier continuellement au loup. A la longue, le système perd de sa crédibilité. » On ne saurait mieux illustrer la règle de Foucault énonçant qu'un tabou peut se renforcer du tapage qui le dénonce.

Lorsqu'un ex-député socialiste suisse se plaît à répéter que « le monde dans lequel nous vivons est un immense camp de concentration », on comprend qu'aucune curiosité particulière ne l'entraîne à enquêter sur les circonstances qui motivent de concrètes famines, d'autant plus abominables qu'heureusement exceptionnelles. Quand un agronome célèbre affirme aussi gratuitement que « notre surbouffe affame le tiers monde », il contribue parfois à prévenir les excès alimentaires de ses voisins de palier et leur coupe l'appétit, mais il n'améliore pas l'ordinaire des démunis, non point proies d'une famine universelle et quasi fatale, mais prisonniers de mécanismes précis et spécifiques provoquant des drames qui, pour être régionaux, n'en sont que davantage intolérables.

Nos tabous travaillent en silence, souvent enveloppés de proclamations verbeuses et apocalyptiques. Peindre tout en noir ou

1. Dans *Famine. Mieux comprendre pour mieux aider*, rapport de la Commission indépendante sur les questions humanitaires internationales, Berger-Levrault, 1986.

voir tout en rose font deux manières de ne rien distinguer. Dès qu'elle n'est plus confiée aux marâtres décrets de la Nature ou à la mécanique impersonnelle d'un irrésistible système international, une catastrophe devient inconvenante. Or, les drames de la faim, comme ceux de la sexualité, sont à l'échelle petitement humaine : on y décèle la patte d'un semblable, notre frère, donc on s'empresse de détourner le regard. Que la famine ne soit pas une survivance du fond des âges mais une production contemporaine, qu'elle témoigne moins d'une étape passée ou en voie de dépassement que des impasses de l'actualité sans cesse reproduites, voilà qui affecte gravement l'équilibre mental et sentimental de l'Occidental du XXe siècle. N'est-il pas lui même l'enfant d'une lutte épique contre la misère et la faim, dont il a cru la victoire universelle, ou pour le moins universalisable ?

L'économie politique de la misère

Aux yeux de l'honnête Européen, la famine est un événement extraordinairement anachronique. Il la tient pour un défi à relever sur l'heure et sur-le-champ, il la reçoit comme un démenti porté à ses croyances fondamentales. Les derniers manifestants suant la faim en Europe occidentale déferlèrent à Berlin en 1930, lors de la grande crise. Le fascisme suivit, qui fournit quelques explications simples — « le complot judéo-ploutocratique » — à une population affolée par une misère qu'elle ne croyait plus possible.

Sur le Vieux Continent, les seuls bons sentiments ne parvinrent pas à évacuer la permanente menace d'un estomac vide. L'Europe passa le stade des famines à répétition et de la misère chronique en étayant les bonnes intentions d'un dispositif d'une relative efficacité : elle inventa une économie politique de la misère qui intègre les exclus et assure l'échange, bien entendu toujours inégal, entre ses privilégiés et ses sans-le-sou.

La famine des autres traumatise parce qu'elle paraît contredire les procédures subtiles de cette économie politique grâce auxquelles la vie quotidienne occidentale s'affranchit encore de la menace de sous-alimentation. Quand cette économie fonctionne, son harmonie silencieuse passe inaperçue, on n'a d'yeux que pour ses ratés. Le XIXe siècle européen se peuple d'images édifiantes d'enfants mourant dans la fabrique quand il ne s'effondrent pas sur quelque barricade au milieu des pavés. Seul Victor Hugo sut chanter le mouvement prodigieux, et de longue haleine, par lequel l'Europe occidentale s'industrialisant transforma ses tragédies en comédies, ses souvenirs en mises en scène de plus en plus exotiques et la séculaire plainte des damnés de la manufacture et de la terre en rendez-vous bi-annuels et revendications syndicales bon enfant. Le héros de ce « long » terme est évidemment Jean Valjean, l'ancien bagnard devenu homme d'affaires.

Par temps calme, le système transforme ses contradictions en complémentarités, la circulation des paradoxes maintient l'ensemble en mouvement et en expansion. Quand l'atmosphère s'épaissit, quand les nuages s'amoncellent et que le temps se gâte, le système entre en crise, les paradoxes paralysent, la circulation se fige. La dissonance de *l'Opéra de quatre sous* annonce les manifestations d'affamés dans l'Allemagne des années trente. L'Afrique d'aujourd'hui se perd dans les remous d'une semblable tempête. Une cascade de coups d'État militaires, un tourbillon de réfugiés ballottés au gré d'alliances fragiles témoignent d'une situation sans issue. Continent insolvable, l'Afrique ne peut même pas exporter sa main-d'œuvre vers une Europe qu'une crise ferme aux travailleurs immigrés.

Après l'ère coloniale, ce fut pour une ou deux générations la joie de l'indépendance et la prédiction de progrès accélérés. L'économie politique de la misère qui avait introduit l'Européen à l'abondance devait entraîner l'Africain dans son sillage. Les fruits n'accomplissant pas la promesse des fleurs, les bons sentiments masquent maladroitement la récurrence des famines sur fond de statistiques funèbres. C'est sous-estimer la situation que de réduire ses difficultés à la détérioration des termes de l'échange et aux inégalités du commerce Nord-Sud. « Pillée » ou « volée », l'Afrique noire demeurait intégrée au circuit des échanges. Aujourd'hui isolée, abandonnée, débitrice, elle ne chatouille plus la convoitise des riches prédateurs voisins. Au nord le pétrole est arabe, au sud les filons de minerais précieux sont tenus depuis trois siècles par les Blancs afrikaners. Entre les deux, le désert croît et les investissements tarissent. L'Afrique noire proprement dite trouve peu à échanger, fût-ce inégalement, et l'économie politique de la misère, depuis toujours mal partie, tombe en panne.

Être avant bien-être

La famine partout ? Non. L'Afrique confrontée à des menaces fondamentales — explosion démographique, croissance du déficit alimentaire, rupture des équilibres écologiques, Sida et criquets — qui mettent en jeu l'être, et pas seulement le bien-être des populations ? Oui. Vingt neuf des trente-six pays les plus pauvres de la planète se trouvent au sud du Sahara, et vingt-quatre réclamèrent en 1985 une aide d'urgence pour pallier la faim.

Pour comprendre, l'Européen doit s'affranchir des idées toutes faites déposées dans son berceau par trente années d'expansion globales et deux siècles de progrès rarement interrompu. Il ne suffit pas de critiquer des projets de développement gigantesque et absurde, tels le barrage d'Assouan et autres cathédrales de béton qui jalonnent la brousse. Les petits puits dans le désert accumulent à l'occasion leurs dégâts et fixent malencontreusement des nomades dont la mobilité assure la subsistance. Il faut que le « développé » se rende compte que le développement (en grand, en petit, par en haut, par la base, planifié, spontané, personalisé, collectif, etc.) est son problème, pas celui de l'Afrique, dont l'exigence première est de survivre.

On pourrait discuter indéfiniment du cours qu'auraient suivi les civilisations du Sahel si d'autres cultures — celle du livre, musulmane ou chrétienne, celle de la technique — ne les avaient point rencontrées : pas de commerce d'esclaves, pas de colonisation, pas d'indépendances mimétiques... Il est tentant de généraliser le jugement de Montaigne : il eût mieux valu que l'Europe ne découvrît pas les mondes « nouveaux ». Les civilisations éparpillées sur la terre finissent inévitablement par s'entrecroiser ; leur collision provoque d'énormes et inégaux dégâts. Les « économies-mondes » dominantes brisent les « économies-mondes » dominées par une onde de choc d'autant plus inéluctable qu'involontaire et imprévue. Les « conquistadores » dépeuplèrent les Amériques moins par leur relative puissance de feu que par les virus qu'ils véhiculèrent et les blessures mortelles qu'infligea leur seule existence aux civilisations autochtones. Aujourd'hui, ce ne sont pas le commerce, l'industrie ou la scolarisation qui mesurent le premier impact de la technique occidentale sur les réalités africaines, mais plus profonde, plus irrésistible, l'explosion démographique qui s'impose à tous les régimes sans distinction.

Hygiène, antibiotiques, insecticides, vaccinations, organisation de la prévention et des secours à l'échelle planétaire. Décisif, cet impressionnant déploiement entraîne la baisse générale du taux de mortalité et le démarrage consécutif d'une forte croissance démographique dans les pays du tiers monde. En Afrique, la population a probablement doublé ces vingt-cinq dernières années, pour atteindre cinq cent cinquante millions aujourd'hui. Si le taux de croissance se maintient — 3 %, le plus fort du monde — il y aura sept cents millions d'Africains en l'an 2000 et un milliard et demi dans quarante ans. La terre africaine se chargera toutefois de pratiquer un morbide contrôle des naissances.

En relatif sous-peuplement par rapport à l'Asie, l'Afrique pourrait se permettre cette formidable explosion démographique si les ressources suffisaient. Mais l'intendance ne suit pas. La production alimentaire par habitant a diminué de 20 % depuis 1961, la superficie des terres cultivables est tombée de 0,71 hectare par personne il y a vingt-cinq ans à 0,57 en 1980. Pratiquement autosuffisants il y a dix ou vingt ans, les pays africains sont pour la plupart désormais incapables de se nourrir. A ce rythme, la situation alimentaire du continent noir à l'horizon 2010 sera pire qu'au plus fort de la famine 1983-85[1]. On comptait quatre-vingts millions d'Africains affamés et malnutris avant la précédente vague de famine (1972-74), ils sont maintenant plus de cent millions. Bien d'autres clignotants passent au rouge. La dette de l'Afrique noire a été multipliée par cinq ou six, selon les pays, entre 1973 et 1983.

DONNER D'UNE MAIN,
REPRENDRE DE L'AUTRE

« De 1980 à 1982, l'augmentation des prix du pétrole et le ralentissement du commerce mondial ont contraint l'Afrique à beaucoup emprunter pour maintenir le niveau de ses importations. Elle commence manitenant à en supporter les conséquences. Le service de la dette atteignait 4,1 milliards de dollars en 1981 et 9,9 milliards de dollars en 1984 ; il devrait passer à 11,6 milliards par an de 1985 à 1987. Voilà qui jette une lumière nouvelle sur les quelques milliards d'aide supplémentaire reçus après la sécheresse. La communauté internationale donne d'une main et reprend de l'autre. Lorsqu'un pays n'est plus en mesure d'assurer le service de sa dette publique,

1. Toutes ces données sont extraites de *l'Agriculture africaine, les vingt-cinq prochaines années*, document présenté à la quatorzième conférence régionale de la FAO, septembre 1986, Yamoussoukro, Côte d'Ivoire.

celle-ci est rééchelonnée dans le cadre du mécanisme du Club de Paris. A la fin de 1984, sur trente et un rééchelonnements, vingt-trois concernaient la dette de treize pays d'Afrique sub-saharienne[1]. »

Parallèlement, les transferts de capitaux des pays industrialisés ont diminué de 50 % entre 1980 et 1983, tandis que l'aide alimentaire régulière a infailliblement augmenté depuis les années soixante. En 1985, deux Africains sur cinq étaient nourris par l'étranger dans les contrées sub-sahariennes. Dans le pourtour du Sahel, l'aide représente désormais 17 % du produit intérieur brut et 8O % des ressources extérieures.

Dans les scénarios de science-fiction où l'angoisse le dispute souvent à l'ignorance et au racisme, l'Européen imagine l'Afrique partant à l'abordage du Vieux Continent. En l'occurrence, le drame se joue en sens inverse, les anciennes puissances coloniales semblent délaisser progressivement le continent en semant derrière elles des bombes démographiques qui, pour être à retardement, n'en soufflent pas moins les équilibres instables des fragiles sociétés post-coloniales. La pression des nouvelles bouches à nourrir est implosive plus qu'explosive, remarque Alfred Sauvy, les dégâts sont internes et risquent d'entraîner la destruction de tout le continent. Si le tiers des 2,9 milliards d'hectares de l'Afrique sont trop arides pour des cultures fluviales, le reste des terres est d'une extrême fragilité, principalement dans le Sahel. Cette fragilité des sols, alliée à une déforestation systématique pour les besoins en bois de construction et de chauffe, entraîne une érosion accélérée qui aboutit à la désertification. Chaque année, le désert gagne cinquante mille kilomètres carrés, près d'un dixième du territoire français. Et puisque l'agriculture assure 50 % du produit intérieur brut, 80 % des emplois et 90 % des devises extérieures des pays, la dégradation de ce secteur a des conséquences catastrophiques inéluctables.

Les peuples africains sont donc confrontés de plus en plus à des problèmes de survie ; les débats d'antan sur les modalités de l'expansion semblent déphasés. Pour se mettre au diapason, l'Eu-

1. *Famine. Mieux comprendre pour mieux aider, op. cit.*

ropéen doit se remémorer qu'il n'a pas toujours pensé la politique et la vie sociale en termes de développement. Avant d'atteindre le point de non-retour des sociétés de relative abondance, il a vécu, jusqu'au XVIIIe siècle, exposé aux famines et épidémies. L'objectif d'alors n'était pas le bien-être, mais l'être. Un « bon » gouvernement sauvait la collectivité des désastres, il n'assurait pas la croissance maximale. De même, les Africains ne cherchent pas à vivre mieux, mais à vivre tout court.

L'économie de survie

« C'est certainement grâce à de multiples réseaux d'échanges à l'intérieur des familles élargies ou débordant les limites des familles, des réseaux informels, fort mal connus, que l'Afrique doit de ne pas être plus enfoncée dans la dépendance alimentaire qu'elle ne l'est aujourd'hui », estime Jacques Giri[1]. Le Suédois G. Hyden baptise ce secteur informel « économie d'affection », parce qu'elle institue « un réseau d'appuis de communications, d'interactions entre des groupes structurés, liés par le sang, la parenté, ou ayant quelque chose en commun, par exemple la religion[2] ». S'agit-il d'une réminiscence du passé précolonial qui se manifesterait dans les vides de l'économie officielle du développement, de toute façon en panne ? Plutôt que la survivance d'une économie tribale, on appréciera le dynamisme d'une économie de survie par laquelle le monde rural africain, pas entièrement « capturé » par les autorités officielles, tente de se sauver.

Cette économie de survie explique à quel point la réalité africaine s'avère plus résistante et complexe que les statistiques catastrophiques qui en rendent compte. Ainsi, les services de la RRC à Addis-Abeba — rappelons-le : « le système de pré-alerte le plus perfectionné d'Afrique » — ont évalué le déficit alimentaire de la population éthiopienne en comparant chaque année les ressources recensées au nombre d'habitants estimé. Or, fin 1984, un nouveau recensement « révèle » que l'Éthiopie compte neuf millions d'habitants de plus que ne le prévoyaient les estimations. Pendant dix ans, les statistiques les « plus perfectionnées » avaient démontré que trente-trois millions d'Éthiopiens vivaient

1. *L'Afrique en panne*, éd. Karthalia, 1986, p. 79.
2. « La Crise africaine et la paysannerie non capturée », *Politique africaine*, Paris, juin 1985.

au seuil de la famine. Ils étaient en réalité beaucoup plus nombreux. A moins de supposer que les neuf millions « ignorés » vivent de l'air du temps, force est de conclure à une marge d'erreur insolite. Ici commence le continent inconnu de l'économie de survie. Hors des contrôles gouvernementaux, il échappe du même coup au regard des statisticiens.

Spontanément, un gouvernement, quelle que soit sa couleur idéologique, tente de détruire cette économie officieuse au lieu de s'appuyer sur elle. Ne fonctionne-t-elle pas comme un « marché noir », illégal, qui permet au monde rural d'esquiver en partie les taxations et les ponctions brutales qu'opèrent les bureaucraties étatiques et les élites urbaines ? L'économie de survie fut, longtemps, la grande absente des considérations savantes sur les modèles de développement. Au néo-libéral, style Hayek, elle ne peut que paraître tribale et rétrograde ; les réseaux de communication qu'elle emprunte ne ressemblent que de très loin au « marché libre » de la théorie pure. Hérésie doctrinale supplémentaire : les producteurs et les consommateurs de l'économie de survie sont les groupes de solidarité familiale, ethnique, ou religieuse qui laissent bien peu d'espace à l'individu promoteur de la libre entreprise. Quant aux néosocialistes marxistes, ils la qualifieront allègrement de « réactionnaire » et partiront à la chasse au « koulak » des brousses avec le sentiment d'éradiquer des « seigneurs de la terre » en laissant place nette aux planificateurs de l'avenir.

Il faut savoir repérer des structures plus anciennes que les fameux mécanismes libéraux ou collectivistes qui mettent en scène le développement occidental. La fonction d'information échue désormais au marché des biens matériels s'exerça longtemps en Europe, et passe encore en Afrique par des chemins informels où circule la perception des défis et des menaces. Ainsi existe-t-il un système de pré-alerte qui, si on lui laisse sa chance, informe des risques de famine plus sérieusement que les coûteux organismes bureaucratiques, style RRC : « A mesure que se développe la famine, les denrées renchérissent, le crédit s'épuise, les travaux extérieurs se font plus rares, les salaires diminuent, les ventes de biens personnels et de moyens de production s'accélèrent, les tensions sociales s'exacerbent, les corps s'affaiblissent et cèdent aux maladies, la mort frappe plus souvent, les hommes puis les familles entières partent vers les villes à la recherche de nourriture, de travaux de hasard, de secours. Autant de signaux d'alarme... En fait, le comportement des victimes potentielles de la famine est l'indicateur le moins sujet à caution. Il s'agit donc de fournir rapidement aux donateurs des informations précises sur les groupes qui n'arrivent pas à faire face aux difficultés. Un tel système serait bien préférable aux évaluations nationales incertaines de la population, des surfaces cultivées et des rendements prévus[1]. »

En entreprenant à des fins de contrôles, politiques et fiscaux, le quadrillage destructeur des structures rurales de survie, les fonctionnaires urbains, toutes couleurs confondues, scient les branches sur lesquelles tous sont juchés, ils cassent l'appareil de signalisation et de communication qui leur permettrait, dans la mesure du possible, de prévoir et prévenir.

L'économie de survie navigue à l'estime. Elle réagit au coup par coup. Les vues panoramiques des comptabilités nationales modernes lui sont étrangères autant que les projets globaux de transformation à grande échelle. Les experts formés aux techniques économiques inclinent à déprécier l'irrationalité apparente de l'empirisme tâtonnant des marchés clandestins. Il conviendrait plutôt d'admirer la version africaine d'une raison que l'Europe cultiva longtemps sous le nom de « Prudence » (la divine Mêtis, selon les Grecs anciens), qui s'acharne à ruser avec l'adversité faute de pouvoir la réduire, qui saisit l'occasion par les cheveux quand nul n'en dispose selon son bon plaisir : « Pour dominer une situation changeante et contrastée, elle (la prudence-raison) doit se faire plus souple, plus ondoyante, plus polymorphe que l'écoulement du temps : il lui faut sans cesse s'adapter à la succession des événements, se plier à l'imprévu des circonstances pour mieux réaliser les projets qu'elle a conçus ; ainsi l'homme de barre ruse avec le vent pour mener, en dépit de lui, le navire à bon port[2]. » Loin d'être « irrationnelle » et « réactionnaire », l'économie de survie informe, transforme et dans la détresse permet de raison garder.

Le multiplicateur politique

Les malheureux paysans qui se rassemblent à Korem sont à bout de souffle. Le téléspectateur les aperçoit physiquement

1. *La Famine, op. cit.*, pp. 44-45.
2. Marcel Detienne et Jean-Pierre Vernant, *les Ruses de l'intelligence*, Flammarion, coll. Champs Libres, 1974, p. 28.

meurtris, il ne perçoit pas qu'auparavant ils furent politiquement exténués. Les guerres coloniales en Érythrée et au Tigré, les mesures brutales d'encadrement et de mise au pas, la militarisation de l'économie ont brisé leur capacité de résister à une nature féroce. Même lorsque la famine fait rage, le quadrillage qui les isole n'est pas levé.

L'AIDE HUMANITAIRE ENTRAVÉE

« Les zones les plus touchées par la famine étaient difficilement accessibles, en raison de conflits armés entre le gouvernement et les forces d'opposition. Les capacités de production alimentaire ne peuvent être améliorées du jour au lendemain et, par conséquent, les crises alimentaires ne vont pas devenir moins fréquentes. Tant que l'ONU ne pourra exiger la liberté d'accès et d'inspection, indépendamment de la situation politique et militaire, dans les zones sinistrées, l'intervention internationale contre la famine courra le risque d'être trop tardive. L'ONU peut et doit être en mesure d'anticiper la famine. Il faut lui donner les moyens de le faire. La politique doit savoir s'incliner devant l'humanitaire. Au cours des premiers mois de 1985, la faim au nord de l'Éthiopie chassait de leurs villages jusqu'à trois mille personnes par jour. L'ONU a fait de son mieux pour les nourrir à leur arrivée au Soudan. Mais, devant les objections des autorités éthiopiennes, elle n'a pu les secourir avant qu'elles ne soient contraintes à l'exode. La guerre ne s'est pas arrêtée à cause de la famine. L'ONU n'a pu obtenir le cessez-le-feu qui lui aurait permis de mettre sur pied une opération de secours efficace[1]. »

Un gouvernement renverse l'autre, mais tous cèdent à la tentation d'édifier un pouvoir économique et bureaucratique aux dépens des campagnes taxées, isolées et souvent tenues en quarantaine : la famine éthiopienne de 1984 reproduit en « pire » celle de 1974 et, à Addis-Abeba, le pouvoir révolutionnaire pour-

1. *Famine, op. cit.*, pp. 64-65.

suit et aggrave la politique centralisatrice et coloniale de Sa Majesté le Roi des Rois.

Les terribles défis lancés par la sécheresse, la démographie, les injustes déséquilibres internationaux ne doivent pas occulter le fait que les plus monstrueuses famines actuelles éclatent en des circonstances politiques précises. Les disettes difficilement supportables tournent à l'immonde catastrophe là, et seulement là, où les gouvernements empêchent la population d'assurer sa propre subsistance. Soit parce qu'ils fracassent toute vie civile (Cambodge, Timor oriental). Soit parce qu'ils perturbent autoritairement les réseaux d'échanges et que leurs abusives interventions cassent les marchés (Ghana, Tanzanie, Mozambique). Soit parce qu'ils interdisent la circulation des secours spontanés ou internationaux pour motifs de guerre civile ou régionale (Ouganda, Soudan). Soit pour toutes ces raisons mêlées : l'Éthiopie.

Les famines atteignent leur intensité maximale non pas en Afrique, mais, plus concrètement, dans les dictatures africaines. Chaque fois qu'un autoritarisme cravacheur insensibilise et dévitalise le corps social, les masses paysannes, désorientées, deviennent incapables de surmonter l'hostilité cruelle de leur environnement. Korem ouvre un hublot sur la tragédie africaine. Nulle fatalité, ni naturelle, ni humaine. Aucune mécanique démographique ou économique ne produit l'irrésistible progression d'une telle hécatombe.

Le choix entre solutions libérales et socialisantes concerne les sociétés qui gèrent leur problème de bien-être. Confrontées à la question de l'être, embarquées dans une lutte à la vie et à la mort, les économies de survie sont prises dans une alternative moins doctrinaire et plus originelle ; elles doivent opter entre, d'un côté, les sentiers broussailleux d'une démocratie imparfaite, nécessairement hésitante, souvent corrompue, et, de l'autre, la voie royale des dictatures. S'il se remémore un passé bien antérieur aux problématiques de développement, le chercheur retrouve dans son histoire européenne pareille croisée des chemins. On croit que la démocratie est un luxe pour pays riches et nantis. Les Grecs anciens qui inventèrent le mot et la chose, sans disposer du niveau de vie moyen d'un colonel éthiopien, ne partageaient pas ce préjugé. Leurs tragédies présentent des individus qui, tout-puissants et animés des meilleures intentions, se révèlent aveuglés par leur omnipotence : l'homme fort au sommet de sa gloire n'entend aucun avertissement, toute rumeur lui paraît complot.

Même le meilleur despote s'auto-intoxique et objecte à la circulation autonome des informations dans la cité.

La leçon est à son insu retrouvée par la commission d'enquête sur la famine : « Si depuis la famine du Bengale de 1943, qui fit plusieurs millions de morts, il n'y eut pas en Inde de famine aussi grave, ce n'est pas simplement dû aux progrès de l'agriculture mais aussi à l'existence d'une presse libre dans le cadre démocratique d'un pays indépendant. Lorsqu'une crise alimentaire localisée se dessine, ceux qui risquent d'en être victimes peuvent faire entendre leur voix, les journaux crient au scandale et forcent ainsi l'État à agir avant qu'il ne soit trop tard[1]. »

La dictature, cause nullement unique mais majeure de la famine ? La démocratie, remède indispensable ? Dans une Afrique qui a connu soixante-dix coups d'État et assassinats de chefs de gouvernement en vingt-cinq ans, on conçoit que ce diagnostic ne satisfasse point l'élite au pouvoir. D'autant qu'au sein de ces sociétés à 90 % rurales, la question de la démocratie est d'abord celle des droits démocratiques des paysans en proie aux exactions « modernes », à savoir citadines et militaires.

Aider à s'aider

Mimétisme de l'Histoire : le 12 novembre 1973, la télévision éthiopienne diffuse les premières informations sur la famine, soit un an trop tard. Cinquante à cent mille morts, admet la version officielle, moitié moins que les estimations crédibles. De non-événement, la catastrophe est devenue semi-vérité. En mai, un correspondant occidental à Addis-Abeba avait voulu envoyer une dépêche sur la terrible misère rencontrée dans les provinces du Nord. Il en fut « dissuadé » par les autorités. Au royaume du roi des rois, la couronne ne souffrait aucune tache. Mais la rumeur persistante sur les morts du Wollo et du Tigré finit par contraindre le palais à admettre l'inadmissible. L'université d'Addis-Abeba bruissait du scandale depuis des mois. De lointains échos étaient parvenus de la bastonnade policière qui avait accueilli à Dessié, capitale du Wollo, un groupe d'étudiants venus apporter aux affamés le produit d'une collecte. A l'intérieur de l'Église copte, pourtant fidèle pilier du royaume et grand propriétaire foncier, s'amplifiait la voix des déshérités, colportée par deux cent mille

1. *Famine, op. cit.*, p. 46.

prêtres partageant la vie et le pain, quand il y en avait, des paysans. Close, la société éthiopienne du Négus n'était pas hermétique pour autant.

En une décennie, les porte-voix ont été bâillonnés, tous ferments démocratiques consciencieusement liquidés. Les « petits prêtres » qui revendiquaient dans l'euphorie du printemps 1974 de meilleures conditions de vie marchent au pas, dirigés par un nouveau patriarche dévot des militaires. Les étudiants qui manifestèrent à la chute du Négus dans les rues d'Addis-Abeba, dans les campagnes profondes, aux cris de « la terre aux paysans » peuplent les cimetières après que leur sang eut lavé les trottoirs de la capitale en pleine « terreur rouge » de 1977. Décapitée à l'aube de la révolution, fin septembre 1974, la Confédération des travailleurs est devenue une « courroie de transmission » dans la meilleure tradition léniniste. Les paysans, peu enclins aux jacqueries mais toujours affamés, ont été encadrés au sein d'associations soigneusement régentées par le pouvoir central. Bref, en matière de contrôle social, l'autocratie d'antan paraît de bien aimable composition en regard du totalitarisme présent. Dans la société éthiopienne de Mengistu, quadrillée, soumise, embrigadée, nulle chance d'entendre ne serait-ce qu'un soupir de liberté.

Les dictatures cachent les famines, mais toutes n'y parviennent pas d'égale façon tant que demeurent des diseurs de catastrophe, rôle des étudiants d'extrême gauche en 1974, du bas clergé, de quelques journalistes plus courageux que d'autres. Sous les décombres de 1984, aucune voix n'était audible. Voilà pourquoi l'Éthiopie est restée muette jusqu'au bon vouloir des autorités, voilà pourquoi des masses de paysans affamés ont été déplacées, au prix de leur vie, sans qu'un seul de leur râle ait été perceptible.

Autant que matérielle, l'aide occidentale aurait dû être, dès l'origine, un substitut à la parole confisquée, ne serait-ce qu'en hommage à ceux qui ne sont plus là pour remplir cette mission. Par le silence des organisations humanitaires, les turbulents étudiants éthiopiens ont été une seconde fois assassinés. En acceptant de se taire, les secouristes et les agences des Nations unies ont perdu de leur liberté propre, à l'image de l'homme occidental qui, derrière le rideau de fer, ne se comporte plus en homme libre.

L'optimiste aurait été en droit de croire l'affaire entendue depuis ce jour de 1969 où une poignée de médecins bénévoles décidèrent de créer un comité ad hoc « contre le génocide au Biafra ». Ils s'étaient rendus sur place pour apporter aides et secours. Ils avaient assisté, horrifiés et impuissants, au massacre de plus d'un million de Nigérians (catholiques et Biafrais) par le reste de la population, dans l'indifférence et le silence complice des puissants, de l'Ouest à l'Est, alléchés par le pétrole dont regorge ce bout d'Afrique. Un mort est un mort, quelle que soit l'idéologie qui l'enterre : l'idée a paru suffisamment neuve à ces intellectuels en blouse blanche pour qu'ils se résolvent à agir en fonction de la seule urgence, opérant par la suite dans les camps palestiniens du Liban bombardés par les chrétiens, chez les chrétiens pilonnés par les Arabes, bâtissant des hôpitaux de fortune là où ils font défaut, au Salvador comme en Afghanistan, quitte à risquer les bombes soviétiques après avoir essuyé les tirs d'armes américains. En toute innocence, avec la plus grande simplicité, ces docteurs ont inauguré une nouvelle manière de témoigner et de s'engager. Hommes de terrain, ils ont tenté de donner à entendre le gémissement des victimes et le râle des mourants, de renvoyer l'écho d'humbles voix qu'on étouffe. Pressant les médias de répercuter les SOS émis aux antipodes géographiques ou politiques, ils ne se sont pas doutés qu'ils inventaient une fraternité qui peut seule clore sans désespoir définitif notre tragique siècle.

NOUVEAU SERMENT D'HIPPOCRATE

« Médecin, fidèle aux lois de l'honneur et de la probité édictées par le serment d'Hippocrate, je m'engage, dans la mesure de mes moyens, à donner mes soins à ceux qui, dans le monde, souffrent de corps ou d'esprit, je refuse que la science ou le savoir médical couvre l'oppression ou la torture, que l'on porte atteinte à la dignité de l'homme, que l'on cache l'horreur... Je m'engage à témoigner. Je fais ces promesses solennellement, librement, sur l'honneur. »[1]

La morale de l'extrême urgence » vaut pour le soignant comme pour le journaliste, sur le terrain comme dans le grand public. Elle « définit pour l'an 2000 une méthode mentale et un code de

1. Nouveau serment proposé par Médecins du Monde.

l'honneur qui permettent d'affronter l'horreur qui prévaut et se renforce », résume Bernard Kouchner.

Nourrir et ensevelir, soigner et se taire, sauver les uns et laisser massacrer les autres, quand ce ne sont pas les mêmes, manifeste d'une fébrilité inutile, dérisoire et de mauvais aloi. L'Éthiopie après le Cambodge. Une arnaque de plus et la générosité se lasse en abandonnant à leur dérive mortelle les cinq millions d'Africains prévus victimes des famines proches. Panser et parler, guérir et témoigner, les deux à la fois, pas l'un sans l'autre, si le principe des médecins français n'est pas retenu, les élans de charité qui sont l'honneur des années quatre-vingt n'auront été que poudre aux yeux. Un secouriste allemand nous disait à Hargeisa : « A chaque pièce de dix francs, il faut deux francs pour l'information. Tant que les donateurs n'exigeront pas ce partage, nous financerons les bourreaux. »

2

UN PRINCE DE L'OPINION : SIR BOB GELDOF

Les grandes aventures commencent très simplement. Le 23 octobre 1984, Bob Geldof, chanteur-compositeur du groupe The Boomtown Rats, allume son poste sur le documentaire de Mohammed Amin et Michael Buerk. Horrifié, révolté, il joint, le lendemain, un ami, Midge Ure, du groupe Ultra Vox, qu'il découvre dans le même état. Ils composent *Do They Know it's Christmas ?*, rassemblent une quarantaine de célébrités du pop anglais, qui, le 26 novembre, enregistrent un quarante-cinq tours. Six millions d'exemplaires du disque seront vendus en quelques semaines, près de cent millions de francs, nets pour la famine : chanteurs et techniciens travaillent bénévolement. Ainsi débute la plus formidable campagne de charité connue à ce jour. Telle est la version des intéressés eux-mêmes[1]. Il n'existe aucune raison particulière de la mettre en doute. Quelques années auparavant, Sartre et Aron avaient vu, à la télévision également, de frêles barques surpeuplées dériver sur la mer de Chine ; ils enterrèrent alors les haches de guerre idéologiques qu'ils brandissaient depuis trente ans et affrétèrent ensemble un bateau de secours. L'urgence extrême réconcilie : des hommes se noient, il faut tenter de les sauver sans interroger les opinions des secourus comme des secouristes.

Band Aid traverse l'Atlantique. Le 13 juillet 1985, cinq cents millions de téléviseurs transmettent simultanément le double concert *Nourrissez le monde*, en duplex de Wembley et de Phila-

1. Bob Geldof et Paul Vallely, *Is That It ?*, Sidgwick and Jackson, 1986.

delphie. Après les tours de chant, les défilés de mode ; derrière les rockers, les sportifs et les écoliers ; « Fashion Aid », « Sport Aid », « School Aid » (Action Ecole). Dans la foulée, des publicitaires inculquent aux grandes firmes mondiales qu'une charité bien publiée sert la promotion de leur production, l'argent versé pour l'Ethiopie fait des petits. Personne n'y perd, mais les affamés gagnent : la conjugaison d'un mouvement d'opinion et du mouvement des affaires développe une puissance considérable. Au passage, les rockers, contestataires de toujours, découvrent que le « système » capitaliste abominé s'avère plus souple que prévu, la recherche du profit et la défense des damnés de la terre peuvent faire un bout de chemin ensemble. Qui s'en plaindrait ?

Phil Collins chante à Wembley devant le prince de Galles et Lady Di. Le stade est comble. Il sort de scène, saute dans un hélicoptère, se précipite dans le Concorde mis à disposition de Band Aid par les autorités britanniques et débarque à Philadelphie, où il s'écrie : « J'étais à Londres cet après-midi, un sacré petit monde, pas vrai ? » Les images sont plus rapides, les écrans géants diffusent sur chaque rive de l'Atlantique le show d'en face. Un milliard et demi de téléspectateurs, dans cent quarante pays, suivent minute par minute le déroulement de la fête. L'Occident n'a pas lésiné sur les moyens, le contraste était recherché, sciemment mis en scène, il éclate, aveuglant. Tandis que l'enfant squelettique chie ses intestins et meurt dans ses déjections, la civilisation technique déploie ses fastes et sa force. L'énorme hiatus chauffé à blanc et élevé au top niveau de l'insupportable provoque la réaction attendue. Les sociétés de crédit ouvrent des comptes spéciaux, des centraux téléphoniques sont prévus, les standards sont rapidement bloqués. Les dons affluent, télés et radios en comptabilisent le montant par ordinateur, des flashes interrompent la transmission du concert et annoncent tous les records battus. L'univers répond en direct à la famine africaine. Le lendemain, les éditorialistes soufflés commentent les olympiades de la générosité, certains saluent une nouvelle « conscience planétaire », d'autres interrogent l'orgasme qui a secoué en même temps cinq continents.

Après coup, Bob Geldof confie avoir vécu un instant d'extase. Lorsqu'il a salué le poing levé les quatre-vingt mille de Wembley : « Quelque chose de spécial commença, mon regard glissa d'une rive à l'autre de l'immense auditoire comme si je devais fixer chaque auditeur dans les yeux. Je désirais prendre contact avec tous et les mettre individuellement dans le coup (...) A ce moment il n'y avait plus de différence entre le type sur la scène et les gens dans le public. Je n'avais pas besoin d'évoquer des images précises de l'Ethiopie. Tout ce que j'avais vu de terrible en Afrique demeurait tapi au fond de ma mémoire, ce jour-là il n'était pas seulement question d'un continent plus ou moins isolé, l'enjeu c'est tout à coup notre monde, notre unique monde. » Bob Geldof pense avoir gravi le sommet du temps auquel font allusion de nombreux textes mystiques, midi de l'âme, moment privilégié de l'ombre la plus courte, où passé et futur refluent simultanément dans la splendeur d'un présent comblé. « Je sus que rien dans mon existence n'avait vraiment compté jusqu'à ce jour. Je n'éprouvais même pas de tristesse à l'idée que cet instant ne se prolongerait pas toute la vie. Il se suffisait à lui-même, ce clair instant de certitude absolue (*this clear moment of absolute certainty*). Tout était bien et arrivé sans raison, mais pour de bonnes raisons. Contrairement à ce qui s'était toujours passé lors de mes antérieurs moments de plaisir ou de triomphe, aucun nuage ne pouvait couvrir mon soleil[1]. »

Le parfum religieux qui se dégageait d'une telle exaltation collective n'échappa guère au flair des journalistes. Le magazine *Life* risqua une parabole qui eût paru déplacée en des circonstances moins invraisemblables : Dieu, en son paradis, n'était pas moins informé que le téléspectateur. S'avisant qu'il lui fallait intervenir, il descendit de ses nuages. Mais le Dieu du XXᵉ siècle, comme les divinités antiques, est faillible. Il frappe à la porte de Geldorf. « Nom de Dieu, quel est cet olibrius ! » se demande Dieu pour conclure d'un haussement d'épaules : « Qu'importe, il fera l'affaire. » Néanmoins, si intercession divine il y eut, force est de constater qu'elle suivit des voies parfaitement ordinaires. L'observateur, économe en matière d'interventions surnaturelles, repère une avance, presque une grâce, moins mystique que pratique, concrète et au fond commune. Qui n'a jamais éprouvé l'impression grisante d'avancer à la crête des vagues, tandis que les obstacles se défont avant que d'être heurtés ? Tel est le sentiment qui porte Bob Geldof depuis que, osant à peine avouer son projet d'écrire une chanson « pour l'Ethiopie », il perçut que son entourage trouvait l'ambition pas sotte, que ses concurrents oubliaient leur concurrence et que les mauvaises langues étaient

1. Bob Geldof, *op. cit.*, p. 10.

frappées de soudaine paralysie. « Je peux faire n'importe quoi pour le succès de l'entreprise parce que l'unique luxe de ce type d'exercice tient dans la certitude que tout ce que vous faites est moralement justifié. »

Un mandat si impérieux implique qu'on s'astreigne à des règles et des obligations ; on se souvient encore du fameux concert pour le Bangladesh, organisé, à grande échelle déjà, par l'ancien Beatle George Harrison : les sommes recueillies avaient été égarées en divers circuits intermédiaires sans parvenir aux malheureux. Les fonds seront cette fois-ci distribués sous la responsabilité d'un ensemble de personnalités irréprochables, et autant que possible qualifiées. De plus, Bob Geldof et ses amis obligent à une sorte d'ascèse personnelle, le travail est bénévole, nul ne touche un penny pour frais individuels, les déplacements sont sponsorisés par les journaux et autres mass média sans que rien soit distrait des dons intégralement consacrés à l'Afrique.

La volonté de gérer honnêtement les secours recouvre une exigence morale plus profonde, qui se manifeste au départ timidement, négativement presque, par les restrictions que s'impose « Saint Bob ». Il va sur le terrain, mais, à la nuée de reporters qui l'entourent, il impose la règle de ne pas le photographier un bébé affamé dans les bras. Tant pis pour le cliché traditionnel qui couronne la visite éclair d'une grande âme parachutée en extrême misère. Ignore-t-elle, remontant en hélicoptère, que le bébé ainsi promis à une prestigieuse existence médiatique finit d'expirer dans la poussière ? La solidarité s'invente peu à peu un code déontologique qui discipline la gestion de l'argent mais aussi des images et des paroles : il faut contrôler ce qu'on fait et ce qu'on montre. Bob Geldof se découvre malgré lui comptable devant son public et responsable des sous, mais également des enthousiasmes collectés. Il apostrophe les grands de ce monde au nom de l'exigence éthique élémentaire d'un homme de la rue. Devant les caméras, en direct, il demande à son Premier ministre, Mme Thatcher, de faire un geste et d'envoyer en Afrique les surplus agricoles de la Communauté européenne :

« Vous savez, monsieur Geldof, nous avons tous nos œuvres de charité...

— La mort de cent vingt millions de gens, ça n'a rien à voir avec une œuvre de charité. C'est un impératif, nous devons faire quelque chose.

— Nous essayons, ce n'est pas si simple...

— Rien n'est plus simple que la mort, madame. »

Tandis que le Premier ministre chute dans les sondages, le public fête le franc-parler d'un chanteur qui énonce à voix haute ce que beaucoup d'isolés se murmurent et que les grands taisent. « Je ne représente pas une institution, mais une instance morale[1]... »

Band Aid n'est pas un parti, ni une fondation culturelle ou religieuse soucieuse de prosélytisme à long terme. Ni même une agence travaillant sur le terrain et liée par la nécessité de se concilier les autorités locales : « Je peux dire des choses aux ministres qu'aucune autre organisation de secours ne peut se permettre de leur faire entendre. » Il remarque au passage que mère Teresa pratique une analogue « diplomatie Punk[2] », n'hésitant pas à demander à brûle-pourpoint, en plein show télévisé, au ministre son voisin... l'autorisation de disposer de tel palais gouvernemental vide pour installer un orphelinat. Même dans les régimes autoritaires, les notables interpellés se défilent avec difficulté : « Chaque caméra devient symbole de l'autorité populaire[3]... »

COURONNÉ PAR LA PRESSE

Le Point : « L'HOMME DE L'ANNEE. BOB GELDOF, LA STAR DE LA CHARITE. Un homme cette année a marié le rock and roll et la famine, le business et la solidarité, et donné, grâce à la télévision, une nouvelle dimension à la planète. » (30 décembre 1985)

V.S.D. : « BOB GELDOF EST DEVENU UNE STAR. A LONDRES ON LE SURNOMME MEME "SAINT GELDOF". »

Sur le sol d'un garage désaffecté, dans le centre de Londres, quelques ballots épars, du courrier et de la laine tricotée. Le reste vient de partir en Ethiopie. Au téléphone, dans la cabane qui sert de bureau, un homme hirsute, avec une barbe de deux jours, déplie un corps sans fin. On n'en retient que le visage fiévreux, candide et retors à la fois. Au temps des croisades, il eût été moine-soldat — braillard, paillard sans doute, les yeux habités. Un peintre flamand l'eût peint en clair-obscur.

1. Bob Geldof, *Is That It*, p. 317.
2. *Op. cit.*, p. 250.
3. *Op. cit.*, pp. 317-318.

Bob Geldof appartient à demain. Aux héros traditionnels de la charité, il inflige le même coup que Spielberg au cinéma : un coup de vieux. Il est de cette génération neuve, grave et tendre, médiatisée d'instinct, cynique et sans espoir, allégée pourtant du fatras des idéologies et des filtres de la politique. (22 août 1985)

Après le concert du siècle, Bob Geldof fut invité, décoré, fleuri par le Gotha de la planète. A Washington, au Capitole, les sénateurs tiennent à figurer sur les photos souvenirs, les électeurs apprécient. Bruxelles, Strasbourg, le palais de l'Elysée, Buckingham Palace, les portes s'ouvrent devant la vedette en jean et bottes. Les pouvoirs sont aux petits soins. En Indonésie, des firmes peu scrupuleuses produisent en grande série des cassettes pirates. Perte sèche pour l'aide à l'Afrique. Band Aid proteste. Les autorités indonésiennes font la sourde oreille. Bob Geldof menace de faire boycotter le pays par les touristes australiens, il annonce qu'il débarque avec son sac de couchage devant le palais présidentiel de Djakarta pour y entamer une grève de la faim. Le gouvernement indonésien cède, il ne passe pourtant pas pour un parangon de démocratie et compte à son actif quelques répressions remarquablement massives et sanglantes (Timor).

Dire, aux grands de ce monde, leurs quatre vérités, impunément et avec une relative efficacité, investit Bob Geldof d'un pouvoir subversif qu'il interprète justement : « Je véhicule la force de la conviction et de l'urgence[1]. » Les plus hautes autorités, il les cite non pas devant le tribunal de l'Histoire, pas même devant la conscience universelle toujours incertaine, mais devant les yeux qu'il a croisés la première fois à Lalibela, des yeux de deux ans plantés sur des corps de quelques mois. Leurs regards absents, retournés vers l'intérieur, fixaient la mort qui monte.

Lorsqu'il atterrit dans un pays d'Afrique, Geldof est désormais reçu en chef d'Etat. A juste titre, il gère un budget qui fait rêver les notables galonnés qui l'escortent à l'aéroport. Il tente de dépenser sérieusement, finance les organisations qui travaillent depuis longtemps sur le terrain, soutient des projets précis et concrets. Les envieux cherchent la faille, ils épinglent des erreurs

1. *Op. cit.*, p. 225.

qui sont le lot habituel des entreprises humaines, mais aucun scandale financier et technique ne vient ternir la réputation du chanteur. Il est élevé au rang de chevalier par la reine d'Angleterre, on mentionne son nom pour le Nobel de la paix. Pourquoi pas ? Juste retour des choses, l'inventeur de la dynamite couronnerait l'inventeur de la première multinationale de la solidarité.

Quand il célébrait son triomphe, le général romain victorieux était, dit-on, flanqué d'un esclave qui glissait à son oreille : « Regarde derrière-toi et souviens-toi que tu n'es qu'un mortel. » Les princes de l'opinion publique mondiale n'ont pas cette chance. Rien de plus volatil que ladite opinion. Partis pour l'éclairer, ils finissent souvent par en chercher l'existence une lanterne en main, tel Soubise son armée. Ainsi put méditer saint Bob, plongé dans le tumulte qui, ce matin d'automne 1985, agitait Addis-Abeba. Quarante-sept agences internationales d'aide privée travaillant en Ethiopie étaient représentées dans les locaux de la RCC, l'organisme officiel responsable de la lutte anti-famine. Geldof jouait à merveille son rôle d'affreux Jojo, il venait de poser une question : « Est-il exact, comme l'affirme l'enquête de *Cultural Survival* dans les camps de réfugiés, que la politique de déplacement des populations ne relève pas de la persuasion mais de la contrainte et aurait déjà fait entre cinquante mille et cent mille morts ? » Les autorités officielles nient vigoureusement, un prêtre catholique, le père Jack Finucane, les appuie : « J'ai lu de telles affirmations, mais je ne les prends pas au sérieux. » Il n'est pas contredit. On fait alors remarquer que les réfugiés, interrogés au Soudan, viennent de zones rebelles, donc que leur témoignage est sujet à caution. Un officiel passe en douce un billet aux journalistes anglais présents : « Personne ne s'exprimera librement tant que l'homme au costume bleu est présent. » L'homme au costume est Berhana Deressa, le numéro 2 de la RRC[1]. Une voix, néanmoins, confirme l'enquête de *Cultural Survival*, celle du représentant d'une organisation française avec laquelle, un an plus tard, Geldof se fâchera. Ainsi convient-il de citer précisément le compte rendu proposé par David Blundy, du *Sunday*

1. Berhana Deressa se réfugia par la suite aux Etats-Unis : « Je ne pouvais plus accomplir mes devoirs de manière acceptable pour ma conscience », se justifia-t-il.

Times, et Paul Vallely du *Times* (ce dernier, ami de Bob Geldof, rédigera son livre de Mémoires) :

« Un homme refusa de se sentir lié par la conspiration du silence. Michel Fiszbin, de Médecins sans frontières, était choqué et remué par ce qu'il venait d'entendre. Un mois auparavant, il avait assisté à une réunion semblable, sauf qu'elle se tenait à l'hôtel Hilton, en l'absence des officiels du gouvernement. Là, le père Finucane avait exprimé un avis tout différent : il avait expliqué que dans la première phase du programme, le nombre des personnes déplacées se montait à un demi-million, cela dans des “conditions horribles”. Il avait ajouté que sur les soixante-dix-sept régions de réinstallation, il n'y en avait que deux de réussies. Selon lui, il y avait eu cent mille morts.

« Pour Geldof et les journalistes qui l'accompagnaient, il se passait quelque chose de franchement bizarre à Addis-Abeba. Dans les jours qui suivirent, d'autres agences d'aide confièrent leurs opinions, hors de portée d'écoute des oreilles officielles. Elles étaient toutes d'accord, en privé, pour affirmer que les transferts de population avaient été un désastre en 1985. Elles soupçonnaient que le motif du gouvernement était plus politique qu'humanitaire...[1] »

A l'abri des indiscrétions, chacun justifie par quelque motif stratégique un silence très diplomatique : tout conflit ouvert avec le gouvernement s'assortit d'une menace explicite d'expulsion. Les organisations charitables ne sont pas invitées à contrôler les déplacements, leurs activités sont limitées au périmètre précis qui leur est imparti ; il est recommandé de ne pas voir, ni savoir ce qui se passe ailleurs. Reste que la situation est embarrassante. Citons les deux témoins évidemment très favorables à la position prise par Geldof : « Band Aid, les autres organisations de secours et les gouvernements se trouvaient aux prises avec un problème moral : fallait-il consacrer des fonds de secours au programme de transfert ? La Croix-Rouge internationale et Médecins sans frontières étaient contre. D'autres agences professaient un avis différent. Geldof opte pour une ligne claire. Les gens dans les zones de réinstallation allaient mal et avaient besoin d'aide : “Si nous avions existé pendant la Seconde Guerre mondiale, et si nous avions entendu parler de gens mourant dans les camps de concen-

1. David Blundy and Paul Vallely, *With Bob Geldof in Africa*, Times book, Londres, 1985, p. 132.

tration, aurions-nous refusé d'apporter la nourriture et des secours dans ces camps ? Evidemment non. Nous appliquons le même principe ici et maintenant. Je peux ne pas être d'accord avec les transferts, mais le gouvernement va continuer, que ça nous plaise ou pas. Les gens sont dans le besoin et nous venons ici pour sauver des vies. Et si nous pouvons le faire dans les zones de transfert, nous le ferons[1]." »

La position de Geldof est moins claire que ne veulent la faire paraître ses deux hagiographes. La question première était : « Parler ou faire silence ? » Toutes les organisations présentes sont d'accord pour aider sans préalable politique. Le problème n'est absolument pas que le gouvernement glorifie saint Marx plutôt que les pères fondateurs de la Constitution américaine. Le problème ne vient pas des ONG mais du gouvernement lui-même, à partir du moment où il promulgue une sorte d'Omerta, la loi du silence chère à la Maffia : « Aide et tais-toi, si tu parles, je t'interdis d'aider. »

Bob Geldof répond qu'il ne veut pas faire de politique. Avec raison. Seulement, il affiche successivement deux façons de ne pas en faire. La première consiste à accrocher les puissants du monde, quelle que soit leur étiquette de droite ou de gauche, dès qu'il les soupçonne de non-assistance à personnes en mortel danger. Mme Thatcher et les gouvernants européens campant sur leurs surplus agricoles n'échappent pas à ses remarques acerbes et publiques. Par contre, le gouvernement éthiopien, si ! C'est la deuxième manière de ne pas faire de politique. Tout à coup réapparaît la vieille théorie des camps : si tu critiques A, tu rampes aux côtés de B, si tu objectes à B, tu es au service de A. Dans quel camp sont les morts de faim ? Dans aucun, répond justement Bob premier style, on doit intervenir sans conditions contre la famine, dans un pays rouge ou dans un pays noir. Dans quel camp sont les affamés et les morts par déportation ? Là, Bob seconde manière devient casuiste, il tergiverse. Il faut tout dire, tout faire pour sauver un homme en danger de famine. Des déportés sont en revanche un cas politique, si par mégarde, ou à dessein, un gouvernement les tue, les cris contre ce second massacre sont déplacés. Deux poids, deux mesures. « J'ai entendu beaucoup de rapports sur les transferts et j'estime qu'il s'agit en partie d'un programme idéologique qui a pour résultat brutalité, misère et stupidité. Mais je sais

1. *With Bob Geldof, op. cit.*, p. 134.

également que l'opposition à ce programme peut être inspirée par une idéologie adverse et orchestrée par des forces extérieures qui poursuivent des fins qui leur sont propres[1]. » Nous sommes coupables devant la « conscience universelle » si nous laissons les uns crever le ventre vide. Et nous sommes coupables de mauvaise politique si nous ne laissons pas les autres (ou les mêmes) périr dans les transports sous les coups ou, à l'arrivée, de malaria, ou, cette fois encore, de dénutrition ! Geldof se réclame d'une « absolue certitude morale », elle semble sujette à d'étranges variations d'intensité ; lorsqu'elle se tourne vers le nord, la survie des Ethiopiens de Korem pèse le poids d'une montagne ; dirigée vers le sud, elle découvre les mêmes hommes transplantés dans une « zone » de regroupement, leurs derniers soupirs pèsent le poids d'une plume.

Pour annuler un problème, en particulier s'il touche à la morale, il faut s'évertuer à démontrer : 1) que la question ne se pose pas ; 2) que la réponse s'impose : il n'y a pas de choix ; 3) que la situation d'ensemble ne mérite pas qu'on s'y arrête, que le problème est négligeable. Bob Geldof et ses conseillers ne lésinent pas, ils développent les trois arguments à la fois. Première remarque, page 138 de son hagiographie : les avis divergent au sujet des transferts. Certains, à Addis-Abeba, affirment que tout est beau, d'autres l'inverse, d'autres encore trouvent que c'est un pis-aller, la moins mauvaise des solutions. Puisque, sur place, les experts se contredisent, le rocker déclare forfait, oubliant qu'en septembre 1984, un mois avant qu'on ne filme le fameux documentaire, le Tout-Addis-Abeba ignorait une famine que les officiels taisaient pour pouvoir festoyer et dont les conversations privées ne faisaient pas mention. Bob Geldof dispose des moyens de s'informer directement : Band Aid finance l'alimentation des camps de la famine en Ethiopie même et les camps de réfugiés, au Soudan, peuplés par d'autres Ethiopiens. Il aurait pu facilement contrôler l'enquête menée par Jason Clay, installer ses caméras et ses journalistes. Voici ce qu'il eût pu enregistrer :

« ... Rien n'est donné volontairement à la Junte, mais beaucoup est pris par la force. Il prend toujours le miel et le beurre. Le Derg est une des raisons qui affament les gens. Il en est la principale raison pour les quatre dernières années. Je ne peux me

1. Bob Geldof, *Is That It ?*, *op. cit.*, p. 339.

souvenir de tous ces gens qui ont vu leurs récoltes brûler. Le gouvernement vient toujours pendant les récoltes. »

« ... "Ils" ont pris notre bétail, brûlé nos maisons et tué les enfants dans le village. L'armée a obligé les mères à danser autour des corps. Pendant ce temps, ils ont brûlé les récoltes. On a fui dans des grottes et dans les montagnes. »

« ... Quand l'armée vient et prend notre matériel — la charrue, les harnais et les sacs de semences — chaque chose doit être remplacée. Nous, on n'a pas d'argent pour acheter cela, tout doit être travaillé avec les mains. C'est ça qui ralentit nos cultures. »

« ... Pendant une nuit, l'armée a jeté des produits chimiques dans l'eau. Le lendemain, quand les gens et les animaux ont bu, ils sont morts. De telles choses se répétaient surtout pendant les semailles et les récoltes. »

« ... On était capables de survivre en échangeant et vendant des animaux et les produits de nos cultures... Maintenant le gouvernement interdit le commerce, alors on n'y arrive plus... »

« ... Le Derg bombarde les petits marchés, les marchands n'y viennent plus. Et les prix montent... Dans des conditions normales, même avec la sécheresse, on aurait été capables de faire des échanges et de survivre... »

« ... Les miliciens sont forcés de nous battre, sinon ils seront tués ou obligés de nous rejoindre dans les travaux forcés. Quand ils nous ont battus, ils ont honte quelquefois et même ils pleurent. »

« ... Quand quelqu'un meurt — et il y en a beaucoup —, il est laissé en plein air. Son corps se décompose. Tout le territoire puait le cadavre. »

Bob Geldof devait-il croire ces paysans sur parole ? Nul n'a la naïveté de prendre pour argent comptant des récits isolés, si authentiques et émouvants qu'ils paraissent. Jason Clay et son équipe ne s'en contentent pas non plus, ils procèdent par recoupements et amples statistiques. Band Aid n'est pas condamnée à d'aussi tatillonnes vérifications. Intimidé ni par son Premier ministre, ni par le président Mitterrand, le porte-parole de Band Aid n'a pas été snobé par les grosses têtes du Sénat américain. Que ne poursuit-il pas sa punk diplomatie ? « Voilà, les témoignages que j'ai recueillis, lancerait-il aux caméras, sont-ils vrais ? Sont-ils faux ? La vérification est facile, les lieux, les dates sont précis. Puisque le gouvernement éthiopien récuse en bloc l'accusation, qu'il nous accorde la possibilité d'enquêter sur place librement. Celui qui n'a rien à se reprocher n'a rien à cacher. Quant à nous, Occidentaux, qui nous reprochons encore de ne pas avoir vu venir la famine africaine, il n'est pas question de refermer les yeux et détourner la tête quand on nous annonce de telles horreurs. » Hélas ! Bob Geldof perd devant Mengistu la merveilleuse insolence dont il gratifia Mme Thatcher.

« Dans le contexte de la famine, cela ne me choque pas », a déclaré Bob Geldof à Dublin en commentant les cent mille morts des transferts de population[1]. Geldof fait mine de supposer que ces morts auraient de toute façon péri de faim, mais nous avons vu que la plupart des personnes déplacées n'étaient pas affectées par la famine. Etait-il moralement acceptable de voir mourir des milliers d'Ethiopiens pour des raisons politiques au moment où un formidable mouvement de solidarité internationale tentait de les sauver ? Cette question, il ne l'a pas posée.

Deuxième argument des hagiographes : de toute façon, il est inutile d'interroger car nous ne pourrions rien changer : la Communauté européenne prétend arracher la promesse d'un arrêt des transferts contre la poursuite de l'aide : « Si vous croyez cela, vous êtes prêts à croire n'importe quoi[2] », les communistes éthiopiens ne fléchiront pas d'un pouce devant les pressions extérieures. « S'ils arrêtent, c'est parce qu'ils n'en ont plus besoin, et s'il ne leur plaît pas de stopper le programme, ils ne s'arrêteront pas ». Hier, Band Aid chantait « Nourrissons le monde », tandis que d'autres enchaînaient : « Nous sommes le monde », soutenus par un milliard et demi de Terriens. Aujourd'hui, il capitule, sans conditions, devant les quatre-vingts galonnés qui commandent à Addis-Abeba, flanqués de leurs conseillers soviétiques. La formidable puissance de la « conscience universelle » accouche d'une souris. Le problème n'a pas été posé en public, les arguments n'ont pas été échangés, la bataille n'a pas eu lieu, Bob a jeté l'éponge avant le premier round. Il clôt son livre sur une citation de Burke, qu'il reprend à son compte : « Personne ne commet de plus grande faute que celui qui ne fait rien parce qu'il peut seulement faire un petit peu. » Il a accompli le peu qu'il fallait contre la famine pour immédiatement plaider l'impuissance quand la population à peine sauvée se retrouve décimée par son gouvernement, à coups de déplacements, villagisation et collecti-

1. *Irish Times*, 4 novembre 1985.
2. Bob Geldof, *Is That It ?*, p. 339.

visation forcées. Le « petit peu », il n'a même pas tenté de l'obtenir. Lui qui menaçait de débarquer avec son sac de couchage et d'entamer une grève de la faim, pour quelques cassettes volées, sur la grande place de Djakarta ne semble pas être effleuré par l'idée d'en faire autant à Addis-Abeba, parce qu'on tue ceux qu'il avait contribué à sauver. Certes, les souverains éthiopiens ne paraissent guère enclins à la tendresse et leur humanisme laisse à désirer. Néanmoins, ils sont demandeurs, ils ont besoin de l'argent international. Du reste, le gouvernement indonésien ne jouit pas non plus d'une particulière réputation de tendresse. Il cède cependant. Quand une dictature de « droite » ou de « gauche » ne joue pas son existence, elle peut être amenée à négocier. Les malheureux squelettes qu'on déplace ne sont pas en état de faire la révolution ou la contre-révolution à Addis-Abeba.

IL ÉTAIT UN PETIT NAVIRE

Les secours apportés par Geldof n'ont pas été épargnés par les détournements, au vrai sens du terme. Deux bateaux de Band Aid ont été saisis par le gouvernement alors qu'ils transportaient de l'aide destinée aux Erythréens vivant dans les zones contrôlées par les fronts de libération. La seconde fois, après un semblant d'épreuve de force avec Addis-Abeba (l'organisation de Bob Geldof menaça de geler neuf cent mille dollars alloués à l'Ethiopie pour l'achat de camions), Band Aid capitula. Les militaires éthiopiens gardèrent les couvertures, les médicaments et les équipements hospitaliers, non sans avoir promis de les remettre aux Erythréens, qui, bien entendu, n'ont rien vu venir.

Quel renoncement paralyse Geldof ? Il en oublie ses propres paroles : « Ils ont à m'écouter, disait-il lors de sa première rencontre avec les pontes d'Addis-Abeba, pas seulement parce que je détiens l'argent, mais en vertu d'une légitimité plus profonde qui réside en ceux qui ont fourni l'argent. Une légitimité populaire, non gouvernementale. Je ne représente personne que moi-même et des millions d'individus qui veulent aider. La légitimité de la compassion[1]. » Il chantait aussi : « Chacun peut faire quelque chose. » Et soudain, personne ne pourrait plus rien face à cette bureaucratie meurtrière ? L'appareil qui mène trois guerres coloniales et régit une famine trouverait le moyen de résister à toutes les pressions morales et financières ? Même l'URSS a lâché des visas pour ses juifs lorsque le Sénat américain menaça d'interrompre les livraisons de blé.

En vérité, l'argument numéro trois, qui accorde une immunité « punk diplomatique » à Mengistu est décisif. Geldof suggère qu'on ne *doit* pas — et non qu'on ne *peut* pas — exercer des pressions sur Addis-Abeba : « Il ne nous sert à rien de prétendre, grâce à l'aide, imposer nos valeurs morales ou nos systèmes politiques à des peuples qui vivent dans des principes et des traditions différents. Les tentatives de démocratie dans la plupart des pays d'Afrique représentent une perte de temps. L'autocratie rend souvent mieux dans les sociétés où le choix politique — en fait tous les choix — est limité par la simple nécessité de survivre. Si j'ai faim et que j'ai à choisir entre du pain et des bulletins de vote, je prendrai le pain[2]. »

Et que vive la bêtise ! La démocratie est un luxe de riches, les pays pauvres et africains sont condamnés aux dictatures, tel est le catéchisme qui confère aux despotes d'Addis-Abeba non point le privilège de l'invincibilité, mais ceux de l'immunité. Mieux vaut une organisation marxiste que pas d'organisation du tout ; l'ensemble des régimes africains est corrompu, l'appareil éthiopien semble, à Geldof et à de nombreux fonctionnaires internationaux, exceptionnellement efficace et exempté des tares de l'égoïsme privé. Ce dernier point se découvre d'ailleurs être une pure illusion ; un an plus tard, le numéro un et le numéro deux de la RRC choisissent la liberté et se réfugient aux Etats-Unis. Ces hommes, qui avaient en charge de gérer la famine, dénoncent la corruption qui règne dans les sphères dirigeantes, qui leur répliquent aussitôt qu'ils sont eux-mêmes voleurs et prévaricateurs. S'il est très improbable que leurs mutuelles accusations soient également fausses, il ne semble pas impossible qu'elles véhiculent l'une et l'autre une bonne part de vérité. Puisse le gâchis, peu à peu révélé, détromper les naïfs sur l'ordre communiste et les

1. Bob Geldof, *Is That It ?*, p. 250.
2. Bob Geldof, *Is That It ?*, p. 339.

amener à s'interroger sur l'étrange axiome qui réserve la démocratie aux nantis.

LA DÉMOCRATIE EST-ELLE UN LUXE ?

« Un racisme nouveau se fait jour : ce qui est bon ici ne peut être valable là-bas. Impossible de construire la Démocratie dans la brousse. Ceux qui parlent ainsi se trompent. On peut bâtir la démocratie sur le sable. C'est un système qui ne procure pas immédiatement de l'eau, mais permet mieux d'en découvrir. (...)

« ... Ils adorent voter, les gens, ils adorent qu'on leur demande leur avis. On l'a bien vu au Salvador, et au Guatemala quand l'extrême droite avait appelé à l'abstention : tout le monde est allé aux urnes. J'étais là, je puis attester que les Salvadoriens étaient contents de voter. Ils se sentent exister dès qu'on leur demande cela... Malgré la terreur, les assassinats de l'extrême droite, malgré les attentats contre les ponts et les autobus et les consignes d'abstention d'une partie de la guérilla, les paysans analphabètes sont venus massivement voter, dans des conditions difficiles d'improvisation, à travers les volcans et les routes minées du Salvador. Certains devraient réviser leurs certitudes !

« La démocratie n'est pas assez spectaculaire pour l'opinion et les médias ! » (Bernard Kouchner, *Charité Business, op. cit.*, p. 58.)

Ou bien le pain ou bien le bulletin de vote. Etrange version pop d'une vieille chanson du XIXe siècle, lorsque la Gentry défendait le vote censitaire, s'employant à limiter le droit d'élire et d'être élu à ceux qui pouvaient faire étalage d'un titre et d'une fortune. Pourquoi un pauvre, y compris africain, ne goûterait-il pas le plaisir de pouvoir critiquer publiquement les puissants et de les mettre démocratiquement en concurrence ? Un analphabète, qui sait se servir de billets de banque, n'ignore pas davantage l'usage du bulletin de vote, il n'est pas sans comprendre que si un parti, une clique s'attribue le monopole incontestable de la distribution du pain, les risques d'injustice sont énormes, tandis que si deux partis se disputent le pouvoir et se surveillent réciproquement, les possibles abus diminuent. Et c'est précisément lorsque la nourriture se raréfie que le pouvoir d'en disposer devient terrible : la question de son contrôle démocratique est alors une question de survie.

D'accord, Geldof, les bulletins de vote ne sont pas comestibles. Mais, à l'occasion, ils permettent de distribuer les vivres plus équitablement. Du moins ce fut l'idée fixe et juste des Athéniens sous Périclès, des Londoniens au XVIIe siècle, des Parisiens en 1789 et de certains pays d'Afrique aujourd'hui. Un peu d'Histoire, Bobby, les dictatures ont toujours engendré des famines d'importance, même si ce sont les paysans qui crèvent. Il est vrai que ces braves gens n'ont jamais disposé du train de vie d'un Européen du XXe siècle et qu'au fin fond du Tigré, encerclé par l'armée modèle d'Ethiopie, beaucoup ignorent encore la musique pop. Les indigènes, tout ce qu'ils demandent c'est du pain, pas de liberté. Qui dit cela ? Un colonel de l'armée des Indes maniant la badine sur le dos du coolie ? Un rocker progressiste nanti de sa belle âme pleine de bons sentiments ? Allez savoir...

VOTER AVEC SES PIEDS

Ainsi, puisqu'on leur refuse le choix démocratique, les paysans se débrouillent comme ils peuvent : ils votent avec leurs pieds. Ils fuient par centaines de milliers, de millions. Ils fuient de Korem quand on veut les transférer, ils fuient au Soudan quand on les a transplantés, ils fuient en Somalie quand on les « villagise », ceux qui peuvent, au risque de mourir, dans la misère la plus grande, ils parcourent des centaines de kilomètres, à pied. Arrive qui peut. L'Ethiopie détient avec l'Afghanistan le record des réfugiés. Fuir... Curieux moyen d'expression ! Encore eût-il fallu que Bob Geldof consentît à prêter une oreille à ces va-nu-pieds.

On dit que le métier de roi, de président de la République ou de pape est d'exercice difficile. Encore peut-on s'y préparer avec le soutien d'institutions si vénérables qu'elles passent facilement pour éternelles. Un prince de l'opinion, par contre, travaille sans filets, ni soutien. C'est un funambule. La couronne lui échoit pour avoir réagi avant tout le monde comme tout le monde ; sa légitimité est de rencontre, son règne est accidentel et sa longévité appartient au hasard. Il incarne une version moderne et éphémère du personnage étrange que les Grecs anciens nommaient « tyran ». Le mot n'avait pas la connotation péjorative qu'il porte en français. Œdipe n'est pas roi, il est tyran, il n'est pas monté sur le trône en succédant à un père qu'il ignore, il a été appelé par le peuple de Thèbes pour l'avoir délivrée du terrible Sphinx. Un roi, en revanche, tient son pouvoir par une légitimité, non pas extraordinaire, mais traditionnelle (*i.e.* l'hérédité). Le tyran se retrouve dans un perpétuel porte-à-faux, issu d'un mythique passage « perturbateur », il en perpétue le destin à la fois élu et maudit, au-dessus et au-dessous des lois, sans cesse menacé de se retrouver hors jeu, car, jamais à sa place, « il est extérieur au réseau des relations qui unit suivant des normes précises le citoyen au citoyen, l'homme à la femme, le père au fils[1] ». Le malheur du tyran commence quand il ignore sa propre fragilité et qu'il se prend pour un roi. Il rencontre alors l'épreuve numéro deux, non plus le fait d'armes qui donne le pouvoir, mais l'ironie tragique qui le lui reprend. Le déclin d'Œdipe commence avec la peste qui sévit dans Thèbes. Dans le cas de Geldof, la peste politique frappe derrière son dos.

Ironie tragique, Geldof venait de dresser, à Korem, un bilan sans complaisance du travail accompli et des nouveaux défis à relever. En un an, les conditions d'hébergement et de soins avaient miraculeusement changé ; la quantité de nourriture et l'abondance des médicaments étaient satisfaisantes. Par contre, la maladie psychologique des camps perpétrait ses habituels ravages, la mentalité d'assisté et l'esprit de résignation régnaient : « Il n'est pas suffisant pour nous d'avoir empêché ces gens de mourir si nous devons les abandonner dans la triste situation qui est la leur aujourd'hui. Nous avons aidé à sauver leurs vies. Maintenant nous devons leur donner une vie digne d'être vécue. » Sur ces fortes paroles, Geldof s'envolait pour Londres. Dans la journée qui suivit, rapportent précisément ses amis Blundy et Vallely, « un convoi de camions stoppe à Korem. Les soldats de la garni-

1. J.-P. Vernant et P. Vidal-Naquet, *Mythe et Tragédie*, T. 2, éd. La Découverte, 1986, p. 68.

son locale surveillent la scène. Des hommes avec des bâtons s'avancent, rassemblent six cents réfugiés et les tassent comme du bétail dans les camions. Pour les emmener non chez eux, à Sekota (quarante miles à l'ouest), mais pour les contraindre à un long voyage vers le sud, vers les centres de réinstallation. L'opération est conduite avec une brutalité telle que pas moins de dix mille personnes, effrayées, s'enfuient dans les collines des environs. La plupart s'y cachent quelques jours, puis s'en retournent, ces collines sont tellement désolées que même Korem paraît préférable. Mais d'autres, par peur, ne reviennent pas. Pour Geldof, cet épisode fera une conclusion particulièrement saumâtre à sa tournée africaine[1] »

Un an plus tard, Geldof et Vallely reprennent la question. Le déplacement est un « cauchemar ». Que faire ? De nouveau, Geldof répond par une comparaison, toujours la même : « Le programme de réinstallation continuera, que nous aidions ou non, exactement de la même façon que l'extermination des juifs par Hitler eût continué, que les secouristes aident ou n'aident pas à soulager les souffrances dans les camps. Si j'avais vécu pendant la guerre et s'il m'avait été donné de pouvoir aider ces gens et adoucir leur peine ne fût-ce qu'une seconde, je l'eusse fait, tout en sachant fort bien que l'horreur allait continuer. Notre travail se justifie par la même argumentation[2]... » C'est l'argument-massue : à chacun son rôle, souligne Lionel Rotcage, second de Geldof pour la France : nous, Band Aid, nous aidons. Amnesty International, qui n'est pas sur le terrain, dénonce. Si une organisation travaille sur le terrain et parle, elle confond les genres et n'a qu'à s'en prendre à elle-même en cas d'expulsion. Bob bon genre précise : « Les gens sont déplacés et rien ne pourra arrêter ce processus car le gouvernement est têtu. Ils continueront de toute façon. Personnellement, je ne suis pas convaincu que c'est entièrement politique. Les organisations qui participent à ce programme ne doivent pas être blâmées. A mon avis, on doit aider sans faire attention aux transferts de population. Il ne faut pas s'immiscer dans les affaires intérieures du pays[3]. »

Et pourtant souvenez-vous, Sting, au concert du siècle, s'écriait : « Si les enfants doivent mourir l'année prochaine,

1. *With Geldof in Africa*, p. 152.
2. Bob Geldof, *Is That It ?*, p. 339.
3. *Irish Times*, 4 novembre 1985.

autant les laisser mourir cette année. C'est pourquoi nous devons nous assurer que l'argent récolté sera utilisé sur des projets résolvant la situation à long terme. » Et les enfants moururent l'année suivante, arrachés à leurs pères, à leurs mères, qu'on chargea dans les camions et les Antonov soviétiques vers les zones de travail du Sud. Croyant apporter une réponse claire, simple et évidente, Geldof se prend les pieds dans une question particulièrement controversée. Aide et tais-toi : la règle fut appliquée pendant la guerre, alors que Hitler lançait la « solution finale » au problème juif. Les plus hautes autorités morales, politiques et religieuses d'Occident furent très tôt au courant du massacre. La Croix-Rouge internationale était partagée sur la conduite à tenir, son organe directeur, la Commission centrale de coordination, discuta tout au long de l'été 1942 pour savoir s'il fallait rendre public un carnage sans précédent. Elle informa discrètement Anglais et Américains que peu ou pas de juifs survivraient à la guerre, mais publiquement demeura muette. Les autorités nazies organisèrent une visite de quartiers choisis du camp de Teresienstadt, aménagé pour l'occasion, les peintures furent refaites, des pots de fleurs égayèrent les gentils pavillons. La Croix-Rouge, sur les lieux, ne parut rien deviner de ce qu'elle savait déjà ; elle ne se permit aucun commentaire. De 1940 à 1944, elle porta quantité de colis aux prisonniers de guerre et n'eut aucune parole pour les civils assassinés (six millions de juifs, trois millions de Polonais...).

Peu après la guerre, certains parmi ses responsables se justifièrent par un raisonnement typiquement geldofien : « Quelles protestations et quelles menaces ont jamais pu transformer des méthodes criminelles ? » Ou, plus crûment : le déclenchement d'un scandale aurait mis tout le monde en danger sans sauver un seul juif[1]. Sans parler des mouvements spontanés de protestation qui sauvèrent certaines communautés juives de la mort (en Bulgarie par exemple) et qui prouvèrent leur efficacité, il semble évident que, dûment informés, les civils menacés eussent tenté coûte que coûte d'éviter les rafles et les convois. Un homme averti de sa propre mort en vaut deux. Quarante années plus tard, la Croix-Rouge ne justifie plus son silence d'antan et aucune des institutions concernées ne se montre particulièrement encline à tirer fierté de ce passé douteux. L'attitude exemplaire de Thomas

1. Walter Laqueur, *le Terrifiant Secret*, Gallimard, 1981, pp. 75-77.

Mann, parlant à la BBC de Londres, dès novembre 1941, du traitement « inouï » infligé aux juifs et aux Polonais, semble plus honorable. Dans ses émissions de septembre 1942, il se montra plus précis et mentionna l'extermination totale de la communauté juive européenne. Il est certain que si les organisations charitables avaient appuyé cet écrivain allemand isolé, l'annonce eût été mieux entendue.

« J'aurais travaillé même à Auschwitz » : l'exemple sans relâche assené par Geldof, pour justifier son mutisme, se retourne contre lui. Pendant la Seconde Guerre mondiale, parler et aider ne s'opposent pas. Parler, c'est aider. Par exemple : « Les juifs qui habitaient à Rhodes auraient très facilement pu s'enfuir s'ils avaient su quel sort les attendait[1]. » On peut généraliser. On estime à plusieurs centaines de milliers les victimes sauvées, si l'alerte avait été publiquement lancée. L'assistance apportée par des organisations de résistance et des institutions eût été multipliée et les exemples isolés du roi du Danemark, de l'abbé Glasberg ou de la communauté protestante de Chambon-sur-Lignon ne paraîtraient pas aussi tragiquement exceptionnels. Enfin, certains hauts fonctionnaires allemands tergiversaient, une pression publique les aurait placés devant leurs responsabilités. Bref, si le génocide avait été désigné comme génocide, la face du monde eût été changée. Geldof n'a probablement pas pris le temps de s'informer. Il lui suffisait pourtant d'un peu de bon sens : l'appareil hitlérien prit soin d'opérer dans l'ombre, il dissimula systématiquement sa monstrueuse « solution » derrière un manteau de nuit et de brouillard. Pourquoi ? N'est-ce pas que toute publicité l'embarrassait ? Si les assassins préfèrent œuvrer dans le noir, que la lumière soit et que les bouches s'ouvrent. Band Aid n'existait pas en cette époque désormais lointaine. La comparaison a été choisie par Geldof : J'aurais porté mes paquets à Auschwitz... en silence. Elle est à prendre au mot. S'il l'avait fait, son mutisme aurait été sa manière de chanter pour Hitler.

Multiples sont les souffrances qu'un gouvernement autoritaire peut infliger aux populations. Toutes les dictatures ne sont pas de type nazi et toutes les barbaries ne se terminent pas en génocide. L'historien abandonnera à Bob Geldof la responsabilité des amalgames trop expéditifs, à l'évidence Mengistu ne travaille pas à l'échelle de Hitler ou de Staline, ne serait-ce que parce que

1. Walter Laqueur, *op. cit.*, p. 249.

moyens et puissance lui font défaut. En revanche la conduite des démocraties face aux avanies et aux massacres ne varie guère ; elles se montrent chaque fois incapables de comprendre des régimes politiques différents d'elles ; par une sorte de handicap indépassable, elles ne parviennent ni à prévoir les forfaits, ni à en saisir la logique ; et, faute de les combattre, elles s'aveuglent. La bonne volonté individuelle n'est pas en cause, l'auto-extinction de la conscience morale est un phénomène trop répétitif pour ne pas relever d'une mécanique très générale. Walter Laqueur conclut son livre sur le terrifiant secret du génocide avec ces mots : « Chaque nouvelle génération doit à nouveau surmonter ce handicap, car l'expérience ne se transmet pas. » Cette proposition date de 1980, il ne fallut que quelques années à Geldof pour en fournir une illustration en mondiovision.

Ne pas se voiler la face, aider, sauver la vie et rendre la dignité, tel était le serment inaugural de Band Aid. La promesse n'a pas été tenue, les Ethiopiens sont livrés à divers cauchemars, dans l'indifférence redevenue universelle. A sa décharge, Geldof pourrait faire remarquer qu'en publiant son angoisse et ses dégoûts, il eût brisé le consensus spontané qui l'appuyait. L'union sacrée des chanteurs pop eût difficilement résisté à quelques questions troublantes du type : qui convient-il d'aider ? Les assassins ou les victimes ? La population ou les armées qui la maltraitent ? A l'origine, l'union de l'union et de la foi firent la force de Band Aid qui dépérit pour vouloir sauver l'union au prix de la foi.

Depuis deux mille cinq cents ans, le scénario n'a pas varié. Œdipe « tyran », adulé par son peuple qui l'admire, « dressé comme une tour contre la mort », règne sans ombre ni partage. Ce prince de l'opinion oublie qu'il n'est prince que par opinion. Il veut éterniser sa toute-puissance d'un jour, accuse un véridique, l'aveugle Tirésias, de « politique ». Et c'est en combattant la brûlante tentation de préserver, envers et contre toute lucidité, l'unanimité qui l'avait fait roi, qu'Œdipe rencontre sa pénible vérité. Parfois, en effet, la quête publique du vrai divise et isole, l'obstacle fit reculer Bob Geldof. Il ne voulut pas scier la branche sur laquelle il était juché et l'arbre se mit à pourrir.

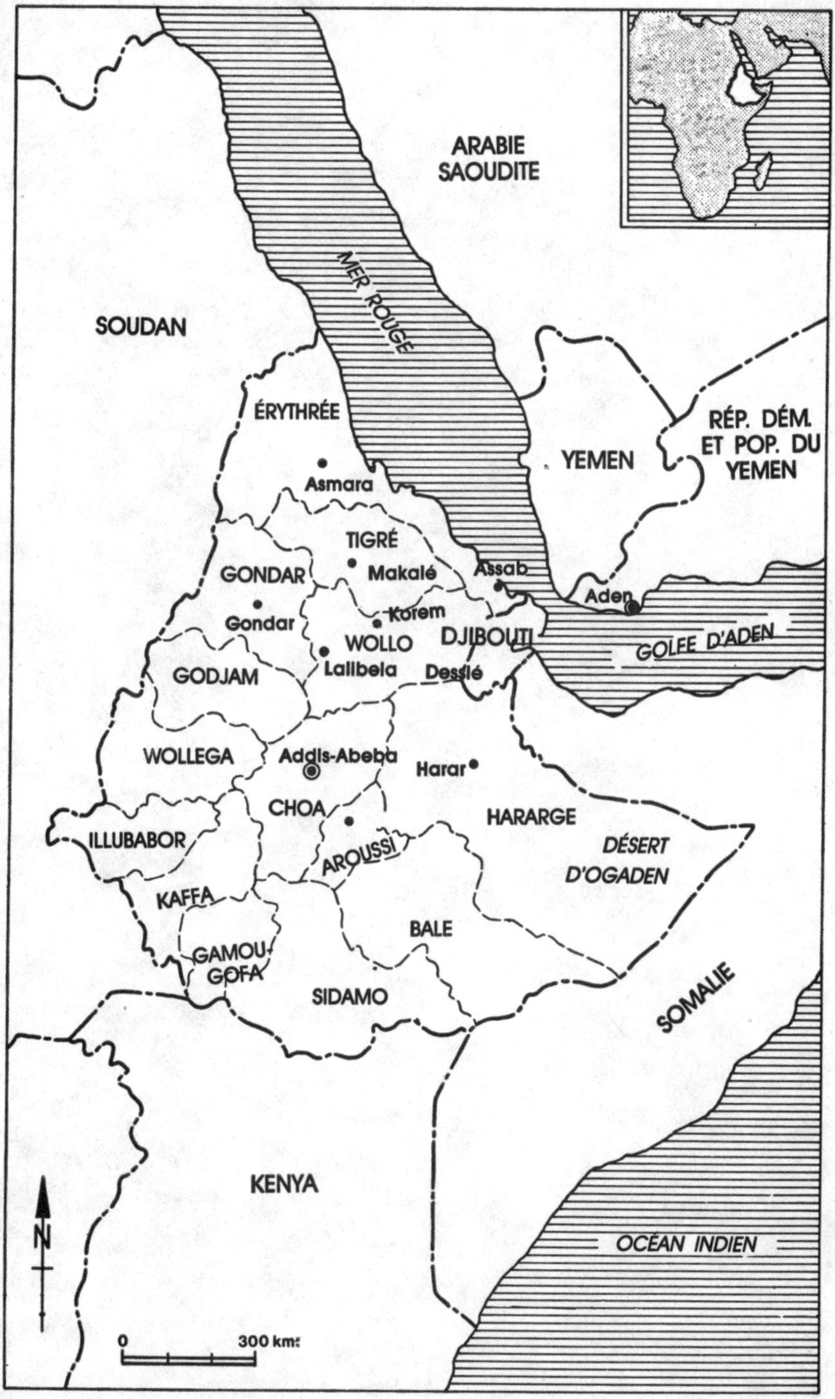
ARABIE
SAOUDITE
MER ROUGE
SOUDAN
ÉRYTHRÉE
YEMEN
RÉP. DÉM.
ET POP. DU
YEMEN
Asmara
TIGRÉ
GONDAR
Makalé
Assab
Aden
Gondar
Korem
WOLLO
DJIBOUTI
GOLFE D'ADEN
GODJAM
Lalibela
Dessié
WOLLEGA
Addis-Abeba
Harar
CHOA
HARARGE
ILLUBABOR
AROUSSI
DÉSERT
D'OGADEN
KAFFA
BALE
GAMOU
GOFA
SIDAMO
SOMALIE
KENYA
N
OCÉAN INDIEN
0
300 km

REMERCIEMENTS

à
Mohamed AMIN (Visnews)
M. ARMELLINI
Michael BUERK (BBC)
Bernard BOYER, HCR en Somalie
Dr Rony BRAUMAN
M. CALVANI, Caritas (Italie)
James CHEEK, Département d'Etat américain
Jason CLAY, Cultural Survival, Harvard Un.
Victoria CRAIG
Yonas DERESSA, Ethiopian Refugees and Relief Foundation
Joëlle EISENBERG
Hunter FARMAN, US Aid
Michel FISZBIN
Capitaine Michael GHEBRENEGAS
Éric GUEBALI
Orinn HATCH, Congrès américain
Paul HENZE, Rand Corporation
Marie HEUZÉ, FAO Rome
Bernard HOLZER
François JEAN
Dr Bernard KOUCHNER
Dr Joel LE CORRE
Dr Jacques LEBAS
Dominique LEGUILLER
Alexandra LIPIELLO

David Mac Aree
François Margolin
Andy Michael
Yemene Michael
Rupert Neudeck
Omde Oriah, Ethiopian Hunger Watch Comittee
Alain Pairault
Jean Manuel Pietri
Christophe de Ponfilly
Marc Roche
Toby Roth, Congrès américain
Christian Rouillon
Dr Jean Christophe Ruffin
M. Rutelli, Parti radical italien
Giuseppe Sacco
Elisabeth Schmitz
John Swenson
Dr Jean-Jacques Touati
Dr Brigitte Vasset
Marie-Claude Verdes

aux organisations

françaises :
Action Internationale contre la Faim
Comité Catholique contre la Faim et pour le Développement
Médecins du Monde
Médecins sans Frontières

britanniques
Oxfam
Save the Children Fund
War on Want

américaines
CARE
Catholic Relief Service
World Church Service
World Vision

REST, Relief Society of Tigray
ERA, Eritrean Relief Association

TABLE

Cet ouvrage a été réalisé sur
Système Cameron
par la SOCIÉTÉ NOUVELLE FIRMIN-DIDOT
Mesnil-sur-l'Estrée
pour le compte des Éditions Grasset
le 29 septembre 1986

Cet ouvrage a été réalisé sur
Système Cameron
par la SOCIÉTÉ NOUVELLE FIRMIN-DIDOT
Mesnil-sur-l'Estrée
pour le compte des Éditions Grasset
le 29 septembre 1980

Imprimé en France
Dépôt légal : septembre 1986
N° d'édition : 7116 – N° d'impression : 5347
ISBN 2-246-38011-1